AF298221

TEXTES ET DOCUMENTS
L'ÉTUDE HISTORIQUE DU CHRISTIANISME
PUBLIÉS SOUS LA DIRECTION DE
Hippolyte HEMMER et Paul LEJAY

LES PÈRES
APOSTOLIQUES

II

CLÉMENT DE ROME

ÉPITRE AUX CORINTHIENS
HOMÉLIE DU IIᵉ SIÈCLE

TEXTE GREC, TRADUCTION FRANÇAISE

INTRODUCTION ET INDEX

PAR

HIPPOLYTE HEMMER

PARIS
LIBRAIRIE ALPHONSE PICARD ET FILS
82, RUE BONAPARTE, 82
1909

10

TEXTES ET DOCUMENTS

POUR

L'ÉTUDE HISTORIQUE

DU CHRISTIANISME

Publiés sous la direction de

HIPPOLYTE HEMMER et PAUL LEJAY

Depuis une vingtaine d'années, l'attention des hommes instruits se porte vers les études religieuses. L'histoire du christianisme, surtout celle des premiers siècles, est l'objet d'une curiosité toujours en éveil et forme la matière de travaux innombrables. Le développement des sciences historiques et des exercices pratiques rend de plus en plus habituel le maniement des textes. Dans les Facultés de l'État, à l'École pratique des Hautes Études, dans les séminaires catholiques, on recourt sans cesse, pour éclairer les origines chrétiennes, à l'interprétation des documents de la tradition. Malheureusement les collections patristiques sont difficilement abordables aux étudiants, aux érudits, aux prêtres laborieux, en dehors des grandes villes ; le format des collections n'en permet guère l'usage dans les cours et conférences. Les textes grecs sont souvent difficiles à comprendre, et la traduction latine qui les accompagne d'ordinaire ne les éclaircit pas toujours.

Afin d'obvier à ces divers inconvénients, nous avons entrepris de publier une collection de *Textes et documents pour l'étude historique du christianisme*. Elle comprendra les œuvres les plus utiles pour l'histoire proprement dite du christianisme, pour celle de ses institutions et de son dogme. Les ouvrages trop longs seront présentés dans leurs parties essentielles, reliées par des analyses.

La collection a pour but de mettre sous les yeux les textes originaux auxquels il faut toujours revenir quand on veut faire un travail solide. Toutefois ils seront accompagnés d'une traduction française.

Des introductions précises fourniront les données indispensables sur la biographie de l'auteur et sur les circonstances où furent composés ses écrits, les renseignements utiles à l'intelligence d'un ouvrage et à l'appréciation de sa valeur historique. Chaque volume sera muni d'un index détaillé des matières, comprenant les noms propres, les ouvrages cités par l'auteur, les faits principaux, les termes philosophiques et théologiques pouvant aider à une recherche ou à une comparaison.

Les directeurs de la collection s'interdisent de faire un travail critique. Ils reproduiront le meilleur texte connu, en l'accompagnant d'indications sur l'état de la science et sur les progrès qui peuvent rester à accomplir. Ils refusent de se mêler à aucune polémique religieuse, voulant se renfermer dans le rôle modeste qu'ils ont défini et ne présenter aux lecteurs que des textes sûrs et des traductions exactes, des faits et des documents.

Nous espérons que MM. les professeurs de Facultés, les directeurs des Écoles de Théologie, les chefs des établissements d'études supérieures accueilleront cette collection avec bienveillance et lui accorderont leur faveur.

Hippolyte Hemmer.

Paul Lejay.

Les volumes de cette collection paraissent à intervalle rapproché, dans le format in-12, et sont d'un prix extrêmement modique, les plus gros volumes de 500 pages ne devant pas dépasser 4 fr. Nous désirons ainsi mettre à la portée de tous des textes si importants à connaître.

Volumes parus :

1. Justin, *Apologies*, publié par Louis Pautigny. Prix : 2 fr. 50.

2. Eusèbe, *Histoire ecclésiastique*, livres I-IV, publié par E. Grapin. Prix : 4 fr.

3. Tertullien, *De pœnitentia, de pudicitia*, publié par P. de Labriolle. Prix : 3 fr.

4. Tertullien. *De Præscriptione Hæreticorum*, publié par P. de Labriolle. Prix : 2 fr.

5. Les Pères apostoliques. I : *Doctrine des Apôtres. Épître de Barnabé*, publié par Hipp. Hemmer, G. Oger et A. Laurent. Prix : 2 fr. 50.

6. Grégoire de Nazianze, *Discours funèbres en l'honneur de son frère Césaire et de Basile de Césarée*, publié par Fernand

Boulenger, maître de conférences à la faculté libre des lettres de Lille. Prix : 3 fr.

7. Grégoire de Nysse, *Discours catéchétique*, publié par Louis Méridier, docteur ès-lettres, professeur agrégé des lettres au lycée de Sens. Prix : 3 fr.

8. Justin, *Dialogue avec Tryphon*, t. I, publié par Georges Archambault, directeur à l'École Fénelon. Prix : 3 fr. 50.

9. Philon, *Commentaire allégorique des saintes Lois*, publié par E. Bréhier, maître de conférences à l'Université de Rennes. Prix : 3 fr. 50.

10. Les Pères apostoliques, II : Clément de Rome : *Epître aux Corinthiens, Homélie du IIe siècle*, publié par Hippolyte Hemmer, Prix : 3 fr.

Sous presse :

Justin, *Dialogue avec Tryphon*, t. II et dernier, par Georges Archambault.

Les Pères apostoliques, III : *S. Ignace : Epîtres — S. Polycarpe : Epître aux Philippiens*, par A. Lelong.

Apocryphes du Nouveau Testament, par Ch. Michel, professeur à l'Université de Liège, I : *Proto-évangile de Jacques. Evangile du Pseudo-Matthieu. Evangile de Thomas. Evangile arménien de l'Enfance. Histoire de Joseph le Charpentier.*

Eusèbe, *Histoire ecclésiastique*, t. II, liv. V-VIII, par E. Grapin.

Pour paraître en 1910 :

Apocryphes du Nouveau Testament, II : *Evangile de Nicodème, etc.*

Pères apostoliques, IV : *Le Pasteur d'Hermas.*

Eusèbe, *Histoire ecclésiastique*, t. III et dernier.

En préparation prochaine :

Palladius, *Histoire lausiaque.*
Clément d'Alexandrie, *Stromates.*
Conciles grecs.
Conciles d'Afrique.

Conciles mérovingiens.
Epiphane, *Panarium* ou *Hérésies.*
Cyprien (saint), *Lettres.*

LES PÈRES

APOSTOLIQUES

II

CLÉMENT DE ROME

ÉPITRE AUX CORINTHIENS

HOMÉLIE DU IIe SIÈCLE

IMPRIMERIE F. PAILLART, ABBEVILLE

LES PÈRES
APOSTOLIQUES

II

CLÉMENT DE ROME

ÉPITRE AUX CORINTHIENS
HOMÉLIE DU IIe SIÈCLE

TEXTE GREC, TRADUCTION FRANÇAISE

INTRODUCTION ET INDEX

PAR

HIPPOLYTE HEMMER

PARIS

LIBRAIRIE ALPHONSE PICARD ET FILS

82, RUE BONAPARTE, 82

1909

INTRODUCTION

L'ÉPITRE DE CLÉMENT DE ROME

AUX CORINTHIENS

I

HISTOIRE DE SAINT CLÉMENT

L'histoire ne peut tracer de saint Clément qu'une
maigre notice à l'aide de rares témoignages et qu'un
portrait un peu pâle en demandant à l'épitre aux Corinthiens quelques traits de sa physionomie morale.

. — CLÉMENT ÉVÊQUE DE ROME. SON RANG DE SUCCESSION.

Saint Clément fut l'un des premiers évêques de Rome
près saint Pierre, tous les anciens catalogues en font
oi ; mais on sait qu'il règne un peu d'incertitude sur le
ang qu'il convient d'assigner aux premiers successeur s
e l'apôtre.

La tradition qui mérite le plus de confiance pour

l'ancienneté et la valeur de ses témoins, fournit l'ordre suivant de succession épiscopale : Pierre, Lin, Anaclet et Clément. Elle se fonde sur un récit très précis de saint Irénée qui avait séjourné à Rome du temps du pape Éleuthère et qui s'était enquis de la succession dont il tire argument dans sa réfutation des hérésies : « Ayant donc « fondé et édifié l'Église, les bienheureux apôtres remirent « à Lin la charge de l'épiscopat. C'est ce Lin que Paul « rappelle dans ses lettres à Timothée. Il eut Anaclet « pour successeur. Après Anaclet, le troisième après les « apôtres, Clément obtient l'épiscopat. » (*Adversus hæreses*, III, 3, 3).

Hégésippe qui avait également visité les églises principales avec la préoccupation d'en relever les successions épiscopales s'exprime ainsi : « A Rome où je fus, j'ai établi une succession jusqu'à Anicet dont Éleuthère était diacre. » (Eus. H. E. IV, 22, 3). Or ce sont les récits d'Hégésippe aussi bien que ceux d'Irénée, qu'Eusèbe a sous les yeux quand à plusieurs reprises il affirme comme une chose non douteuse que « Clément fut le troisième évêque des Romains » (H. E. III, 4, 9), et que même il essaye de fixer la chronologie, en accordant douze ans à l'épiscopat de Lin (de 68 ou 69 à 80 ou 81, H. E. III, 13) et douze ans à celui d'Anaclet (de 80 ou 81 à 92 ou 93, H. E. III, 15), ce qui placerait l'épiscopat de Clément entre les années 92 ou 93 et 101 (H. E. III, 34). Ces chiffres sont très acceptables sans avoir rien de contraignant. Des critiques comme Harnack les contestent. Mais la réalité de l'épiscopat de Clément est hors de doute. Quant à l'ordre de succession, qui met Clément en troisième lieu après Lin et Anaclet, il offre les meilleures garanties historiques.

Saint Épiphane (*Hæres.* XXVII, 6) nomme le deuxième évêque de Rome Clet au lieu d'Anaclet ; mais il se range comme saint Jérôme (*De viris illust.*, 15) avec Eusèbe dans la ligne de tradition certifiée par Hégésippe et saint Irénée. Seulement saint Jérôme sait qu'une tradition différente a cours parmi les Latins qui ferait de Clément le deuxième successeur de Pierre et il semble parfois s'y rallier (*Adv. Jov.* I, 12 ; *Comm. in Is. ad* LII, 13). De fait Tertullien dit en propres termes : « L'Église de Rome montre que Clément a été ordonné par Pierre. » (*De præscriptione*, XXXII, 2 ; traduction de Labriolle, p. 69). De là vient sans doute que plusieurs Pères latins ont donné saint Clément pour successeur immédiat à saint Pierre ; saint Épiphane se peut concilier à la rigueur avec cette tradition, car il suppose que par amour de la paix Clément céda son rang à Lin pour ne le reprendre qu'après la mort de Clet (Anaclet) successeur de Lin. On lit dans l'épître aux Corinthiens (LIV, 2) le conseil de quitter la place plutôt que de devenir dans une église une cause de discorde et de schisme. On est tenté de voir là une trace et comme un souvenir de l'abnégation dont saint Clément aurait personnellement fait preuve. Ce n'est qu'une conjecture, mais elle est ingénieuse.

Cette circonstance expliquerait aisément les modes différents de la tradition en ce qui concerne l'ordre de succession des premiers évêques de Rome. Une tradition du IIIe siècle intervertissant Clet avec Clément fournit la succession : Pierre, Lin, Clément, Clet. Elle se trouve dans un document rédigé en 234, d'où elle a passé dans le catalogue libérien de 354, et s'est fait accepter par saint Augustin (Épist. LIII, ad Generos., n. 2), par Optat de Milève (*De schismate Donat.*, II, 3).

Enfin le dédoublement du deuxième évêque de Rome en Clet et Anaclet a prêté à des dispositions variées : Pierre, Lin, Clément, Clet, Anaclet, — ou bien : Pierre, Lin, Clet, Clément, Anaclet ; — ou bien : Pierre avec Lin et Anaclet simultanément, puis Clément (Rufin) ; mais toutes ces dispositions ne représentent que des essais tardifs pour concilier des données historiques avec les données légendaires de la littérature pseudo-Clémentine. Elle ne doivent pas prévaloir contre la tradition des plus anciens témoignages relatés plus haut.

Sur les divers ordres de succession relatifs à saint Clément, cf. : DUCHESNE, *Liber Pontificalis*, Paris, 1886, I, p. LXXI-LXXIII. — LIPSIUS, *Chronologie der roemischen Bischoefe*, Kiel, 1869 et *Neue Studien zur Papst Chronologie* dans *Jahrb. für protestantische Theologie*, 1880. — A. HARNACK, *Die Chronologie der altchristl. Literatur*, 1897, t. I, p. 144 s., 266. — Article sur *Clément de Rome*, par Godet, *Dict. de théol. cath.*, t. III, col. 48, et par G. Uhlhorn dans *Real-Encyklop. für prot. Theol.*, 3ᵉ éd. t. IV, 1898, p. 163-164.

II. — CLÉMENT, DISCIPLE DES APÔTRES.

Irénée rapporte que « Clément avait vu les bienheureux apôtres et avait conversé avec eux ; il avait encore dans l'oreille la prédication des apôtres et leur tradition devant les yeux ; il n'était pas le seul, car beaucoup vivaient encore de son temps qui avaient été instruits par les apôtres ». (*Adv. Hœreses*, III, 3, 3 ; texte grec, dans Eusèbe, H. E. V, 6). Clément tenait encore de fraîche date, νεωστί comme le remarque saint Irénée, « la tradition des apôtres » qu'il annonçait aux Corinthiens. La donnée est tout à fait en accord avec la tranquille assurance de Clément, tranchant la querelle de l'église de Corinthe au nom de l'institution apostolique des presbytres et de leur succession.

Le fait qu'il ne se donne pas personnellement pour un « disciple des apôtres » n'a rien de surprenant dans une lettre où ce sont les Romains qui parlent d'une manière collective.

Il n'est pas nécessaire que saint Clément ait vécu plus de soixante ans pour qu'il ait pu connaître très bien les apôtres Pierre et Paul entre sa vingtième et sa trentième année, et mériter la qualification que lui donne Origène de disciple des apôtres, « Apostolorum discipulus ». (*De principiis*, ii, 3, 6).

Faut-il aller plus loin et penser que le pape Clément n'est autre que le compagnon de saint Paul, mentionné avec éloge par la lettre aux Philippiens (iv, 3)? L'apôtre y exhorte un « fidèle compagnon », l'un des membres influents sans doute de l'Église de Philippes, et lui recommande nominativement Évodie et Syntiché, afin qu'il leur vienne en aide, « elles qui ont combattu, dit-il, « pour l'évangile avec moi, avec Clément et nos autres « collaborateurs dont les noms sont dans le livre de vie. » L'identification a été risquée pour la première fois par Origène (*In Joannem*, VI, 36), puis reprise par Eusèbe (H. E. III, 15) ; elle fut acceptée de l'antiquité chrétienne. Elle n'est pas en soi impossible. Il faudrait admettre que le collaborateur de Paul était alors un peu jeune et qu'il vint à Rome, sans doute avec l'apôtre ou peu de temps après lui. Mais d'une simple similitude de nom, il est impossible de conclure à l'identité des personnes.

D'après le ton de la lettre et de la recommandation, il semble que Clément, le collaborateur de Paul, était un habitant de Philippes qui avait travaillé avec l'apôtre dans sa ville natale. Rien ne donne lieu de croire qu'il ait émigré ensuite en Italie.

III. — CLÉMENT DE ROME N'EST PAS LE MÊME PERSONNAGE QUE LE CONSUL FLAVIUS CLEMENS.

Clément de Rome était-il d'origine juive ou païenne? La question serait toute résolue en faveur de la gentilité de Clément, s'il fallait avec certains critiques confondre en un même personnage l'évêque de Rome et le consul Flavius Clemens. Ce dernier était cousin de Domitien ; il fut décapité en 95 ou 96, quelques mois avant la mort de cet empereur. Les historiens favorables à cette identification ont été impressionnés par le parallélisme des situations : deux Clément, vivant à Rome, du temps de Domitien, et occupant dans l'Église romaine et dans l'État de hautes charges et une grande influence ; cela leur a semblé quelque peu artificiel. La conjecture risquée par Lipsius a aussitôt été reprise par Volkmar comme une certitude. Le dédoublement de Clément, en un consul et en un membre influent de la communauté romaine, fut présenté comme l'œuvre d'une tradition devenue impuissante avec le temps à se figurer un évêque marié. A cette opinion admise par Hilgenfeld, et même pendant quelque temps par M. Harnack, on a cherché quelque appui dans la littérature de l'antiquité. L'on a trouvé que les Homélies et les Récognitions Clémentines vers la fin du IIe siècle, attribuent à leur héros, le futur évêque de Rome, une parenté avec la maison impériale des Césars, et que le Liber Pontificalis favorise au moins les récits pseudo-clémentins en accueillant quelques-uns de leurs traits dans la légende de saint Clément.

Pour l'identification du consul Clément mort en 95 et de Clément de Rome, l'auteur de la lettre aux Corinthiens : LIPSIUS, *De Clementis Romani epistola*, 1855, p. 184, et *Chronologie der roemischen Bischoefe*, 1869, p. 152 ; — VOLKMAR, dans *Theolog. Jahrbücher*, 1856, p. 287 ; — HILGENFELD, *Clementis Romani Epistolæ*, Lipsiæ, 1876, p. XXXII ; — ERBES, *Jahrbücher für protestantische Theologie*, IV, 1878, p. 693.

Cependant il n'est guère douteux que le presbytre romain ne doive être tenu pour différent du consul. La source de cette identification est des plus suspectes ou plutôt sans valeur historique dans la question qui nous occupe. Les Homélies et les Récognitions Clémentines renferment une pure fiction dont les éléments sont traités avec la fantaisie convenable au roman. Autant l'auteur connaît bien l'Orient où se déroulent les scènes de son invention, autant il est étranger à Rome et à l'histoire

romaine : s'il donne le nom de Clément à son héros, c'est
sans aucun doute parce que le presbytre Clément avait
laissé un grand renom et que son épître aux Corinthiens
notamment l'avait rendu célèbre en Orient où le roman
fut composé ; mais l'auteur ne s'inquiète ni des invraisemblances ni des anachronismes ; pour les besoins de
sa fable, il fait de Clément un contemporain et un parent
non de Domitien, mais de Tibère ; il improvise un certain
Faustus père de son héros alors que le père du consul
Clément, Titus Flavius Sabinus, était bien connu à
Rome. Enfin s'il a besoin de noms pour d'autres personnages, une Mattidia par exemple, il les emprunte à la famille
impériale des Antonins, selon son droit souverain de
romancier. Même si l'on peut retrouver des similitudes
entre l'histoire du consul Clément et les destinées roma-
nesques du héros clémentin, il n'en résulte en aucune
façon que le personnage du roman doive se confondre
avec le consul dont l'histoire a été mise à contribution.
Aussi bien le roman clémentin n'a eu qu'une influence
assez tardive. Quelques traits en ont pénétré dans le
Liber Pontificalis ; lui aussi, appelle Faustinus le père
de Clément ; par là il dénonce que sa source n'est point
une tradition romaine, mais la composition pseudo-clémentine. La vraie tradition de Rome, exprimée par
Hégésippe, par Irénée, pour ne citer que les écrivains
qui ont eu l'occasion de s'exprimer sur le compte de
Clément, ne sait rien d'un évènement aussi extraordi-
naire : un consul, un cousin de l'empereur qui serait en
même temps le chef de la communauté chrétienne à
Rome. La raison tirée du silence des auteurs doit assurément être maniée avec réserve ; il est cependant des
cas, comme celui-ci, où elle possède une grande force

démonstrative. Plus tard, ni Origène, ni Eusèbe, ni Jérôme, ni Rufin ne savent rien de cette identité de personnages qui contredit la chronologie dressée par Eusèbe, de la succession épiscopale à Rome. Celle-ci fait mourir l'évêque de Rome vers l'an 100 ou 101, tandis que Flavius Clemens fut exécuté vers l'an 95.

Si l'on examine enfin la seule œuvre bien authentique de Clément de Rome, on est saisi des invraisemblances qu'offre l'identité supposée du presbytre romain avec le consul Flavius Clemens. Dans cette hypothèse il faudrait admettre que l'auteur de l'épître aux Corinthiens avait été non seulement élevé à Rome, mais à la manière romaine, qu'il avait fréquenté dans sa jeunesse les écoles des rhéteurs, plus tard la société où se rencontraient les lettrés de la seconde moitié du 1er siècle, Juvénal et Martial, Tacite et Pline le Jeune ; que sa maison avait pour hôte Quintilien, faisant l'éducation de ses deux fils, héritiers désignés de l'empire. Quiconque a lu l'épître de Clément peut difficilement se persuader qu'elle provienne d'un élève des écoles romaines, ayant vécu au moins jusqu'à l'âge mûr de la vie des païens de grande famille. Lightfoot, qui a solidement fait valoir ces considérations, dit : « L'épître n'en serait peut-être pas moins chrétienne ; « elle serait certainement plus classique, tout à la fois « plus romaine et plus grecque, et moins juive qu'elle « n'est. »

La plupart des critiques favorables à l'identification de l'évêque de Rome et du consul Clemens ont brouillé à plaisir deux choses fort distinctes qui sont à examiner séparément et d'après les témoignages qui leur sont propres : le fait d'un consul Clemens qui serait devenu chrétien et martyr, et l'existence à la même époque d'un presbytre romain du même nom, ayant une part principale dans la conduite de l'Église romaine. Or la tradition concernant le presbytre est des plus certaines et n'a véritablement point d'attache avec les données concernant le consul du même nom. Le parallélisme des situations qui a si fort impressionné les critiques est un hasard comme il s'en est présenté beaucoup d'autres : le pape Pie (le seul évêque de ce nom à Rome dans les quatorze premiers siècles) a vécu en même temps que l'empereur Pius Antoninus ; le pape Léon Ier fut contemporain de l'empereur romain Léon Ier. La rencontre qui nous occupe est d'autant moins remarquable que le nom de Clemens était très répandu, et ne se trouve pas moins de cinquante fois dans le tome V du Corpus des inscriptions latines et plus de quarante fois dans le tome deuxième.

La thèse de l'identification est réfutée par FUNK, *Titus Flavius Klemens Christ, nicht Bischof*, article de la *Theologische Quartalschrift* de Tubingue, 1879, p. 531, reproduit dans les *Kirchengeschichtliche Abhandlungen und Untersuchungen*, t. 1, (1897) p. 308-329 ; — LIGHTFOOT, *Apostolic Fathers*, part. 1, *Saint Clement of Rome*, 1, (1890) p. 52-59. — HARNACK, après avoir incliné vers l'identification, se prononce contre elle dans sa *Chronologie der altchristlichen Literatur bis Eusebius*, 1897, p. 253.
Sur le christianisme du consul Flavius Clemens, exécuté pour cause d'athéisme et de mœurs juives d'après Dion Cassius (II. R., 67, 13), pour crime d'indifférence politique ou « d'inertie » d'après Suétone (*Domit.*, 15), cf. Paul ALLARD, *Hist. des persécutions*, t. 1, 2ᵉ éd., 1892, p. 81-115.

IV. — CLÉMENT ÉTAIT PROBABLEMENT UN JUIF HELLÉNISTE.

En soi, il n'est pas impossible que l'auteur de l'épître aux Corinthiens doive être cherché parmi les païens convertis de bonne heure au christianisme et familiarisés ensuite avec la sainte Écriture. Un détail serait même de nature à en suggérer l'hypothèse ; c'est la grande estime de l'auteur pour la « chose » romaine, l'admiration qu'il professe pour la discipline militaire (XXXVII), l'accent avec lequel il prie pour les princes et les généraux de Rome : « nos princes » (LX, 4), « les soldats soumis à nos chefs » (XXXVII).

Cependant l'accent patriotique dans quelques morceaux de l'épître aux Corinthiens n'implique pas absolument que l'auteur soit Romain de race. Les Juifs étaient très capables, à l'occasion, de le produire. Nul plus que saint Paul n'a eu l'orgueil du « citoyen romain ». A la suite de la révolte de 66 à 70, les Juifs qui avaient montré de la fidélité politique à l'égard de Rome, furent protégés par les empereurs de la dynastie flavienne. La faveur dont jouissaient les Juifs à Rome et la confusion sous une même dénomination de tous ceux qui vivaient *more judaïco* protégeaient tous les chrétiens. On sait que les chrétiens judaïsants de Palestine n'avaient pas pris part à la révolte. A plus forte raison les Juifs vivant de longue date à Rome et surtout les chrétiens d'origine juive pouvaient-ils sentir très sincèrement vibrer en eux la fibre romaine.

Hilgenfeld a pris texte de la formule ἡμέρας τε καὶ νυκτός (II, 4 ; cf. XX, 2 ; XXIV, 3), pour conclure que Clément n'était pas d'origine juive, les Juifs faisant précéder le jour par la nuit (I *Thess.* II, 9 ; III 10 ; II *Thess.* III, 8), mais Clément vivant à Rome devait, même s'il était Juif, se conformer à l'usage romain. L'auteur de l'Apocalypse fait de même (IV, 8 ; VII, 15 ; XII, 10 ; XIV, 11 ; XX, 10).

Le caractère général de la lettre aux Corinthiens donne

l'impression que l'auteur avait reçu une éducation juive.
Il connaît admirablement tout l'Ancien Testament : la
Loi, les Prophètes, les Psaumes, le livre de la Sagesse ;
sa pensée se moule naturellement sur les formes religieuses de l'Ancien Testament auquel il emprunte continuellement des exemples, des citations, des moyens de
développement. Il emploie les apocryphes juifs, l'Assomption de Moïse, un apocryphe d'Ezéchiel. Il serait oiseux
d'insister sur les expressions particulières : « notre père
Jacob » (IV, 8) ou « notre père Abraham » (XXXI, 2) qui étaient
de style et généralement employées par tous les chrétiens ; mais les hébraïsmes qui se rencontrent (XII, 5 :
γινώσκω .α ; XXI, 9 ; LXI, 3), et une tendance très marquée à
remplacer le nom de Dieu par un pronom, l'emploi aisé
du parallélisme de la poésie hébraïque, dénotent une
première éducation reçue dans les milieux juifs.

Sans être affirmée par Origène, l'origine juive de Clément de Rome semble implicitement admise par lui,
car il rapporte le sentiment de ceux qui attribuent à
Clément de Rome la paternité de l'épître aux Hébreux
sans préjudice de l'origine paulinienne des doctrines
qu'elle contient. D'autres, remarque-t-il, pensent que
l'auteur serait Luc (dans Eusèbe H. E. VI, 25, 14 . Pareillement Eusèbe fait remarquer les analogies que présente
l'épître de Clément aux Corinthiens avec celle de Paul aux
Hébreux. « L'auteur, dit-il, y fait beaucoup d'emprunts
« à l'épître aux Hébreux, soit pour les pensées, soit même
« pour certaines expressions qu'il rapporte textuellement.
« ..: Paul, dit-on, s'était adressé aux Hébreux dans leur
« langue maternelle. Sa lettre fut traduite par l'évangé-
« liste Luc selon les uns, et, selon les autres par Clé-
« ment. Des deux hypothèses, celle-ci semblerait plutôt

« la vraie. D'une part, l'épitre de Clément et l'épitre aux
« Hébreux conservent la même allure de style ; et, d'au-
« tre part, les pensées dans les deux écrits ont une
« parenté qui n'est pas éloignée. » (H. E. III, xxviii, 1-3).
Eusèbe ne pense pas à affirmer ou à nier l'origine juive
de Clément de Rome ; son observation n'en a que plus
de prix relativement à la similitude et aux rapprochements de fond et de forme entre les deux épitres. Luc
ne lui semble pas assez hébraïsant pour avoir mis en un
pareil grec l'épitre aux Hébreux ; mais Clément l'est
superlativement.

Comme l'on peut s'y attendre, si le rédacteur de l'épitre
est un Juif, c'est un Juif helléniste qui lit la sainte Écriture dans la version des Septante, et dont la culture
littéraire et philosophique est particulièrement sensible
dans certains morceaux de l'épitre.

Ce que nous dirons plus loin de la culture profane
de saint Clément (p. xxxviii s.) montre que si l'origine
juive de Clément est assez probable, elle ne peut être abso-
ment démontrée.

Wrede, *Untersuchungen zum ersten Clemensbrief*, 1891, expose
les rapports de l'épitre avec l'Ancien Testament. L'origine
juive de Clément est soutenue par Lemme, *Das Judenchristen-
tum der Urkirche und der Brief des Clemens Romanus*, dans
Neue Jahrbücher fur deutsche Theologie 1892, I, 375, et surtout
par Lightfoot, *The Apostolic Fathers*, Part 1, *Saint Clement
of Rome*, 1890, t. 1, p. 58-62. — Renan, *Journal des Savants*,
1877 et *Les Évangiles*, p. 313. — Nestle, dans *Zeitschrift für
die neutestamentliche Wissenschaft und die Kunde des Urchristentums*, I (1900), p. 178-180. — Stahl, *Patristische Untersuchungen*, 1901, p. 90. Elle est mise en doute par Knopf dans E. Hennecke, *Handbuch zu den neutestamentlichen Apokryphen*, 1904,
p. 174 et par Ad. Harnack, cf. p. xxxix.

Au cours de ses conjectures sur l'origine probable
e Clément Romain, le Dr Lightfoot émet l'hypothèse
u'il serait un affranchi ou un fils d'affranchi de la
amille Flavia. Les esclaves juifs étaient nombreux à
Rome et parmi les affranchis des familles patriciennes.
Le nom même de Clément se rencontre dans nombre
'inscriptions et notamment dans l'inscription du *Corpus*
es inscriptions latines t. VI, n. 8494, où une mère, juive,
en juger par le nom de *Sabathis*, dédie un monument
son fils « esclave de nos Césars » : D. M. Clemeti. Cæsa-
um. N. Servo. Castellario. Aquæ. Claudiæ. Fecit. Clau-
ia. Sabbathis. Et. Sibi. Et. Suis. D'autres inscriptions
C. I. L. t. VI, n⁰ˢ 1962, 9049, 9079, 940, 4145), montrent
ue le nom de Clément est fréquemment associé, à divers
tres, au souvenir des Césars du temps des Flaviens. La
upposition que Clément de Rome serait un affranchi ou
n fils d'affranchi de la *gens Flavia* est ingénieuse.

V. — CLÉMENT EST-IL MORT MARTYR ?

Nous n'avons aucun renseignement tout à fait sûr à
égard de la mort que souffrit saint Clément. Irénée énu-
mérant et caractérisant les premiers évêques de Rome dit
ue Télesphore mourut martyr (ὃς ἐνδόξως ἐμαρτύρησεν, *Adv.*
Hær. III, 3, 3) d'une manière qui semble impliquer qu'il
it le premier pape à souffrir le martyre. Cependant
ufin donne le titre de martyr à saint Clément. Des Actes
recs, de caractère très légendaire par les traits mira-
leux dont ils abondent, racontent l'exil de Clément
u-delà du Pont-Euxin dans la Chersonèse Taurique
son martyre par immersion dans la mer. Les indices
vorables au récit des Actes sont quelque peu négatifs ;

ils viennent surtout de l'absence d'un tombeau de saint Clément à Rome, et du silence des topographes du VIIe siècle si fertiles en indications sur les corps saints qui reposaient dans l'intérieur de Rome.

A Rome il existait à la fin du IVe siècle une tradition du martyre de saint Clément attestée par Rufin, le pape Zosime (JAFFÉ, Regesta, n° 329), le canon VIe du Concile de Vaison en 442, enfin par l'inscription qui servait suivant toute probabilité de dédicace à la basilique de saint Clément. Dans l'état présent des textes et des connaissances archéologiques, il est impossible de dire quel fonds de vérité il y a dans la tradition romaine du martyre.

Actes grecs dans FUNK, *Patres Apostolici*, 1901, t. II, p. 28-45. et Migne, P. G., t. II, col. 617-32. — DUCHESNE, *Liber Pontificalis*, t. I, p. 123 et introduction, p. XCI. — Paul ALLARD, *Histoire des persécutions pendant les deux premiers siècles*, 2e éd. 1892, p. 173 180. — TILLEMONT, *Mémoires pour servir à l'histoire eccl.*, 2e éd. 1709, t. II, p. 159-160. — LIGHTFOOT, *Clement of Rome*, 1890, 1, p. 85 et suiv.

La nature morale de saint Clément ressortira dans une certaine mesure de ce que nous dirons plus loin du style et du caractère de son épître (p. XXXVI-XXXIX).

II

ANALYSE DE L'ÉPITRE

PROLOGUE. — Après un salut à l'Église « qui est en séjour à Corinthe », l'Église de Rome semble s'excuser d'avoir tardé à s'occuper des détestables dissensions qui

ompromettent le bon renom de cette chrétienté (I, 1).
Tableau largement brossé de la grande sainteté de
Église de Corinthe (ɪ, 2-ɪɪ), très spécialement de l'harmo-
ie qui régnait entre les frères.

Tant de prospérité est en train de sombrer, par suite de
 jalousie qui a pénétré dans l'Église avec tous les
aux qu'elle traîne à sa suite (ɪɪɪ).

L'idée de jalousie sert de transition, pour entrer dans
s développements parénétiques où s'esquisse l'idéal
une vie chrétienne.

Première Partie : ɪv-xxxvɪ.

Considérations morales où sans s'astreindre à un
rdre très rigoureux, l'auteur aborde comme il le dira
u chapitre ʟxɪɪ, « la conduite qui convient à notre religion et ce qui contribue le plus efficacement à la vie
vertueuse. »

I. — Revue des vertus les plus nécessaires : ɪv-xxɪɪ.

1) *Exclure la jalousie* qui fait « insurger les hommes
e rien contre les hommes en dignité » (ɪɪɪ, 3) et dont les
uites fatales se montrent dans l'histoire d'Abel et de
aïn (ɪv, 1-7), d'Ésaü et de Jacob, de Moïse, de Marie et
'Aaron, de Dathan et d'Abiron, de David et de Saül
ɪv, 8-13).

Pareillement elle est cause des épreuves souffertes par
es « athlètes de notre génération », savoir : Pierre et
Paul (v), une grande foule d'élus », des femmes débiles
e corps qui subirent le sort des Danaïdes et des
Dircés (vɪ).

2) *La Pénitence.* Ceux qui reçoivent cette remontrance

et ceux qui la font doivent également se laisser instruire « par la glorieuse et vénérable règle de notre tradition », au sujet de la beauté et de la nécessité de la pénitence. Exemples de Noé, de Jonas, et citations de l'Écriture (VII-VIII).

3) *Obéissance, foi, piété, hospitalité.* Obéissons à la volonté divine à l'exemple d'Hénoch, de Noé (IX), d'Abraham surtout (X), pratiquant la piété et l'hospitalité comme Loth (XI) et Rahab (XII).

4) *Humilité.* Elle est génératrice de paix, de douceur, d'obéissance (XIII-XIV) et de sincérité (XV).

L'exemple du Christ, venu avec « d'humbles sentiments », et « blessé par nos péchés » (XVI), est soigneusement mis en tête des exemples donnés par les prophètes Élie, Élisée, Ézéchiel, par Abraham, Job, Moïse (XVII) et par David (XVIII). La haute vertu de ces personnages nous invite à les imiter et à revenir en hâte vers la paix « qui nous a été proposée en but dès le commencement » par le père et créateur du monde (XIX).

Le spectacle de l'harmonie qui régit les cieux, les océans et jusqu'aux entrailles de la terre. est une leçon de concorde et d'union. La conclusion de cette envolée lyrique est qu'il faut vivre d'une manière digne de Dieu, « respectant les chefs, honorant les presbytres, instruisant les jeunes gens dans la crainte de Dieu, dressant les femmes à la vertu » (XX-XXI).

La crainte de Dieu n'a toute sa force que pour ceux qui ont foi en la présence du souverain Juge (XXII). C'est la foi en sa venue que l'auteur va s'efforcer de réveiller.

II. — RÉSURRECTION QUE DIEU MÉNAGE AUX SIENS : XXIII-XXX.

Après une précaution oratoire sur la certitude et la promptitude des bienfaits divins (xxiii), l'auteur s'étend sur la promesse de la résurrection : nous en tenons les prémices en Jésus-Christ (xxiv-1); l'espérance que nous en avons se fonde sur des analogies avec les résurrections dans la nature (xxiv, 2-5) et s'entretient spécialement par le prodige du phénix d'Arabie renaissant de ses cendres (xxv) et par l'enseignement formel de l'Écriture (xvi).

Cet enseignement ne peut nous égarer. Dieu est fidèle à ses promesses, il a la puissance pour les exécuter (xxvii); rien n'échappe à son œil, à sa main, à sa présence universelle (xxviii). Son omniprésence est une excitation à la sainteté pour ceux qui forment le peuple des bénis, « la portion choisie de Dieu » (xxix-xxx).

Cette exhortation sert de transition pour passer à un nouveau développement moral sur les chemins que prend la bénédiction divine et la façon de se l'attirer.

III. — LES VOIES QUE SUIT LA BÉNÉDICTION DIVINE : XXXI-XXXVI.

1) C'est par la foi qu'est venue la bénédiction de Dieu sur Abraham, Isaac et Jacob et qu'elle viendra sur nous-mêmes qui « avons été appelés en Jésus-Christ » (xxxi-xxxii).

2) Mais nous y devons joindre la charité et les bonnes œuvres. Comme le Créateur s'applique à l'ouvrage de la création (xxxiii), il faut que nous soyons des ouvriers

diligents qui gagnent le salaire ineffable que Dieu leur propose (xxxiv à xxxv, 3).

Retour sur les vertus nécessaires pour plaire à Dieu : en cheminant par cette voie nous rencontrons Jésus-Christ qui est « notre salut », et « le rayonnement de la majesté divine » (xxxv, 4-xxxvi).

Transition. — L'idée de paix et de concorde traverse, comme un *leit-motiv*, tous les développements moraux sur les vertus qui en sont la préparation, la condition nécessaire. Toutefois, l'auteur semble l'avoir un peu perdue de vue, quand le souvenir de Jésus le ramène au sentiment de l'unité souhaitable. L'image s'en offre très vivante dans la discipline des armées romaines sous la conduite de leurs chefs et dans le concert des membres du corps (xxxvii); c'est de la sorte que l'unité d'âme, le concert d'action doit exister dans le corps mystique « que nous formons en Jésus-Christ » (xxxviii). Ces deux chapitres, terminés en doxologie, servent de transition pour amener la seconde série de développements, où l'auteur serrera davantage son dessein.

SECONDE PARTIE : XXXIX-LXI.

Enseignement directement destiné à guérir les divisions des Corinthiens.

I. Dieu auteur de l'ordre dans les fonctions : XXXIX-L.

Insigne folie des hommes qui « habitent des maisons d'argile » et qui voudraient s'attribuer quelque force en dehors de Dieu (xxxix).

Or c'est Dieu qui a prescrit d'accomplir les diverses fonctions avec ordre et en des temps déterminés : grand-prêtre, prêtres, lévites, laïques ont leur rôle propre dans l'Ancien Testament (XL-XLI).

Jésus a été envoyé par Dieu. A son tour il a envoyé les apôtres qui ont établi des évêques et des diacres (XLII). Une famille avait été investie du sacerdoce par les soins de Moïse pour prévenir les rivalités (XLIII). De même les apôtres prévoyant des querelles au sujet de la dignité de l'épiscopat ont institué des ministres qui à leur tour se sont donné des successeurs dans leur ministère (XLIV, 1-3). C'est une faute de chasser de l'épiscopat ceux qui ont présenté correctement les offrandes et de leurs places des presbytres recommandables. Se séparer d'eux, c'est « écarteler les membres du Christ » au lieu de s'attacher aux saints (XLIV, 4-XLVI).

Saint Paul n'a-t-il pas dû réprimer déjà les partis à Corinthe? ils étaient pourtant excusables en comparaison du schisme actuel qui fait blasphémer Dieu (XLVII) ; il importe de travailler à supprimer les divisions (XLVIII) afin de vivre dans la charité dont la perfection est au-dessus de tout éloge (XLIX et L).

II. — CONDUITE A SUIVRE PAR LES AUTEURS DU SCHISME : LI-LVIII.

1) Qu'ils fassent pénitence, par l'exomologèse de leur péché, et ils obtiendront leur pardon (LI à LII).

2) Moïse a intercédé et s'est offert pour son peuple coupable (LIII) ; comment les instigateurs de la sédition hésiteraient-ils à. s'exiler pour ramener l'accord de la communauté et des presbytres (LIV), quand des rois, des chefs, des femmes telles que Judith et Esther, se sont sacrifiés pour leur peuple (LV) !

3) Il reste à prier pour que les coupables acceptent la réprimande ou correction fraternelle et se convertissent : LVI.

Exhortation directe et pressante adressée aux auteurs de la discorde pour les amener à se soumettre aux presbytres, à se tenir à leur place dans le troupeau du Christ (LVII à LVIII).

IMPROVISATION LYRIQUE ET PRIÈRE : LIX-LXI.

A la fin de la seconde partie, après avoir menacé les obstinés d'un risque grave (LIX, 1-2), l'auteur supplie Dieu « de conserver intact le nombre compté des élus ». Il épanche sa prière dans une improvisation lyrique où alternent les louanges du « Dieu, seul Très-Haut dans les cieux, admirable dans sa force et sa majesté », et les supplications ardentes pour obtenir sa protection, ses grâces, la paix et la concorde, notamment pour les princes à qui il a donné le pouvoir souverain par sa puissance (LIX, 3-LXI).

CONCLUSION : Le résumé de la lettre montre clairement que l'auteur a conscience d'avoir traité en réalité des devoirs de la vie convenable à des saints (LXII); mais il ne perd pas de vue la paix qu'il cherche à ramener parmi les Corinthiens (LXIII). Il rappelle en un souhait les dons spirituels qu'il demande à Dieu (LXIV), fait mention nominale des trois députés porteurs de son épître et termine par une doxologie semblable à celles qu'il a semées au cours de toute la lettre (LXV).

RÉSUMÉ DE L'ÉPÎTRE

PROLOGUE (I-III). — L'occasion de cette lettre est un schisme dans l'Église de Corinthe, jadis d'un renom si glorieux.

PREMIÈRE PARTIE : IV-XXXVI.

Considérations morales pour préparer indirectement le retour de la paix.

I. Les vertus nécessaires à la paix et à la concorde ;
  1) Bannir la jalousie (IV-VI).
  2) Faire pénitence (VII-VIII).
  3) Pratiquer l'obéissance, la foi, la piété, l'hospitalité (IX-XII).
  4) Humilité génératrice de paix et de douceur (XIII-XV), à l'exemple du Christ (XVI) et des Saints (XVII-XIX).

Transport d'admiration en présence de l'ordre qui règne dans l'univers et leçon d'harmonie et de paix qui en découle (XX-XXII).

II. La résurrection que Dieu ménage aux siens ; confiance dans ses promesses, excitation à la sainteté (XXIII-XXX).

III. Les voies que suivent les bénédictions de Dieu pour parvenir aux hommes : foi, charité, œuvres bonnes, Jésus-Christ (XXXI-XXXVI).

TRANSITION. — Avec Jésus-Christ nous formons un corps où doit régner l'unité (XXXVII-XXXVIII).

SECONDE PARTIE : XXXIX-LXI.

Enseignement directement destiné à remédier aux divisions des Corinthiens.

I. C'est Dieu qui a voulu l'ordre dans les fonctions de l'Ancienne et de la Nouvelle Loi. Il faut donc respecter l'ordre établi de Dieu par Jésus-Christ et ses apôtres (XXXIX-L.).

II. Conduite à tenir par les instigateurs du schisme : conversion et au besoin exil volontaire pour se sacrifier au bien commun (LI à LVIII).

Improvisation lyrique : Prière (LIX à LXI).

CONCLUSION. 1) Résumé de la lettre LXII-LXIII.
2) Souhait de paix LXIV.
3) Envoi de députés qui remettront l'épître à destination LXV.

III

AUTHENTICITÉ DE L'ÉPITRE

La lettre aux Corinthiens ne porte point de signature ; elle se donne dès le début pour une communication de « l'Église de Dieu qui séjourne à Rome à l'Église de Dieu qui séjourne à Corinthe » sans nom d'auteur. A travers tout l'écrit, lorsque l'auteur parle à la première personne, c'est au pluriel comme il est naturel de la part d'une collectivité (Cf. I, 1 : νομίζομεν. LIX, 1-2 ; LXIII, 3-4 etc.).

Il n'est pas moins dans la nature des choses qu'un écrivain ait rédigé la lettre pour l'Église romaine, et l'examen du style démontrerait au besoin l'unité d'auteur. Or une tradition très ferme, très ancienne, très appuyée par les témoignages en attribue la rédaction à l'évêque de Rome le plus connu du Ier siècle, saint Clément :

1. Les manuscrits originaux et les versions latine et syriaque ont mis en suscription à l'épître le nom de saint Clément : *Épître de Clément aux Corinthiens*. Étant données la qualité du manuscrit alexandrin et l'ancienneté des versions, il y a lieu de conclure que dès le IIe siècle, et même dans la première moitié du IIe siècle, la tradition était fixée à cet égard.

2. Hégésippe, dans ses Mémoires, a sûrement « parlé de l'épître de Clément aux Corinthiens ». C'est Eusèbe qui nous l'apprend (H. E. IV. 22, 1), mais sans nous rapporter rien de particulier sur ce qu'il en disait. Tout au moins, doit-on penser qu'Hégésippe n'hésitait pas plus qu'Eusèbe à considérer Clément comme l'auteur de la lettre. La date approximative des Ὑπομνήματα d'Hégésippe est aux environs de l'an 160 à 180.

3. Un témoignage aussi ancien que le précédent et d'autant plus précieux qu'il arrive de Corinthe même, est celui de l'évêque Denys qui nous apprend que de son vivant l'Église de Corinthe suivait « l'usage antique de lire publiquement dans l'assemblée des fidèles » l'épître que l'on savait fort bien être de saint Clément. A Soter, évêque des Romains, qui lui avait écrit une lettre, Denys de Corinthe répond en ces termes : « Aujourd'hui nous avons célébré le saint jour du

« dimanche, pendant lequel nous avons lu votre lettre ;
« nous continuerons de la lire toujours comme un avertis-
« sement, ainsi que du reste la première que Clément
« nous a écrite. » (ὡς καὶ τὴν προτέραν ἡμῖν διὰ Κλήμεντος γραφεῖσαν, entendez : ἐπιστολήν. Extrait fait par Eusèbe H. E.
IV, 23, 11). L'épiscopat de Soter va de 166 à 175 environ.

4. Saint Irénée (vers 180) qui s'occupe expressément
du pape Clément à l'occasion de la succession épiscopale
dans l'Église de Rome connaît aussi l'épître aux Corinthiens : « C'est du temps de ce Clément que des divisions
très graves se produisirent parmi les frères qui étaient à
Corinthe, et l'Église qui est à Rome écrivit aux Corinthiens une lettre très forte (ἱκανωτάτην γραφήν) les conci-
liant dans la paix, renouvelant leur foi et la tradition
qu'elle avait reçue récemment des apôtres. » Le texte
grec de ce passage est conservé dans un extrait fait par
Eusèbe (H. E. V, 6), mais le texte latin complet présente
ensuite une brève analyse de l'épître que saint Irénée
avait certainement sous les yeux *(Adv. Hœreses III, 3,
3)*. S'il ne mentionne pas expressément saint Clément
comme le rédacteur de la lettre, il n'y a pas de doute
qu'il le considérait comme le véritable auteur.

5. A la fin du II⁰ siècle, Clément d'Alexandrie nous
offre un témoignage tout à fait précis. Dans les *Stromates* il fait usage très fréquemment de l'épître aux
Corinthiens. Tantôt il en emprunte les paroles sans dire
où il les prend. Tout le morceau de l'épître aux Corinthiens (XIV, 5 à XVI, 1) a passé dans le texte des *Stromates* (IV, 6, 32, 33, p. 577) sans autre introduction qu'un
γὰρ φησι, et sans mention d'auteur. Tantôt il commet une
confusion et attribue à Barnabé (*Stromates*, VI, 8, 64, p.

72) ce qu'en réalité il prend à Clément de Rome, par une
rreur d'autant plus étrange que ce même texte : πολλῶν
πυλῶν ἀνεῳγυιῶν ἡ ἐν δικαιοσύνῃ αὕτη ἐστὶν ἡ ἐν Χριστῷ, ἐν ᾗ μακάριοι
πάντες οἱ εἰσελθόντες (Clém., *Cor.* xlviii, 4), il l'a déjà cité
l'une façon plus complète (xlviii, 4-5) dans son premier
ivre : *Stromates*, i, 7, 38, p. 339, en mentionnant et la
ource, qui est l'épître aux Corinthiens, et l'auteur qui
st saint Clément. D'ailleurs plus loin (*Strom.*, vi, 8,
5, p. 777), Clément d'Alexandrie revenant à son texte
oursuit la citation (Clém., *Cor.* xlviii, 5-6ª) et mentionne
ncore le véritable auteur : « Ainsi s'exprima Clément
lans la lettre aux Corinthiens. »

D'autres citations expresses de l'épître de saint Clément offrent un intérêt à des titres divers : Dans les
Stromates (iv, 17-19 et 105-121), Clément d'Alexandrie
antôt utilise les propres termes, et tantôt résume une
artie notable de l'épître aux Corinthiens (i, ix, xvii, xxi,
xii, xxxvi, xxxviii, xl, xli, xlviii-li) ; il introduit une
itation (*Strom.*, iv, 17) en la disant tirée « de la lettre
ux Corinthiens écrite par l'apôtre Clément » (ἐν τῇ πρὸς
Κορινθίους ἐπιστολῇ ὁ ἀπόστολος Κλήμης... λέγει); une autre fois
Strom. v, 12, 81, p. 693), il qualifie l'épître de « lettre des
Romains aux Corinthiens » (ἀλλὰ κἂν τῇ πρὸς Κορινθίους Ῥωμαίων ἐπιστολῇ... γέγραπται).

L'authenticité de la lettre ne fait évidemment pas
loute pour Clément d'Alexandrie.

6. L'authenticité ne fait pas doute non plus pour
Origène qui cite deux fois un texte célèbre de l'épître
ux Corinthiens : ὠκεανὸς ἀπέρατος ἀνθρώποις (xx, 8) *Oceanus
intransmeabilis est hominibus,* en le rapportant à saint
Clément de Rome : *Clemens apostolorum discipulus (De*

Princip., ii, 3, 6), et simplement : ὁ Κλήμης *(Select. in Ezech.*, viii, 3).

7. Nous pouvons clore la série des témoignages par celui d'Eusèbe de Césarée. C'est par lui que nous possédons le fragment de Denys de Corinthe et le texte original du morceau de saint Irénée que nous avons cités précédemment. Il nous apporte aussi le fruit personnel de ses recherches. Ayant eu l'occasion de s'occuper du pape Clément à propos de la succession des évêques sur les principaux sièges du monde chrétien : à Jérusalem, à Rome, à Alexandrie, il ajoute : « Il existe de celui-ci (de « Clément), acceptée comme authentique, une épître « longue et admirable (Τούτου δὲ οὖν ὁμολογουμένη μία ἐπισ-« τολὴ, φέρεται, μεγάλη τε καὶ θαυμασία). Elle a été écrite au nom « de l'Église de Rome à celle de Corinthe à propos d'une « dissension qui s'était alors élevée à Corinthe. En beau-« coup d'églises, depuis longtemps et de nos jours encore, « on la lit publiquement dans les réunions communes. » (H. E. III, 16, traduction Grapin, t. I, p. 279).

Un peu plus loin, dans le même livre de son *Histoire ecclésiastique*, revenant encore à la lettre de Clément, il dit que « l'authenticité en est reconnue de tous » (ἀνωμολο-γημένη παρὰ πᾶσιν) et « qu'elle a été rédigée au nom de Rome » : ἐκ προσώπου τῆς Ῥωμαίων ἐκκλησίας (H. E III, 38, 1, traduction Grapin, t. I, p. 349).

L'authenticité de l'épître de Clément est donc solidement démontrée par une tradition très sûre. L'origine de la lettre explique sa prompte popularité. Saint Ignace d'Antioche et saint Polycarpe de Smyrne ont connu l'épître de Clément aux Corinthiens. Pour saint Ignace, cela paraît très vraisemblable si l'on rapproche de la

ttre de saint Clément certaines expressions de sa lettre
Polycarpe et de sa lettre aux Romains. Quant à saint
olycarpe, il était certainement familiarisé avec le texte
e saint Clément, dont on retrouve les expressions et
s tours de phrase tout le long de la lettre aux Philip-
iens.

Dans la littérature chrétienne postérieure à Eusèbe,
épître de Clément aux Corinthiens est mise à contribu-
on par de nombreux écrivains. Saint Cyrille de Jérusa-
m lui emprunte l'histoire du phénix racontée aux cha-
itres xxv et xxvi (*Catéchèses* xviii, 8). Saint Jérôme cite
chapitre xvi, dans ses Commentaires sur Isaïe (lii, 13),
ais tous ces témoignages dérivés des précédents n'ajou-
nt rien à la force de la démonstration esquissée par les
moignages des iie et iiie siècles.

L'estime de l'antiquité pour l'épître aux Corinthiens
nd très explicable que l'œuvre de saint Clément ait été
aitée comme une « Écriture Sainte » chez quelques
crivains, notamment chez Clément d'Alexandrie qui
ualifie Clément « d'apôtre » et qu'elle nous soit parvenue
la suite du N. T. dans le ms. Alexandrin et dans
traduction syriaque. Les *Canons Apostoliques* (85)
ennent l'épître de Clément et la prétendue II^a *Clementis*
our partie intégrante du N. T.

Lightfoot, *Clement of Rome*, I, p. 158-159 et Knopf, *Texte
nd Untersuchungen*, t. xx, p. 82, ont dressé la liste minutieuse
es citations de S. Clément de Rome dans les œuvres de
lément d'Alexandrie.

L'extrême célébrité de saint Clément fut cause que
eaucoup d'écrits lui ont été attribués. Outre l'ancienne
omélie du iie siècle, que nous éditons plus loin à titre de

morceau intéressant de l'antique littérature chrétienne primitive, on a imputé à l'évêque de Rome : 1) deux lettres *sur la Virginité* ; 2) deux lettres à Jacques, frère du Seigneur, qui ont circulé détachées, mais dont l'une faisait corps avec l'écrit des Homélies ; 3) une série d'homélies dites homélies clémentines qui sont de la fin du IIᵉ siècle probablement. Les doctrines y sont incorporées à des récits qui ont été repris dans un roman d'aventures appelé les *Recognitiones clementinæ* ; 4) plusieurs pièces qui ont pris place parmi les fausses Décrétales. En dépit du nom de S. Clément dont ils se couvrent, ces écrits n'ont aucun titre à être étudiés parmi les ouvrages de la littérature apostolique ; ils appartiendraient à un fascicule d'apocryphes clémentins.

IV

DATE DE LA COMPOSITION

L'authenticité de la lettre de Clément de Rome étant reconnue, le temps où elle fut composée se trouve ramené entre des limites fort étroites. Il est naturel de supposer que l'épître date non des années où Clément était seulement un presbytre notable de l'Église de Rome mais de celles où il exerçait la charge de l'épiscopat. Or ces années sont approximativement de 92 à 101.

Cependant, sans rien faire dépendre de l'existence de l'épiscopat monarchique à Rome, il est possible de chercher dans l'épître elle-même les précisions utiles quant à l'époque où elle fut rédigée. Les allusions qu'elle renferme à des faits connus de l'histoire permettraient de la situer dans les dernières années du 1er siècle, alors même qu'on en restituerait la composition à quelque scribe inconnu de l'Église romaine.

L'opinion de quelques critiques essayant de reculer la date de l'épître assez tard dans le règne de Trajan ou même d'Hadrien est démontrée fausse par le fait que l'épître était entre les mains de saint Polycarpe aux environs de l'an 110 ou bien peu de temps après.

Des critiques beaucoup plus nombreux et plus grave ont au contraire fait remonter la composition de la lettre jusqu'à la fin du règne de Néron, aux environs des années 64-68. L'auteur écrit, sans aucun doute, au sortir d'une persécution dont « les malheurs et les calamités soudaines » l'ont empêché quelque temps de « prêter attention à l'exécrable sédition » (ɪ, 1) qui est en train de ruiner le renom de l'Église de Corinthe. Mais tous les traits qui suivent, bien loin de convenir au temps de Néron, s'appliquent au contraire excellemment à celui de Domitien (81-96). Il est vrai que lorsqu'il vient à parler des apôtres Pierre et Paul, « athlètes tout récents, et nobles exemples de notre génération » (ᴠ, 1), il semble que les apôtres viennent à peine de périr. En réalité, ils ne paraissent si récents à l'écrivain que par comparaison avec les personnages de l'Ancien Testament : Caïn, Abel, Moïse, Aaron, David, qu'il vient de rappeler (ɪᴠ); mais il est évident par plusieurs endroits de l'épître que la mort des apôtres, bien qu'elle compte encore des témoins vivants à Rome, et parmi eux l'auteur tout le premier, subit déjà l'effet d'un certain recul : de leur vivant, les apôtres avaient institué des évêques et des

diacres (xlii, 4), et l'auteur de la lettre a déjà vu suc
céder d'autres évêques et diacres à ces premiers succes
seurs des apôtres (xliv, 2-3). Est-ce trop s'avancer que d
conclure qu'il s'est passé une vie d'homme, de vingt-cin
à trente ans, depuis la mort des envoyés du Christ ? Le
porteurs de la lettre, Claudius Ephebus, Valerius Bito
et Fortunatus (lxv, 1), se sont montrés « des homme
fidèles et sages, qui ont vécu sans reproche » parmi le
chrétiens de Rome « depuis la jeunesse jusqu'à la vieil
lesse, ἀπὸ νεότητος ἕως γήρους » (lxiii, 3). Il faut donc suppose
cinquante à soixante ans écoulés depuis les premier
commencements de la communauté chrétienne. Toute
ces diverses évaluations concordent à nous ramener ver
la fin du règne de Domitien.

L'Église de Corinthe est qualifiée d'ancienne ou d'an
tique (ἀρχαία, xlvii, 6), ce qui ne se pouvait dire à l'époqu
de Néron, vingt ans au plus après que saint Paul adres
sait ses propres lettres aux Corinthiens. On a essayé d
tirer argument de cette qualification d'ἀρχαία en faveur d
l'opinion qui ramène la date de composition bien plu
bas que le règne de Domitien ; mais ἀρχαῖος signifie : qu
remonte aux origines, à l'encontre de παλαιός : qui exist
depuis longtemps. S. Clément, écrivant à la fin du règn
de Domitien, rendait donc exactement sa pensée en usan
d'un mot qui impliquait pour l'Église de Corinthe un
ancienneté toute relative.

Enfin les termes mêmes dont l'auteur se sert pou
dépeindre les malheurs de la persécution toute récent
(συμφορὰς καὶ περιπτώσεις) conviennent admirablement, l
deuxième surtout qui emporte la signification d'*embarras*
pour caractériser la persécution de Domitien, moin
sanglante que celle de Néron, mais combien plus chica

nière. Elle avait eu pour origine le refus des chrétiens de payer le didrachme demandé par l'empereur à tous ceux qui menaient « la vie judaïque »; et dans la suite elle fut marquée par les condamnations à l'exil et par les confiscations bien plus que par les sentences de mort. Les coups successifs et imprévus portés au christianisme du temps de S. Clément, selon l'épître aux Corinthiens, rappellent ce que Suétone a dit de la cruauté mêlée de ruse et procédant par à coups chez Domitien : *non solum magnæ sed et callidæ inopinatæque sævitiæ* (Domit., 11). On ne saurait donc se tromper beaucoup en plaçant la composition de l'épître aux Corinthiens soit en 95 ou 96, au terme du règne de Domitien, soit en 97 ou 98, sous l'empereur Nerva.

Funk, *Patres Apostolici*, 1901, t. I, p. XLI-XLIII et Lightfoot, *Clement of Rome*, I, p. 149-152 ont rapproché sur deux colonnes parallèles les points de contact entre l'épître de Polycarpe et celle de Clément. Polycarpe avait manifestement cette lettre entre les mains.

V

OCCASION, BUT ET CARACTÈRE DE LA LETTRE

I. C'est à la lettre même de Clément, qu'il faut demander de nous renseigner sur l'évènement qui en a fourni l'occasion et sur le but visé par l'auteur. Aucune indication ne nous est donnée par un document différent de l'épître et celles mêmes que nous tirons de la lettre consistent en des traits précis, mais peu nombreux et peu détaillés.

Des troubles ont éclaté dans l'Église de Corinthe depuis quelque temps (I, 1). Il s'est produit un schisme « qui a mis le trouble dans bien des âmes ; il en a jeté beaucoup dans l'abattement, beaucoup dans le doute » et « ces dissensions se prolongent ! » (XLVI, 9). Juifs et païens, tous ceux qui « ont d'autres sentiments que les chrétiens » en prennent prétexte pour « blasphémer le nom du Seigneur » (XLVII, 7).

Un ou deux meneurs (XLVII, 5-6), « téméraires et insolents » (I, 1), ont soulevé la masse des fidèles de Corinthe contre ses presbytres, dont quelques-uns, « qui vivaient dignement, » ont été destitués « des fonctions qu'ils exerçaient sans reproche » (XLIV, 6).

Nous ne savons rien des griefs allégués par les meneurs contre les presbytres de l'église. La querelle survenue à Corinthe n'est-elle qu'un épisode de la lutte d'influence entre la hiérarchie et les ministres inspirés ? On est assez tenté de le supposer ; d'abord c'est la seule façon d'expliquer les troubles de Corinthe autrement que par des motifs assez bas de simple égoïsme et d'envie ; ensuite elle permet de saisir la portée du conseil donné aux meneurs de s'exiler de Corinthe (LIV, 2). Cependant quitter Corinthe n'équivaut pas à reprendre le ministère itinérant des prophètes et des apôtres qui sont mentionnés dans la *Doctrine des apôtres* (XI et XIII). Nulle part dans l'épître il n'est indiqué que les presbytres injustement déposés ont en face d'eux des prophètes. L'auteur y parle bien des « charismes », mais comme de grâces ordinaires que Dieu donne « au fort pour prendre soin du faible, au faible pour témoigner du respect au fort, au riche pour fournir aide au pauvre, au pauvre pour remercier Dieu, etc. » (xxxviii, 1-2). Les conseils généraux de demeurer humbles, exempts « de toute forfanterie, de toute enflure, de toute déraison » (xiii, 1), même adressés plus spécialement aux membres de l'Église « capables d'exposer une parole de connaissance, et sages dans le discernement des discours » (xlviii, 5), n'impliquent pas l'existence à Corinthe d'un parti composé de prophètes et d'ascètes en révolte contre les presbytres en charge. L'indice le plus favorable à la thèse d'un conflit entre les presbytres de la hiérarchie et les « inspirés » vient de ce que Clément s'étend avec insistance sur le culte qui doit se faire à des temps marqués, en des lieux déterminés et par des ministres spécialement autorisés. Mais il est bien singulier que pas une fois le prophète ne soit mentionné à cette occasion. Peut-être Clément n'a-t-il pas voulu donner aux auteurs du schisme le lustre d'une telle qualification. En somme, il faut nous résoudre à ignorer sinon le sujet du moins l'occasion précise de la querelle.

L'Église de Rome se propose de remédier aux maux de l'Église de Corinthe et d'y ramener la concorde. Rien n'indique qu'elle ait été priée de s'entremettre ; l'expression ἐπιζητούμενα (i, 1) ne signifie pas que les Corinthiens aient écrit à Rome ou interrogé l'Église romaine ; elle désigne seulement les choses en litige (Lightfoot). Cependant certains critiques pensent que les Corinthiens ont eu recours à Rome ; c'est ainsi que Renan traduit ἐπιζητούμενα par les « questions que vous nous avez adressées » ; mais c'est mettre beaucoup de commentaire dans une traduction. Il est également peu vraisemblable que Fortunatus (lxv, 1) ait été député par les Corinthiens à Rome : c'est plutôt la rumeur publique, les rapports privés (ἡ ἀκοή XLVII, 6; cf. I, 1) qui a porté les affaires de Corinthe à la connaissance de l'Église romaine. Celle-ci entreprend de rétablir l'unité, et elle prend nettement parti pour les presbytres, parce qu'ils sont les chefs de la communauté chrétienne. Elle n'essaye ni d'une apologie, ni d'une conciliation. L'Église doit obéir à ses presbytres et les révoltés n'ont qu'à se soumettre. Cependant la décision, très catégorique en elle-même, se trouve un peu noyée dans de longs développements à tournure homilétique sur des textes de l'Écriture.

Une comparaison entre l'épître aux Corinthiens de Clément et les épîtres de même titre écrites par saint Paul, mettrait en évidence le peu de connaissance précise que Clément de Rome avait du détail des affaires de Corinthe. Sur le point particulier de la soumission aux presbytres, se marque une préoccupation bien définie, mais il ne se dégage aucun tableau vivant des désordres qui ont provoqué la composition d'une lettre tantôt très instante, tantôt un peu molle de dessin et un peu traînante dans l'exécution. Il semble que l'auteur veuille également ramener la paix et promouvoir la vie morale de la communauté en affermissant son obéissance à la loi de Dieu et sa confiance en Dieu. Entre tous les critiques, Knopf a insisté sur le caractère oratoire d'une lettre destinée, semble-t-il, dans la pensée même de son auteur, à être lue publiquement dans une assemblée des fidèles : « Nous aussi réunis par la communauté de sentiment « dans la concorde en un seul corps, crions vers lui, « comme d'une seule bouche... » (XXXIV, 7). L'adjonction de la prière s'expliquerait ainsi par l'usage des prédicateurs de terminer leur exhortation en prières. Ces remarques dans leur ensemble sont très justes et jettent une lumière sur le caractère de l'épître. Mais en les acceptant, il ne faut point trop se presser de conclure que « toute la première partie de l'épître de Clément a été formée par la réunion de compositions et d'homélies de moindre dimension. » Même l'artifice de quelques transitions ne justifie pas une conclusion aussi radicale ; car le souci de l'unité à rétablir est assez visible dans le choix et le traitement de chacun des développements moraux pour que l'on ne doive point soupçonner l'auteur d'avoir simplement utilisé des notes antérieures et, pour ainsi dire, vidé ses tiroirs.

Recensement des opinions des savants sur le sujet précis de la querelle à Corinthe dans *Real-Encyklopædie für protestantische Theologie*, article *Clemens von Rom*, t IV, p. 167, lignes 50-60. — KNOPF, *Der literarische Charakter des ersten Clemensbriefes*, dans *Texte und Untersuchungen*, t. XX, p. 156-191. — WEHOFER, *Untersuchungen zur altchristlichen Epistolographie*, 1901, a insisté sur l'unité d'ensemble de l'épître. D'après STAHL, *Patristische Untersuchungen*, 1901, l'épître a été écrite à la requête des Corinthiens, contre des judéo-chrétiens qui réclamaient pour tout chrétien les fonctions du sacerdoce.

L'index renseignera le lecteur sur la fréquence de l'emploi des termes de paix, concorde, — εἰρήνη, ὁμόνοια, — d'obéissance ὑπακοή, etc.

II. La langue de saint Clément et son style sont très reconnaissables à quelques particularités, notamment au redoublement très fréquent des épithètes et des substantifs. Souvent les alliances de mots habituelles (προστάγματα καὶ δικαιώματα II, 8) lui sont en quelque sorte fournies par l'Écriture Sainte dont il s'inspire si souvent même quand il ne cite pas (I *Rois*, xxx, 25 ; EZÉCHIEL., xi, 20 ; xviii, 9 ; xx, 11, etc. ; MALACHIE, iv, 4); mais il a un faible personnel pour la répétition d'épithètes ou de substantifs synonymes ou se complétant l'un l'autre. Dans les seuls chapitres ɪ et ɪɪ, nous en avons de nombreux exemples : συμφορὰς καὶ περιπτώσεις, — ἀλλοτρίας καὶ ξένης, — μιαρᾶς καὶ ἀνοσίου, — προπετῆ καὶ αὐθάδη, — σεμνὸν καὶ περιβόητον (ɪ, 1); — πανάρετον καὶ βεβαίαν, — σώφρονα καὶ ἐπιεικῆ, — τελείαν καὶ ἀσφαλῆ (ɪ, 2), — μέτρια καὶ σεμνά (ɪ, 3, — βαθεῖα καὶ λιπαρά (ɪɪ, 2) — στάσις καὶ σχίσμα (ɪɪ, 6), — παναρέτῳ καὶ σεβασμίῳ (ɪɪ, 8).

Quelquefois il aligne trois épithètes pour souligner sa pensée : τὸ σεμνὸν καὶ περιβόητον καὶ ἀξιαγάπητον ὄνομα (ɪ, 1); — ἐν ἀμώμῳ καὶ σεμνῇ καὶ ἁγνῇ συνειδήσει (ɪ, 3).

Ce qui rend parfois la prose de Clément pénible, traînante, très différente de la prière presque rythmée de la fin (ʟɪx-ʟxɪ), c'est l'habitude des citations mal digérées qui s'incorporent par morceaux dans le discours et en alourdissent la marche.

Mais dans le détail, bien des nuances révèlent un esprit délicat. Soit que, tout pénétré de la bonté de Dieu, il se tourne vers le spectacle de la miséricorde sans bornes du Créateur (xxxɪɪɪ); soit qu'il s'attarde à contempler l'harmonie qui régit les cieux, les océans et les entrailles même de la terre (xx, 1-12); soit qu'il ait l'âme tout émue des souffrances de généreuses femmes qui avec un corps débile ont conquis le prix des braves (vɪ, 2), Clément de Rome fait preuve d'une âme élevée, tendre, sensible, qui se retrouve dans la délicatesse de touche et dans la réserve avec laquelle il fait la leçon aux Corinthiens.

Il est tel endroit de l'épître où le groupement des mots et leur gradation sont habilement calculés avec un sentiment très vif de leur valeur : au chapitre ɪɪɪ, verset 2, dans l'énumération qui procède par redoublements de subs-

tantifs suivant la manière habituelle de Clément, il y a
une eurythmie et une logique de développement également
sensibles : ζῆλος καὶ φθόνος sont les sentiments mauvais
d'où naissent les querelles ; ἔρις καὶ στάσις, manifestations
bruyantes bien vite accompagnées de violence et de sédition ; διωγμὸς καὶ ἀκαταστασία désordres qui mènent à la
guerre ouverte et prolongée et à la servitude, πόλεμος καὶ
αἰχμαλωσία.

De même au chapitre xxx, verset 8, on voit mis en opposition : témérité, insolence, audace, θράσος καὶ αὐθάδεια καὶ
τόλμα, avec modération, humilité, douceur, ἐπιείκεια καὶ
ταπεινοφροσύνη καὶ πραΰτης. La lettre est riche en analyses
tripartites des idées morales. Aussi, malgré ses longueurs,
le développement par lui-même quand il n'est pas trop
encombré de pièces d'Écriture Sainte, ne languit pas et ne
donne pas l'impression du sermon banal que produit
assez souvent l'homélie faussement appelée la seconde
épître de Clément.

Détails de style : prédilection de Clément pour des adjectifs
composés : πανάρετος (voir *Index*) qui ne se retrouve ni dans les
Septante ni dans le Nouveau Testament ; παμμεγέθης, πανάγιος,
παμπληθής, παντεπόπτης.

Quelques expressions révélatrices du tempérament
moral de Clément reviennent fréquemment d'un bout à
l'autre de l'épître, notamment les mots d'ἐπιείκεια, ἐπιεικής
(Cf. *Index*), termes presque intraduisibles en français
dans leur complexité de sens, et qui expriment un heureux
mélange de mesure, de modération, d'équilibre, de finesse
et d'énergie ou de force.

En tout cas ils indiquent très bien la méthode de
Clément pour obtenir la paix et la réunion des esprits
dans la concorde. Il n'y a aucune hésitation sur la néces-

sité d'une soumission aux presbytres. Bang s'est lour-
dement trompé en soutenant que l'auteur de l'épître
s'adressait aux presbytres démis de leurs fonctions pour
les engager à s'expatrier par amour de la paix (LIV, 2) ;
la phrase isolée peut offrir quelque équivoque ; mais
tout l'ensemble du discours tend à prêcher la soumission des meneurs aux chefs de la communauté et donne
au conseil d'exil son véritable sens et sa portée.

BANG, *Theblogische Studien und Kritiken*, 1898, p. 470-486. —
En sens contraire HARNACK, *Patristische Miscellen* dans *Texte
und Untersuchungen*, t. XX, 1901 (N. F. V), fascicule 3, pages
76-80 : Zu 1 Clemens ad Corinth., 53-57.

Toute la lettre offre un mélange d'énergie et de douceur. Les conseils de soumission sont brefs et énergiques
(XLVIII, 7-9 ; LVII, 1-2 ; LIX, 1-2 ; LXIII, 2) mais ils sont
amenés par des considérations morales capables de
toucher, et qui emplissent toute une partie considérable
de l'épître. Quand l'auteur semble s'être départi un
instant de sa méthode favorite d'insinuation (conseil
d'exil LIII), il y revient comme d'instinct en provoquant à
la générosité dans l'abnégation par les exemples de
dévouement si nombreux dans l'histoire profane et dans
l'histoire religieuse. Le ton est celui de l'exhortation
parfois véhémente et de l'adjuration, jamais de la
menace. Toutes les ressources de la foi et de la charité
sont épuisées ; les rebelles sont serrés de près ; mais ils
ne se sentent point en présence d'un ennemi.

Clément a marqué tout son caractère en inventant
cette alliance de mots : ἐκτενὴς ἐπιείκεια (LVIII, 2 ; LXII, 2).

L'épître aux Corinthiens, sans être composée artiste-
ment, laisse néanmoins entrevoir chez l'auteur une grande
ouverture d'esprit et une culture assez soignée. Saint

Clément témoigne d'une réelle largeur d'idées en cherchant les exemples d'héroïsme aussi bien dans l'histoire de l'antiquité profane (LV, 1) que dans l'Ancien Testament. S'il est un Juif, comme on peut le supposer, il est évidemment un de ces Juifs hellénistes à qui la culture grecque a enlevé toute étroitesse d'esprit et qui transfère sans peine à l'ensemble du monde romain qu'il travaille à convertir, « l'amour de la patrie et du peuple » qu'il signale chez Judith pour le peuple juif (LV, 5). Quoique l'opposition de l'empire soit formelle, et qu'il tienne encore dans ses geôles des « captifs » dont les chrétiens demandent la délivrance (LIX et LX), il n'y a dans le ton de Clément ni colère, ni violence, ni amertume.

L'on trouvera dans les notes quelques rapprochements des expressions de Clément avec les écrivains profanes, qui témoignent d'une certaine connaissance de Cicéron (LIV, 2), des poètes grecs (XXXVII, 4), des philosophes, de Platon surtout et des Stoïciens. L'admiration pour la beauté de la nature et l'harmonie de ses mouvements est très vive chez Clément. Le souffle qui traverse le morceau poétique du chapitre (XIX, 2 ; XX, 12) non plus que celui qui anime la prière lyrique de la fin (LIX, 3 à LXI) n'a rien de forcé ni d'artificiel ; il s'échappe d'une âme très noble et très religieuse.

Ad. HARNACK, Exkurs *Ueber die Zusammenhänge des I Klemensbrief mit der antiken Literatur und Kultur*, dans *Sitzungsberichte der Koen. preuss. Akad. der Wissenschaften*, 1909, III, p. 56-61. L'auteur fait valoir dans le détail les traits qui témoignent de la culture profane, grecque et romaine, de Clément.

VI

INSTITUTIONS, DOCTRINES ET HISTOIRE

I. — L'Écriture Sainte dans l'épître de Clément.

Les livres saints sont continuellement utilisés par
l'auteur de l'épître aux Corinthiens, tantôt d'une manière
très libre, en abrégeant, résumant, interprétant, tantôt
sous forme de citations expresses, directes, littérales,
avec références à un livre déterminé, tantôt sans indication de source spéciale mais avec un mot qui désigne
l'Écriture Sainte : γραφεῖον (XXVIII, 2) — γραφή (XXXV, 7) —
ἱερὰ γραφή (XLV, 2) — ἅγιος λόγος (LVI, 3). Clément se sert
parfois de périphrases qui expriment sa révérence profonde pour l'Écriture et qui la définissent en quelque
sorte comme parole même de Dieu : οὕτως λέγει ἡ πανάρετος
σοφία (LVII, 3) ; — λέγει γὰρ τὸ πνεῦμα τὸ ἅγιον (XIII, 1).

Au chapitre XLV, 2 parlant des « Écritures Saintes »,
il remarque qu'elles sont véridiques, — ἀληθεῖς — et
données « par le Saint-Esprit » διὰ τοῦ πνεύματος τοῦ ἁγίου.
Au chapitre LIII, verset 1, les ἱεραὶ γραφαί sont appelées
λόγια τοῦ θεοῦ.

C'est d'abord l'Ancien Testament qui revêt ce caractère
sacré aux yeux de Clément ; il en possède une connaissance très complète, très familière ; il lui emprunte les
exemples soigneusement choisis de la première partie
(surtout aux chapitres IX-XI et XVI-XVIII). Souvent il ajoute
aux détails contenus dans l'Écriture Sainte des traits qui

lui viennent des livres apocryphes et moraux dont se nourrissait la piété juive. Les livres de l'A. T. qu'il cite plus souvent ou plus abondamment sont d'abord les Psaumes, la Genèse et le prophète Isaïe, puis Job, le livre des Proverbes, et les derniers livres du Pentateuque.

Clément, vivant à Rome et parlant grec, juif helléniste très probablement, lisait la Bible des Septante, dont le vocabulaire se retrouve dans sa lettre, même là où il n'y a pas de citation formelle. Les citations de la Bible sont quelquefois littérales (LVI, 3, 6); souvent elles sont faites très librement, comme on le verra suffisamment dans les notes.

Le Nouveau Testament n'existe point encore du temps de Clément à titre de collection de livres canoniques; mais on sent qu'il est en voie de formation. Les paroles du Seigneur — λόγια τοῦ κυρίου Ἰησοῦ (XIII, 1), — sont alléguées comme une autorité égale, sinon même supérieure (μάλιστα μεμνημένοι) à celle de l'Écriture citée précédemment (cf. aussi XLVI, 7-8); il est évident que l'auteur a sous les yeux un recueil de ces λόγια; il connaît probablement nos évangiles de Matthieu et de Luc ; mais les citations sont trop peu nombreuses et trop peu littérales pour exclure la possibilité d'une rédaction un peu différente. Clément désigne expressément une épître de saint Paul aux Corinthiens et c'est la Iʳᵉ aux Corinthiens qu'il utilise ensuite (XLVII).

Enfin, il est évident que l'auteur connaît plusieurs écrits du Nouveau Testament et qu'il s'en inspire ou qu'il y fait des allusions, sans que l'on puisse dire dans quelle mesure il les tient pour « Écritures Saintes »; c'est le cas des épîtres de saint Paul aux Éphésiens, aux Colossiens, aux Galates, aux Romains, de la Iʳᵉ épître de Pierre, de celle de Jacques. L'épître aux Hébreux lui est si familière que plusieurs écrivains de l'antiquité lui en ont attribué la paternité (cf. p. XI).

ZAHN, *Geschichte des neutestamentlichen Kanons.* — WREDE, *Untersuchungen zum ersten Clemensbriefe*, 1891, très complet sur les rapports de Clément avec l'A. T. Sur l'emploi de l'A T. chez les anciens écrivains chrétiens tels que Clément, Barnabé, Justin, etc., cf. HATCH, *On composite quotations from the Septuagint*, 5ᵉ Lecture des *Essays on Biblical Greek*, 1889, p. 203-214, et VOLLMER, *Die alttestamentlichen Citate bei Paulus*, p. 36. Il se pourrait qu'il eût existé au Iᵉʳ et au IIᵉ siècle des « Extraits de la Bible » à l'usage des synagogues de la Dispersion, ayant rendu plus familiers certains exemples choisis parmi les faits de l'histoire sainte, ou plus traditionnelles certaines alliances de textes. Telle citation où entrent des textes fort éloignés les uns des autres (cf. XIV, 4 ; XV, 4-6 ; XXIX, 3 ; XXXIV. 3 ; XXXVI, 2 et d'autres) s'expliquerait mieux par la dépendance à l'égard d'une tradition toute faite dans des recueils, que par des raffinements de combinaisons savantes et toutes personnelles.

Le rapport de l'épître de Clément avec la Iʳᵉ de S. Paul aux Corinthiens est évident par le rapprochement de Clément XXIV, 1 et 4-5 avec Paul XV, 20 et 36-38 sur la résurrection ; de Clément XLVIII, 5 avec Paul XII, 8-9 sur les divers dons spirituels ; de Clément XXXVII 5, 4 et 3 avec Paul XII, 12-13, 24 et 29-30 sur l'union et la coordination des membres du corps (KNOPF, *Texte und Untersuchungen*, t. XX, p. 102).

II. — L'ORGANISATION DE LA COMMUNAUTÉ CHRÉTIENNE

Nulle part dans l'épître aux Corinthiens il n'est fait de description de la communauté chrétienne et de son organisation ; mais c'est le souci de cette organisation et de son unité nécessaire qui inspire l'auteur d'un bout à l'autre de sa lettre. La discipline militaire, si admirée de Clément (XXXVII, 2-3) et la coordination des membres du corps (XXXVII, 5), lui offrent des images de la discipline dans l'Église. Les membres de l'Église se composent de tout le peuple chrétien : femmes, jeunes gens (νέοι), anciens ; mais c'est par les chefs (ἡγούμενοι) que tout ce peuple se discipline sous la règle et « le canon de l'obéissance » (ι, 3 ; xxi, 6). Le même terme d'ἡγούμενοι s'applique également dans la pensée de Clément aux chefs civils (v, 7 ; lv, 1 ; lx, 4) et militaires (xxxvii, 23 ; li, 5) et à ceux de la communauté chrétienne (ι, 3 ; xxi, 6 : προηγουμένους). Mais quand il s'agit de préciser les différents offices que remplissent les chefs de l'église, deux aspects principaux se présentent : le ministère de la parole et de l'éducation chrétienne (παιδεία) et celui du culte et des offrandes.

Le ministère de la parole est surtout attribué aux presbytres, qui ne sont pas simplement des anciens ou vieillards comme le donneraient à penser quelques phrases isolées (ι, 3 ; liv, 4), mais des personnages qui remplissent une charge dont il est indigne et honteux de les déposséder (xliv, 5 ; xlvii, 6). Nous devons accepter la discipline, l'utile monition que nous nous faisons les uns aux autres (lvi, 2), mais dont les presbytres sont évidemment les organes ordinaires : « Vous qui avez été le principe de la discorde, soumettez-vous aux presbytres, laissez-vous châtier pour votre pénitence » (lvii, 2). L'important est que « le troupeau du Christ vive en paix avec les presbytres établis » (liv, 2). Il est hors de doute que les presbytres sont dépositaires d'une grande autorité dans l'Église ; ils occupent évidemment, parmi les chrétiens, la place que les ἡγούμενοι tiennent dans la hiérarchie militaire.

Le deuxième aspect de leur activité réside dans le ministère du culte et l'auteur de l'épître, se reportant au souvenir du Temple de Jérusalem, aux prescriptions de la loi sur les sacrifices et les offrandes, ne peut s'empêcher de concevoir le ministère des offrandes et des liturgies, sur le modèle du ministère lévitique. L'ordre doit régner dans le culte et l'exactitude dans l'observation des temps (xl., 1). Les ἱερεῖς figurent les presbytres, comme l'ἀρχιερεύς représente le Christ ou peut-être l'évêque, et les lévites, les diacres.

Lorsqu'il s'agit de chercher la source de l'autorité dans l'Église, Clément remonte jusqu'aux apôtres et des apôtres au Christ, et du Christ à Dieu (xlii, 1-2². Les apôtres ont prêché le royaume de Dieu dans les villes et dans les diverses régions de l'univers, éprouvant les convertis, et instituant « comme évêques et comme diacres » ces « prémices » des églises (xlii, 3-4).

La « succession » épiscopale considérée comme apostolique et voulue par Jésus-Christ est fortement affirmée (xliv, 1-3). C'est d'ordre des apôtres que les premiers évêques ont eu après leur mort pour successeurs, d' « autres hommes éprouvés » qui ont été investis de l'épiscopat, avec le consentement de la communauté chrétienne. La κατάστασις des évêques (xliv, 3), leur élection ou investiture, n'est point autrement décrite. Quoique l'Église donne son consentement, l'autorité qui leur est conférée n'est pas présentée comme une délégation de l'assemblée chrétienne, mais comme un pouvoir, un service ou office, une λειτουργία qui passe des évêques à leurs successeurs.

Nulle part n'est affirmée l'équivalence des évêques et des presbytres; mais à la manière dont Clément substitue les deux termes l'un à l'autre (cf. notamment xliv, 4 et 5), il est aisé de reconnaître la même indétermination dans son vocabulaire que dans celui des Actes des apôtres ou des lettres de saint Paul. Seulement il n'y a plus trace dans la lettre de Clément, d'un ministère prophétique, ou de prédicateurs ambulants, capables de disputer à la hiérarchie locale la présidence des assemblées, le ministère de la parole et le soin de présenter les offrandes. C'est à l'occasion du culte qu'est prononcé le nom des *laïques* (XL, 5) par opposition aux lévites qui ont des services spéciaux à remplir.

Les diacres ne sont nommés que deux fois (XLII, 4, 5) immédiatement après les évêques, comme dans l'épître aux Philippiens (I, 1), sans que leur office soit spécialement caractérisé.

LŒNING, *Die Gemeindeverfassung des Urchristentums*, Halle, 1889. — R. SOHM, *Kirchenrecht*, Leipzig, 1892. — HATCH, *The organisation of the early christian church*, Oxford, 1881. — MICHIELS, *Les origines de l'épiscopat*, 1900. — J. RÉVILLE, *Les origines de l'épiscopat*, 1894. — BATIFFOL, *La hiérarchie primitive*, dans *Études d'histoire et de théologie positive*, 1902, pages 225-275. — L. DUCHESNE, *Histoire ancienne de l'Église*, 1, 1906, p. 84. — BRUDERS, *Die Verfassung der Kirche*, Mayence, 1904. — P. BATIFFOL, *L'Église naissante et le catholicisme*, 1909, spécialement p. 146-156. — KNOPF, *Das nachapostolische Zeitalter*, 1905, p. 147-222.

III. — LA PRIMAUTÉ DE L'ÉGLISE ROMAINE.

Elle n'est l'objet d'aucune affirmation doctrinale dans le corps de l'épître. Elle ressort seulement du fait même que les Romains interviennent dans les affaires de Corinthe et de la manière paisible dont ils procèdent. Il n'est pas sûr que les Corinthiens se soient adressés à Rome (cf. p. XXXIII s.); mais l'Église romaine, consultée ou non, considère comme son droit d'adresser à l'Église de Corinthe une instruction, une exhortation et une réprimande, en vue de rétablir l'unité. Elle s'excuse, sur les embarras de la persécution, d'avoir quelque peu tardé à le faire (I). Toute l'épître respire le ton de l'autorité tran-

quille, sûre de son droit : « S'il y en a qui résistent aux
« paroles que « Dieu leur adresse par nous, qu'ils sachent
« qu'ils se fourvoient dans une faute et un danger con-
« sidérables (LIX, 1'. Vous nous causerez joie et allégresse,
« si vous obéissez aux avis que nous vous avons donnés
« dans le Saint-Esprit, si vous coupez court à l'emporte-
« ment injuste de la colère, selon notre invitation à la
« paix et à la concorde, dans cette lettre » (cf. LXIII, 2 et 4).

Si l'on admet que les Corinthiens aient consulté Rome,
ce recours est d'autant plus remarquable qu'Éphèse, plus
voisine de Corinthe que Rome, avait peut-être encore
l'une des « colonnes » de l'Église chez elle, l'apôtre Jean.
« Soit que l'on considère en lui-même cet acte spontané
de l'Église romaine, soit que l'on pèse les termes de la
lettre, on ne peut échapper à cette impression que dès la
fin du Iᵉʳ siècle de notre ère, une cinquantaine d'années
après sa fondation, cette Église se sentait déjà en possession de l'autorité supérieure, exceptionnelle, qu'elle ne
cessera de revendiquer plus tard » (Duchesne).

DUCHESNE, *Églises séparées*, 1896, p. 125-126. + TURMEL,
Histoire du Dogme de la Papauté, 1908, p. 28-34. — SOHM,
Kirchenrecht, 1892, p. 160. — P. BATIFFOL, *L'Église naissante
et le catholicisme*, 1909, p. 146 : « l'épître de saint Clément est
l'épiphanie de la primauté romaine ».

IV. — LES ORIGINES DE L'ÉGLISE ROMAINE.

Le chapitre V de l'épître de Clément est un document
capital sur l'histoire primitive de l'Église romaine. Saint
Clément emprunte à l'épître de saint Paul aux Galates
l'expression bientôt consacrée de « colonnes » de l'Église
pour désigner des apôtres, et il l'applique cette fois à

Pierre et à Paul. Les noms de ces deux apôtres sont réunis comme les noms de deux « témoins » dont l'Église romaine pouvait également invoquer le souvenir. Clément ne dit pas en propres termes que Pierre soit venu à Rome ; mais la manière dont il en parle conjointement avec Paul, venu (nous le savons par ailleurs) et mort à Rome, ne permet pas de douter que Pierre n'ait exercé à Rome son ministère apostolique et n'y soit mort martyr comme Paul. C'est le sens évidemment de l'expression employée par saint Clément lorsqu'il ajoute au chapitre suivant (VI, 1), que d'autres martyrs se sont adjoints en grand nombre à ceux qu'il a nommés précédemment, et qu'ils ont laissé « parmi nous », c'est-à-dire dans l'Église romaine, un illustre exemple.

Sur la venue de S. Pierre à Rome et sur les autres témoignages, cf. DUCHESNE, *Hist. ancienne de l'Église*, I (1906, 2ᵉ éd.), p. 61-64. — TURMEL., *Hist. du dogme de la papauté*, 1908, p. 11-16 ; *Hist. de la théol. positive du conc. de Trente au conc. du Vatican*, 2ᵉ éd. 1906, p. 223-228.

V. — LA PERSÉCUTION DE NÉRON.

L'épître de Clément aux Corinthiens fournit une des données les plus précieuses sur la première persécution dirigée par Néron contre les chrétiens. Si elle ne dit rien des causes de cette persécution, si même elle ne permet pas d'affirmer que Pierre et Paul, morts martyrs, « ayant accompli leur témoignage », soient morts précisément dans la persécution de l'an 64, elle affirme qu'un très grand nombre de chrétiens sont morts en masse, « ont été réunis en tas » aux autres martyrs : συνηθροίσθη πολὺ πλῆθος ἐκλεκτῶν (VI, 1). L'on reconnaît dans cette foule nombreuse, — πολὺ πλῆθος, — l'expression même dont se sert Tacite : *multitudo ingens* (*Ann.* XV, 44), quand il raconte

les supplices infligés aux chrétiens par Néron. Tacite a
raconté comment les jardins de Néron avaient été illumi-
nés le soir par des flambeaux vivants de chrétiens, revêtus sans doute d'une tunique imbibée d'huile, de poix et
de résine.

Parmi les martyrs, saint Clément nomme spécialement
de pauvres femmes, « les Danaïdes et les Dircés » qui ont
souffert « de terribles et monstrueux outrages » (VI, 2).
La leçon du texte, longtemps mise en doute, étant,
semble-t-il, acquise, on est conduit à admettre que de
malheureuses chrétiennes furent victimes de l'usage qui
s'était introduit de faire jouer des rôles mythologiques
aux condamnés dans l'amphithéâtre. Ces représentations
dramatiques se terminaient par la mort, au naturel, de
l'acteur. En quoi consistait le martyre des chrétiennes
forcées de jouer le rôle des Danaïdes ? peut-être à traverser les divers supplices du Tartare et à mourir lente-
ment, peut-être à endurer les outrages à la pudeur dont
les récits mythologiques abondent et auxquels semble
faire allusion Clément de Rome par l'expression : αἰκίσματα δεινὰ καὶ ἀνόσια. « Probablement cinquante chrétiennes
vinrent dans le cirque ou sur la scène avec le costume
des filles de Danaüs, elles y subirent peut-être d'odieux
outrages de la part de mimes figurant les fils d'Égyptus,
et furent égorgées, à la fin du drame, par l'acteur chargé
du rôle de Lyncée » (Paul Allard). Les malheureuses qui
jouèrent le rôle de Dircé furent sans doute attachées aux
cornes d'un taureau et traînées par la bête furieuse dans
l'amphithéâtre (à rapprocher des martyres de sainte
Blandine : EUSÈBE, H. E., v, 1 et des saintes Félicité et
Perpétue : *Acta Felic. et Perp.*, c. XVIII-XX).

Sur la persécution de Néron et sur cette interprétation du texte de Clément, cf. Paul ALLARD, *Hist. des persécutions*, 2ᵉ éd. 1892, t. I, p. 49-52. — RENAN, *L'Antéchrist*, p. 167-173.

VI. — DOCTRINES SUR LE CHRIST ET LA TRINITÉ.

L'importance des doctrines énoncées par Clément au sujet du Christ tient en partie à l'absence de toute spéculation personnelle. S'il emploie quelques termes qui rappellent les doctrines gnostiques, c'est sans y attacher le sens des gnostiques : l'expression τὰ βάθη τῆς θείας γνώσεως (XL, 1) a ses analogues dans la tradition chrétienne antérieure à Clément (I *Cor.*, II, 10 ; *Apoc.*. II, 24) et ne prétend recouvrir chez lui aucune science mystérieuse dérobée aux profanes. Sa gnose, sa science c'est de rappeler à propos de tout la place du Christ et le rôle du Christ dans la vie de ses disciples (expressions redites à satiété : ἐν Χριστῷ et διὰ Ἰησοῦ Χριστοῦ). Tout le chapitre XXXVI tend à décrire la fonction du Christ « le grand-prêtre de nos offrandes, le protecteur et le secours de notre faiblesse » (cf. LXI et LXII) par qui nous entrons dans la vraie vie, et par qui nous goûtons à la « science immortelle » — τῆς ἀθανάτου γνώσεως ἡμᾶς γεύσασθαι (XXXVI, 2).

L'expression « fils de Dieu » ne se trouve qu'une fois dans la lettre (XXXVI, 4 : τῷ υἱῷ αὐτοῦ, entendez : θεοῦ, δεσπότου) ; tandis que celle de παῖς θεοῦ s'y trouve trois fois, dans les formules d'allure liturgique (LIX, 2 cf. note, 3, 4) ; mais il ne manque pas d'expressions périphrastiques, qui ont l'avantage d'éclairer la signification que Clément et la tradition de son temps attachent à l'expression de « Fils de Dieu ».

A la suite de l'épître aux Hébreux, il fait l'application à Jésus d'un verset célèbre du psaume deuxième (υἱός μου et τό, chap. xxxvi, 4) et le qualifie de « rayonnement de la majesté divine » (*ibid*. 2). Ailleurs il l'appelle le « sceptre de la majesté de Dieu » (xvi, 2). Il donne indifféremment à Dieu ou à Jésus le titre de Seigneur (κύριος, souvent ἡμῶν Ἰησοῦς Χριστός; cf. *Index*). Au chapitre xvi, Clément note que le Christ n'est point venu « avec le train de la fierté *encore qu'il l'eût pu* » et l'expression implique à ses yeux la préexistence du Christ à sa naissance temporelle ; à l'opposé, il est à remarquer que Jésus est issu de Jacob « selon la chair » (τὸ κατὰ σάρκα, xxxii, 2). C'est aussi Jésus qui est devenu par sa résurrection le gage, « les prémices » (xxiv, 1) de la résurrection qui « fera revivre ceux qui ont servi Dieu saintement » xxvi, 1). Il se pourrait que ce fût à dessein que dans le texte de Malachie, cité au chapitre xxiii, 5, le mot de saint (ὁ ἅγιος) eût été substitué au mot d' « ange » (ἄγγελος τῆς διαθήκης) qui se trouve dans l'original, en raison de l'application faite du texte à Jésus-Christ.

La passion du Christ était l'objet non seulement de la prédication chrétienne, mais de la pieuse méditation des fidèles : τὰ παθήματα αὐτοῦ ἦν πρὸ ὀφθαλμῶν ὑμῶν (II, 1), et une attention très spéciale est donnée à la valeur du sang du Christ « précieux pour Dieu son Père » et « versé pour notre salut » afin de ménager « au monde entier la grâce de la pénitence » (vii, 4). Tous ceux qui « croient et espèrent en Dieu » (xii, 7), bénéficient de cette rédemption, qui a sa source dans « la charité que Jésus-Christ, notre Seigneur, a eue pour nous » (xlix, 6). C'est la même doctrine qui se présente sous une image bien connue, celle de la porte de justice, qui est celle du Seigneur, celle du Christ, par où les justes entreront (xlviii, 2-4).

La métaphysique des rapports du Christ avec la divinité

n'est pas exposée didactiquement; mais l'énoncé des formules trinitaires est assez catégorique pour avoir fourni à saint Basile un argument dans les controverses doctrinales. Dans les deux chapitres xlvi (6) et lviii (2) Dieu, le Christ, l'esprit de grâce ou Esprit-Saint sont présentés sur un même plan; la seconde formule surtout invoque également les trois termes comme les garants d'un serment solennel.

Ailleurs le Christ est encore nommé et les fidèles avec lui comme objet d'une élection de Dieu pour lui constituer un peuple particulier (lxiv).

La citation de la formule de Clément (lviii, 2) est dans saint Basile *De Spiritu Sancto*, 29 (Ed. Bened., III, 61; dans Migne, P. G.; t. XXXII, col. 201).

J. Tixeront, *Histoire des Dogmes*, I, *La théologie anténicéenne*, 1905, p. 118-122. — Ad. Harnack, *Der erste Klemensbrief*, Eine Studie zur Bestimmung des Charakters des aeltesten Heidenchristentums, dans les *Sitzungsberichte der kœnigl. preuss. Akad. der Wissenschaften*, 1909, III, p. 38-63 ; *Dogmengeschichte*, t. I (1894) p. 174 et s. — Rivière, *Le Dogme de la Rédemption*, Étude historique, 1905, p. 106. — B Heurtier, *Le dogme de la Trinité dans l'épitre de S. Clément de Rome et le Pasteur d'Hermas* (thèse), Lyon, 1900.

VII. — LA GRANDE PRIÈRE.

Elle occupe les chapitres lix-lxi et offre un des joyaux de l'ancienne littérature chrétienne. Nous savons par saint Justin (I *Apol.* lxvii, 5) qu'au cours de l'assemblée chrétienne, le dimanche, après que les fidèles ont prié tous ensemble à haute voix, « on apporte du pain et de l'eau. Celui qui préside fait monter au ciel les prières et les eucharisties, *autant qu'il peut*, et tout le peuple répond par l'acclamation *Amen.* » Il semble bien d'après ce témoignage qu'il n'y eût pas de texte absolument fixé, ni strictement officiel s'imposant au président ; mais que pour une partie au moins de la prière, il s'abandonnait à son inspiration et qu'il pouvait improviser à la façon des prophètes. Dans la prière de l'épître « on ne peut sans doute voir la reproduction d'une formule consacrée ; mais c'est un beau spécimen du style de la prière solennelle, telle que l'exprimaient alors les chefs ecclésiastiques dans les réunions du culte » (Duchesne).

Si elle ne nous donne pas un texte de la liturgie, elle présente au moins un modèle de la langue liturgique. De fait on a relevé beaucoup d'analogies de détail entre les invocations de la grande prière de saint Clément et celles des liturgies de Jacques et de Marc surtout dans les grandes litanies ; la prière de Clément est ainsi fréquemment utilisée dans le huitième livre des Constitutions apostoliques.

PROBST, *Liturgie der drei ersten Jahrhunderten*, 1870, p. 41. — DUCHESNE, *Origines du culte chrétien*, 4ᵉ éd., 1908, p. 46-52.
Sur les rapprochements à faire de la grande prière de Clément avec l'A. T. ou avec les prières et bénédictions juives, cf. E. von der GOLTZ, *Das Gebet in der aeltesten Christenheit*, 1901, p. 192. — LIGHTFOOT, *Clement of Rome*, t. I, p. 383-396. — Th. SCHERMANN, *Griechische Zauberpapyri und das Gemeinde und Dankgebet im I Klemensbrief*, Leipzig, 1909 (*Texte und Untersuchungen*, t. XXXIV) a rapproché les invocations de la grande prière et les prières judéo-païennes transmises par les papyrus d'Égypte. Mais ces documents datent des IIIᵉ et IVᵉ siècles ; il est malaisé de discerner les éléments contemporains de Clément ou antérieurs à lui. — DREWS, *Die clementinische Liturgie in Rom*, 1906.

La persécution que venait de traverser l'Église rend d'autant plus remarquable la prière finale du chapitre LXI adressée à Dieu pour les princes. Les écrivains chrétiens n'ont pas toujours professé d'affection pour Rome, la

Babylone de l'Apocalypse, ni pour l'empire romain, qu'ils ont considéré parfois comme un instrument du démon. Mais les chrétiens ont fidèlement prié dans leurs assemblées pour les princes et les chefs de la société civile ; c'était conforme aux doctrines en cours dans l'Église sur le respect et l'obéissance dus à l'autorité civile : *Rom.* xii, 1-6 ; *Tite*, iii, 1 ; I Pierre, ii, 13-16, et sur le devoir spécial de la prière à l'égard des chefs : I *Tim.*, ii, 2. Les apologistes ont souvent l'occasion de revenir sur les prières des chrétiens pour leurs princes.

Sur les prières des chrétiens pour les princes, cf. Justin, 1 *Apol.*, xvii, 3 ; Tertullien, *Apolog.*, xxx-xxxvi ; Polycarpe, *Philipp.*, xii, 3 ; *Actes du martyr Apollonius*, vi, viii. — Bingham, *Antiq.*, xiii, 10, 5, a réuni nombre de textes du même genre.

VII

HISTOIRE DU TEXTE

1. Les manuscrits du texte original.
2. Les versions anciennes.
3. Les éditions.

L'épître de Clément de Rome nous est parvenue dans le texte original par deux manuscrits, et dans trois versions anciennes, en latin, en syriaque et en copte.

1. — Les manuscrits offrant le texte grec original.

Le manuscrit le plus ancien et le plus anciennement connu est un manuscrit très célèbre dans la critique du

Nouveau Testament, désigné par la lettre A, et qualifié
d'*Alexandrinus*. On lui assigne l'Égypte comme lieu
d'origine. En tout cas c'est à Alexandrie que le patriarche
le reçut en présent, à une date qu'il est difficile de préciser. Lorsque Cyrille Lucar passa du siège d'Alexandrie
à Constantinople (1621), il emporta le manuscrit dont il
fit hommage plus tard au roi d'Angleterre Charles Ier (en
1628). De la bibliothèque royale, le manuscrit émigra en
1757 au British Museum où il existe encore. Le manuscrit contient l'épître de Clément de Rome et le sermon
dont nous parlerons dans la suite et qui passait pour une
deuxième épître du même auteur ; mais il y a des lacunes
graves qui portent sur les chapitres LVII, 6-LXIII, 4 de la
première épître, et sur la fin du sermon dont les feuillets
à partir du chapitre XII, 5 ont disparu. Des essais malheureux à la noix de galle en vue de faire revivre l'écriture ont rendu illisibles nombre d'endroits.

Le texte de Clément dans ce manus·rit est plein
de fautes : certains mots sont orthographiés de quatre
manières différentes ; des lettres sont tantôt omises et
tantôt redoublées ; il y a des erreurs dans les désinences.
Il offre l'apparence d'un texte écrit par un scribe sous la
dictée, sans prêter grande attention à ce qu'il faisait. Mais
de pareilles défectuosités donnent du moins lieu de penser que le copiste n'a rien changé au texte arbitrairement
sous couleur d'amélioration et de corrections à y intro-
duire. Les altérations graves sont peu nombreuses. Il semble seulement qu'il révise un peu son texte dans les citations
de l'Ancien Testament où il s'inspire de la traduction des
Septante qui lui est familière. Le manuscrit est écrit en
caractères onciaux et date très vraisemblablement du
Ve siècle. Il a une importance de premier ordre. C'est à

ce manuscrit A, que l'on a donné en général la préférence pour établir le texte des éditions critiques.

Le deuxième manuscrit qui nous ait conservé l'original grec de l'épître de saint Clément est le manuscrit désigné autrefois par la lettre C (édition Lightfoot) et appelé *Constantinopolitanus* du nom de la ville de Constantinople où il fut découvert par Philothée Bryennios, mais que l'on devra s'habituer à désigner par la lettre H et le qualificatif d'*Hierosolymitanus* (édition Funk), car il a été réintégré définitivement dans la bibliothèque du patriarcat grec à Jérusalem. C'est le célèbre manuscrit où a été retrouvé le petit écrit de la *Didachè* ou *Doctrine des Apôtres* (cf. Textes... Hemmer-Lejay, *Les Pères apostoliques*, I, p. xxv). L'épître de saint Clément et le sermon d'auteur inconnu qualifié de seconde épître clémentine y occupent les feuillets (folios 51 E-76 A) qui furent reproduits en photographie par Lightfoot à la fin de son édition de saint Clément.

Ce manuscrit a été exécuté en 1056, calligraphié par le notaire Léon dont la culture s'accuse de bien des manières : il a souci de l'euphonie si négligée dans la grécité de basse époque, il évite soigneusement les fautes d'orthographe et les iotacismes ; il amende surtout son texte d'une façon consciente par la substitution assez fréquente de la deuxième personne du pluriel à la première.

Les corrections intentionnelles du νοτέριος et l'époque tardive où fut exécuté le manuscrit en font un témoin du texte moins qualifié que le manuscrit alexandrin. Il n'en offre pas moins des leçons précieuses, et surtout il supplée le ms. précédent pour les chapitres qui y manquent et dont il nous a restitué le texte original (1875).

II. — Les versions anciennes.

1. *Version latine.* — Il a existé une version latine très ancienne de l'épître de Clément aux Corinthiens ; mais elle ne nous est connue que par un seul manuscrit, et de date assez tardive, le codex *Florinensis* exécuté à la fin du XIe ou au commencement du XIIe siècle. Il fut trouvé par Dom Germain Morin au séminaire de Namur (1893), mais il provient du monastère de Florennes, fondé par un chanoine de Reims, Gérard, qui fut évêque à Cambrai depuis 1012. On a remarqué parmi les abbés de Florennes, à l'époque qui nous occupe, le nom de Richard de Verdun, un chaud partisan de la réforme de Cluny, et aussi de la culture intellectuelle et morale qui devait en être à la fois le fruit et l'instrument. On s'explique ainsi la composition variée de notre manuscrit dont les 127 feuillets de parchemin ne contiennent pas seulement l'épître de Clément aux Corinthiens, mais aussi la préface de Rufin à l'histoire du pape Clément, les dix livres de l'histoire du pape Clément (connus sous le nom de Récognitions), la lettre du bienheureux Clément à Jacques, frère du Seigneur ; c'est comme un *Corpus Clementinum* des œuvres authentiques et supposées de l'évêque de Rome ou ayant trait à sa personne. Ce manuscrit est désigné dans les éditions critiques par la lettre L.

La version latine est extrêmement précieuse, d'abord parce qu'elle est très littérale. Le mot grec transparaît pour ainsi dire sous son équivalent latin. La fidélité va jusqu'à chercher, même au prix d'un à peu près, des mots sinon toujours de même étymologie, du moins de ressemblance extérieure (αὐθάδεια est rendu par *audacia*, γλυκύτης par *indulgentia* que suggère *dulcis*). Le traducteur suit également l'ordre des mots de son original. Aussi malgré le nombre des fautes introduites dans le texte par les copistes successifs, peut-on considérer la version latine comme un témoin très autorisé de l'original primitif. Il l'est d'autant plus que la version elle-même est très ancienne et représente par conséquent un texte grec qui n'avait pas eu le temps de subir des altérations bien graves. Le traducteur a adopté de nombreux hellénismes, particularité qui suppose que les oreilles des destinataires étaient encore accoutumées à entendre le grec. La version latine de l'épître clémentine se rapproche des autres versions occidentales telles que l'Itala de l'Ancien Testament, et les traductions latines de la lettre du pseudo-Barnabé ou du pasteur d'Hermas qui sont antérieures à Tertullien. Des discussions savantes engagées par Dom Morin, Harnack, von Woelfflin et d'autres critiques il résulte qu'on ne se trompera guère en plaçant la date de la traduction entre 150 et 230. On a tout lieu de supposer que le lieu d'origine n'est autre que Rome.

Dom Morin, *S. Clementis Romani ad Corinthios epistulæ versio antiquissima*, Maredsoli 1894 (*Anecdota Maredsoliana*, t. II). Sur la découverte de dom Morin, cf. dissertations de Harnack dans les *Sitzungsberichte der Berl. Akad. d. Wissenschaften*, philos.-hist. Klasse 1894, p. 261 et 601.

2. *La version syriaque.* — Un autre moyen d'information pour la constitution du texte nous vient de la traduction syriaque contenue dans un manuscrit révélé au public en 1876, par R. L. Bensly. Le ms. exécuté à Édesse où il fut achevé en 1481, avait appartenu à l'orientaliste français Jules de Mohl (1800-1876) et venait de passer à la bibliothèque de l'Université de Cambridge où il fut à proprement parler découvert. Le scribe syrien considère

comme des écritures canoniques les deux lettres clémentines qu'il transcrit. Cependant elles n'étaient certainement point comprises dans le Nouveau Testament d'après la révision entreprise en 616 par Thomas d'Héraclée, évêque de Mabboug, et il n'existe aucune preuve que l'ancienne Église syrienne leur ait attribué un caractère d'inspiration.

L'indigence de la langue syriaque n'a permis au traducteur de réaliser qu'une œuvre très imparfaite. Il est souvent impossible de déterminer celle de deux expressions analogues que le syriaque a voulu rendre. D'autres fois l'emploi de périphrases n'était nullement nécessaire mais tient à la façon dont le traducteur a compris son œuvre. Certaines gloses et additions viennent sans doute du traducteur; mais il en est d'autres qui proviennent probablement de copistes plus récents. Pour les citations, le texte grec se réfère ordinairement aux Septante et notre traducteur à la Peschito syriaque ; il y a cependant un petit nombre de cas où le syriaque serre de près le texte des Septante tandis que les trois autres témoins du texte s'en éloignent.

La mort de Bensly fit renvoyer à plus tard la publication de la traduction syriaque de saint Clément; mais Lightfoot en a relevé soigneusement sur le manuscrit les leçons remarquables et par son édition critique en a fait entrer les résultats dans le courant de la critique textuelle.

Le texte syriaque préparé par Bensly est aujourd'hui publié par R. H. KENNETT, *The epistles of S. Clement to the Corinthians, in Syriac*, edited from the manuscript with notes, London, 1899.

3. *La version copte.* — Plusieurs faits très précis témoignent du grand crédit dont l'épître de Clément aux

Corinthiens a joui en Égypte. A propos de l'authenticité, nous avons rappelé l'estime et l'usage qu'ont fait de la lettre Clément d'Alexandrie et Origène (p. xxiv s.). Si Eusèbe a pu dire qu'en beaucoup d'églises, même de son temps, on lisait encore l'épître dans les assemblées des fidèles (H. E., iii, 16, cf. plus haut p. xxvi), il visait peut-être les églises d'Égypte. En tout cas le manuscrit alexandrin, qui met l'épître de Clément à la suite des écrits du N. T. nous est un témoin égyptien de l'antique usage. Il n'est donc pas très surprenant que parmi les découvertes faites dans les manuscrits coptes, il se trouve une version de notre épître.

Le manuscrit qui la contient, provient, comme d'autres papyrus, de la bibliothèque du « monastère blanc » illustré autrefois par Schnoudi et situé non loin de Sohag. C'est de ce monastère que, depuis le xviiie siècle, beaucoup de manuscrits ont pris le chemin de l'Europe. MM. Maspéro et Amélineau en particulier y ont acheté un grand nombre de manuscrits coptes pour la Bibliothèque nationale. La version copte de l'épître de Clément a été acquise par M. Carl Schmidt pour la bibliothèque royale de Berlin (Ms. orient. Fol. 3065), et publiée par lui en 1908 dans la précieuse collection des *Texte und Untersuchungen*. Il manque cinq feuillets de la version. La lacune s'étend de la fin du chapitre xxxiv au chapitre xli inclusivement.

La version est rédigée dans le dialecte de la région d'Achmin, où est situé le monastère ; or, c'est le dialecte sahidique qui, à partir de l'époque de Schnoudi (385 environ), tendit à prévaloir comme langue officielle des documents publiés dans la Haute-Égypte et qui fut généralement employée pour les travaux littéraires. Cette circonstance, non moins que le caractère de l'écriture et que les particularités dialectales ou grammaticales relevées par M. Carl Schmidt, lui font conclure à une très haute antiquité du manuscrit. Il remonte à l'époque où beaucoup d'autres œuvres telles que le Pasteur d'Hermas, la *Didaché*, les lettres de saint Ignace, ont été traduites pour les églises coptes. M. Carl Schmidt estime qu'il date de la deuxième moitié, plus probablement de la fin du IVe siècle.

Le copte est une langue pauvre de formes, et qui ne permet pas toujours de déduire la lecture exacte de l'original grec que le traducteur a essayé de rendre. Beaucoup de fautes manifestes proviennent peut-être des copistes aussi bien que du traducteur, bien que le manuscrit, écrit en beaux caractères onciaux, soit très soigné. Néanmoins, il est très remarquable que la version copte vient fréquemment confirmer la tradition du texte, telle que nous la fournissent les manuscrits originaux A H ; très rarement elle s'accorde avec les versions syriaque et latine contre les mss. grecs (cf. par exemple, XXXII, 2 et XLVI, 8, notes). D'une façon générale, le nouveau témoin tend à interdire la préférence systématique donnée tantôt à un manuscrit tantôt à un autre (Lightfoot préfère A, Bryennios H, Knopf L) et à justifier les éditeurs, tel que Funk qui ont suivi une *via media* en tâchant, pour chaque divergence, de tirer le parti le plus plausible des différentes attestations.

Carl Schmidt, *Der erste Clemensbrief in altkoptischer Uebersetzung*, Leipzig, Hinrichs, 1908 (*Texte und Untersuchungen*, t. XXXII, 1er fascicule) 159 pages. Un autre manuscrit copte, contenant des fragments de la lettre aux Corinthiens, est à la bibliothèque de Strasbourg.

III. — Les Éditions.

Elles se multiplient et se diversifient depuis la découverte des manuscrits de l'original grec et des versions latine, syriaque et copte dont nous venons de parler. L'Occident chrétien avait ignoré pendant plusieurs siècles le texte de l'épître de Clément aux Corinthiens et du sermon qui passa pour une seconde épître. A la suite de la découverte du ms. alexandrin, les deux écrits furent édités en 1633, par Patrick Young, mais avec des lacunes et nombre de lectures défectueuses. Tout ce qui a suivi jusqu'à la découverte de Bryennios n'a qu'un intérêt d'érudition historique, et Lightfoot en a minutieusement dressé le tableau (I, 400-405). En 1875, le métropolite Philothée Bryennios donna une édition *intégrale* des deux « lettres »; ce fut la première édition critique tenant compte des bonnes leçons de l'Alexandrinus en même temps que du manuscrit par lui découvert. Les éditions se succèdent désormais avec des alternatives de faveur pour tel ou tel manuscrit. Hilgenfeld donne la préférence au ms. de Jérusalem (1876), et Harnack et von Gebhardt à celui d'Alexandrie (1876). Lightfoot, également enclin à préférer le ms. alexandrin, donne du moins dans l'apparat critique les variantes de la version syriaque (append. 1877 ; 2ᵉ éd. 1890, un an après la mort de l'auteur). Son commentaire est un des plus riches et des plus judicieux qu'il y ait sur des textes de littérature chrétienne primitive. Enfin la mise au jour de la version latine par Dom Morin, a déterminé l'édition de Knopf où les variantes fondées sur la version latine sont prises en sérieuse considération et mises parfois en balance avec les lectures autorisées par les 3 mss. témoins orientaux du texte (1899). Cette estime paraît au moins exagérée à un autre éditeur, le professeur Funk, qui fait observer que tout traducteur trahit plus ou moins l'original. Dans son édition (Tubingue, 1901) il s'en tient aux leçons du ms. alexandrin partout où l'accord de deux ou trois autres manuscrits ne s'y oppose pas.

Principales éditions. Édition princeps : PATRICIUS JUNIUS (P. YOUNG), *Clementis ad Corinthios epistola prior*, 1633. — Éditions récentes : Ph. BRYENNIOS, Τοῦ ἐν ἁγίοις πατρὸς ἡμῶν Κλήμεντος ἐπισκόπου Ῥώμης αἱ δύο πρὸς Κορινθίους ἐπιστολαί κ. τ. λ., Constantinople, 1875. — J. B. LIGHTFOOT, *S. Clement of Rome, The two Epistles to the Corinthians*, 2 vol., 1869, 2ᵉ éd., 1890 : texte, trad. commentaires et introductions. — HILGENFELD, *Clementis Romani epistolae*, Leipzig, 1876. — O. v. GEBHARDT et A. HARNACK, *Patrum apostolicorum opera*, 1876, 3ᵉ éd. 1900. — FUNK, *Patres Apostolici*, 1901, 2 vol. Cf. BARDENHEWER, *Gesch. der altkirchlichen Lit*, t. I, 1902, p. 98-113; bibliogr. surabondante. — KNOPF a traité la lettre de Cl. dans HENNECKE *Neutestamentliche Apokryphen*, 1904 (trad. all. p. 89) et *Handbuch zu den neut. Ap.* (notes et commentaire, p. 175).

La présente édition est faite d'après l'édition critique de F. X. Funk, *Patres apostolici*, Tubingen, 1901, sauf modifications indiquées dans les notes. Elle signale les variantes les plus intéressantes des mss. et des versions.

Abréviations en usage dans les notes :

A = ms. dit Alexandrinus;

H = le ms. de Jérusalem (anciennement dit de Constantinople);

S = version syriaque;

L = version latine;

K = version copte.

HOMÉLIE DU II⁰ SIÈCLE

DITE ANCIENNEMENT II⁰ ÉPITRE DE CLÉMENT

AUX CORINTHIENS

INTRODUCTION

I. — La II⁰ Clementis n'est pas de Clément.

Le célèbre manuscrit alexandrin (A), dont il a été question à propos de l'épître de Clément de Rome aux Corinthiens (cf. plus haut, p. LIII), renferme à la suite de cette épître un écrit beaucoup plus court, sans titre aucun. La dernière feuille du manuscrit n'existe plus, de sorte qu'il y a une lacune dans le texte à partir des mots οὔτε θῆλυ τοῦτο du chapitre XII, et qu'il faut se reporter à la table des matières du manuscrit pour constater que l'écrit mutilé faisant suite à l'épître de Clément était considéré par le copiste comme une « deuxième épître de Clément » Κλήμεντος ἐπιστολὴ β. La découverte du manuscrit H, anciennement à Constantinople, actuellement à Jérusalem (cf. p. LIV), nous a rendu avec le texte intégral de l'écrit, l'inscription qui en fait une « deuxième épître aux Corinthiens » : Κλήμεντος πρὸς Κορινθίους ἐπιστολὴ β. C'est également comme une deuxième épître aux Corinthiens, écrite par Clément « disciple de l'apôtre Pierre », que le manuscrit syriaque (S) nous a conservé une traduction en langue syriaque à la suite de la traduction de la première épître. On n'a pas retrouvé de version latine, ni de version copte de cette prétendue épître. L'absence de versions anciennes est un indice de l'incertitude de la tradition au sujet de son authenticité.

L'histoire littéraire de l'écrit en fournit, non plus un indice, mais une preuve. Le premier témoignage formel le concernant est celui d'Eusèbe qui s'exprime ainsi : « Il ne faut pas ignorer qu'on attribue encore une seconde épître à Clément ; mais nous savons qu'elle n'a pas été aussi connue que la première, puisque nous ne voyons pas que les anciens s'en soient servis ». (H. E., III, 38, 4, trad. Grapin, I, p. 351.) Antérieurement à Eusèbe, il n'existe aucun témoignage favorable à l'authenticité de l'écrit considéré comme deuxième épître de Clément. Il est vrai que Denys de Corinthe, au IIe siècle, écrivant au pape Soter qu'on a lu respectueusement sa lettre le dimanche, ajoute qu'on continuera de la lire ainsi qu'on l'a déjà fait pour « la première que Clément a adressée » à son Église (H. E. IV, 23, 11, trad. Grapin, I, p. 467). Mais il serait excessif d'attribuer à ce langage une valeur de témoignage se rapportant à l'écrit de nos manuscrits ; le texte grec, — τὴν προτέραν ἡμῖν διὰ Κλήμεντος γραφεῖσαν, — montre clairement que c'est la lettre de Soter qui dans la pensée de Denys est la deuxième lettre que l'on continuera de lire comme la *précédente*, écrite par Clément. Saint Jérôme dit nettement que les anciens ont rejeté la deuxième lettre attribuée à Clément : fertur et secunda ejus (Clementis) nomine epistola quæ a veteribus reprobatur (*De viris ill.*, c. xv). Saint Épiphane, il est vrai, fait allusion à « plusieurs lettres » de Clément (ἐν μιᾷ τῶν ἐπιστολῶν αὐτοῦ, *Hær.* xxvii, 6) mais ne cite que l'épître aux Corinthiens (LIV, 2 : ἐκχωρῶ, ἄπειμι) ; s'il connaît plusieurs lettres de Clément qu'il appelle ses « lettres encycliques » (*Hær.* xxx, 15), et dont il dit qu'elles « portent l'éloge d'Élie, de David, de

Samson et de tous les prophètes (ἐγκωμιάζει Ἠλίαν καὶ Δαβὶδ καὶ Σαμψὼν καὶ πάντας τοὺς προφήτας), ce n'est pas l'écrit transmis par les manuscrits sous le nom de *IIᵉ Lettre de Clément aux Corinthiens* qu'il a en vue, ni même l'épître authentique aux Corinthiens qui nulle part ne donne le nom de Samson, mais les lettres *sur la virginité* (II, 8-14) qui ont été faussement attribuées à Clément de Rome. En dépit des apparences, saint Épiphane n'est pas un témoin qui dépose en faveur de l'authenticité de l'écrit qualifié jadis de *IIᵃ Clementis*.

Au reste la seule lecture du morceau, les différences de style, de ton, de pensée, accusent un contraste si complet avec l'épître aux Corinthiens que la seule critique interne serait fondée à rejeter l'attribution du second écrit à l'auteur de l'épître. La pensée est souvent banale, quoiqu'on puisse noter au vol des sentences assez bien frappées. L'auteur a le souffle court; ses meilleurs développements sont vite arrêtés; l'expression est souvent gauche, imprécise. La composition est lâche, sans dessein suivi, très différente de l'exposition magistrale de l'épître authentique où les longs détours n'égarent pas, grâce au fil conducteur d'une pensée sûre d'elle-même.

II. — L'ÉCRIT DIT IIᵃ CLEMENTIS N'EST PAS UNE ÉPÎTRE MAIS UNE ANCIENNE HOMÉLIE.

Ce qui a longtemps suspendu le jugement de la critique, c'est qu'une partie seulement de l'écrit était connue par le manuscrit alexandrin et ne permettait pas d'en préciser le véritable caractère. Le manuscrit de Jérusalem en nous donnant le texte complet a justifié les pressentiments de Dodwell et de Grabe au XVIIᵉ siècle, et montré que la prétendue II^a Clementis n'était pas une épître. Il faut y voir une prédication homilétique, prononcée ou plus exactement « lue » aussitôt « après la parole du Dieu de vérité », c'est-à-dire sans aucun doute en manière d'explication ou de commentaire d'une lecture faite publiquement dans l'Écriture (xix, 1). La teneur de l'homélie ne permet pas de dire avec précision quel texte de l'Écriture sert de thème à la prédication, peut-être un texte d'Isaïe, dont les oracles semblent particulièrement présents à l'orateur. Les allusions aux devoirs du prédicateur et de l'auditeur (λέγων καὶ ἀκούων, xv, 2) ; la recommandation de se montrer croyant fidèle non seulement en présence des presbytres qui exhortent mais à la maison (εἰς οἶκον, xvii, 3) ; toute la péroraison des chapitres xviii à xx, avec la mention des « frères et sœurs » qui évidemment composent l'auditoire, ne laissent pas de doute sur le caractère oratoire du morceau. Une critique un peu minutieuse pourrait tout au plus chicaner sur la qualification d'homélie, en raison de la difficulté de discerner sous le commentaire l'idée principale empruntée suivant l'usage du temps à la sainte Écriture. Nous avons là une exhortation simple et cordiale sans souci d'un développement logique et d'une proposition méthodique des idées.

III. — Analyse du discours.

1. L'auteur débute par donner à ses auditeurs une très haute idée du Christ et du salut qui nous a été apporté par le Christ (i-iv).

Nous devons regarder Jésus-Christ comme Dieu, comme le juge des vivants et des morts, et estimer à sa valeur le salut (i, 1-2). Description du salut, de la misère d'où nous avons été tirés (I, 3), de l'extension du salut à la multitude qui périssait (II), et de la confession du Christ par l'observation des commandements (III-IV).

II. Lutte qu'il faut mener contre le monde (V-VII).

Agneau parmi les loups, le chrétien combat pour le royaume futur (V), en faisant son choix entre Dieu et Mammon (VI) ; semblables aux lutteurs des combats de la terre, « embarquons-nous » pour le combat céleste (VII).

III. Énoncé des vertus nécessaires (VIII-XVII).

Il faut faire pénitence, se repentir et garder dans une vie chaste l'intégrité du sceau baptismal (VIII). La chair ressuscitera et c'est dans la chair où nous avons été appelés que nous recevrons la récompense. Aimons-nous mutuellement, faisons la volonté du Père (IX), cherchons la paix en sacrifiant la volupté présente aux biens futurs (X). D'un cœur simple mettons notre confiance dans les promesses de Dieu (XI) ; attendons d'heure en heure le royaume de Dieu (XII). Par notre pénitence, par notre justice, édifions ceux du dehors et obtenons que le nom de Dieu ne soit pas blasphémé (XIII) ; faisons en sorte d'appartenir à l'Église spirituelle, à l'Église de vie qui est le corps du Christ, en respectant notre propre chair (XIV). Quelle joie d'avoir donné un conseil qui sauve les âmes, et rendu ainsi un bon office à Dieu ! quelle responsabilité entraîne pour l'âme la parole de Dieu qu'elle a entendue (XV) ! Exhortation à la conversion en vue du jugement et à l'aumône (XVI). Aidons-nous les uns les autres en sorte que personne ne périsse ; demeurons croyants soit au moment où « les prêtres nous exhortent », soit « à la maison », afin d'être unis dans la vie, au jour où Dieu viendra nous juger selon nos œuvres et où l'incrédule reconnaîtra sa folie et son erreur (xvii).

IV. Péroraison (xviii-xx).

L'orateur, encore exposé à la tentation parmi « les machines du diable » (xviii), demande pour salaire aux « frères et sœurs » qui écoutent sa lecture, qu'ils travaillent à leur salut quoi qu'il en coûte (xix), sans prétendre faire un négoce d'une récompense qui met du temps à venir (xx). Doxologie finale à la gloire du Dieu unique et invisible, Père de la vérité.

La simple analyse du discours en fait assez ressortir le décousu, les répétitions monotones et un peu fatigantes, mais aussi le sérieux moral et par endroits l'onction toute pastorale.

IV. — Origine de l'homélie.

A défaut d'indications fournies par la tradition sur l'auteur, la patrie et la date de composition de cette homélie ancienne, il faut essayer de dégager du discours lui-même les données permettant de serrer un peu le problème de son origine.

Certains critiques ont été surtout frappés des analogies que présentait l'écrit avec le livre romain du *Pasteur*. D'autre part le rapprochement de l'homélie avec l'épître aux Corinthiens de Clément dans les manuscrits, favorise l'hypothèse d'une origine romaine pour l'homélie et M. Harnack est devenu le principal champion de cette hypothèse. Quand elle serait vraie, ce ne serait pas une raison pour identifier l'auteur avec un personnage du *Pasteur* dont il est question dans la deuxième vision (4, 3) et qui porte le nom de Clément : « Rédige deux petits écrits, est-il dit au Pasteur; envoie l'un d'eux à Clément et l'autre à Grapté. Clément l'expédiera aux villes étrangères, car tel est son office. »

En réalité, les ressemblances de l'homélie et du Pasteur (emploi du terme de *sceau* pour le baptême par exemple) sont celles des écrits d'une même époque. Les contrastes ne sont guère moins frappants que les analogies et il n'est même pas sûr que le personnage du Pasteur d'Hermas appelé Clément ne soit pas un être de rêve. Aussi d'autres critiques se sont-ils attachés à relever tel détail d'expression qui permet de construire une autre hypothèse. Au chapitre vii de l'homélie, les chrétiens sont invités à combattre ; on leur rappelle (v, 1) qu'au combat périssable des jeux « bien des lutteurs accourent à force de voiles — καταπλέουσιν πολλοί » ; on les exhorte de même, à « courir dans la voie droite », à « s'embarquer — καταπλεύσωμεν — en grand nombre pour le combat » (v, 3). De ces façons de parler absolument, sans indication plus précise de lieu, de port, où il faille se rendre pour prendre part aux jeux, l'on a conclu que l'auteur vivait à Corinthe même, où les simples allusions aux jeux isthmiques étaient naturellement saisies, sans qu'il fût besoin d'ajouter au verbe καταπλεῖν son complément εἰς ἰσθμόν ou εἰς Κόρινθον. Le lieu d'origine étant placé à Corinthe, on comprendrait assez naturellement que l'homélie, jugée d'ailleurs digne d'être lue à l'église, se soit trouvée de ce fait annexée dans certains manuscrits à l'épître de Clément aux Corinthiens. Peut-être même portait-elle une inscription, πρὸς Κορινθίους, rappelant à quel auditoire elle avait été primitivement adressée; il a donc suffi d'une méprise de copiste complétant l'inscription par un Κλήμεντος β, pour amener l'attribution de l'homélie à Clément et la confusion d'un discours avec une épître. Cette hypothèse est admise par Lightfoot et par Funk.

D'autres critiques enfin ont inventé une hypothèse qui réunit les deux noms de Rome et de Corinthe, en émettant la supposition que notre II^a *Clementis* ne serait autre que la lettre écrite par le pape Soter aux Corinthiens et lue, nous le savons, dans les églises (EUSÈBE, H. E., iv, 23, 11). Cette nouvelle hypothèse est inutilement compliquée. Notre écrit n'est pas une lettre, même si l'on étend quelque peu la signification du terme ἐπιστολή. On ne saurait admettre, sans un commencement de preuve, que le pape Soter faisait circuler dans les églises des fragments de ses prédications même un peu retouchées.

L'auteur, quel qu'il soit, de l'homélie est évidemment sorti de la gentilité ; le tableau qu'il fait de l'idolâtrie païenne (i, 6), la façon dont il s'oppose avec sa communauté nombreuse aux Juifs de qui Dieu paraissait être le bien propre (ii, 3), ne permet guère de penser qu'il ait appartenu à la race d'Israël. Mais il est difficile de préciser davantage et de dire avec certitude s'il était né de parents déjà chrétiens ou s'il était lui-même un converti ; cette dernière éventualité paraît cependant plus probable.

Quant à la détermination de la date, elle varie suivant les hypothèses : Harnack avait d'abord tracé comme limites les années 130 à 160, et plus précisément les années 135-140 ; c'est à peu près l'avis auquel se range H. von Schubert. Lightfoot rapporte l'homélie aux années 120 à 140. Les données fournies par le contenu doctrinal favorisent le sentiment qui place l'homélie dans la première moitié du IIe siècle.

Sur les ressemblances de l'*Homélie* avec le *Pasteur*, cf. HAGEMANN, dans *Theologische Quartalschrift* de Tubingue, 1861,

p. 5)9-531, surtout p. 521. Sur le rapprochement de l'auteur de l'homélie avec le Clément du *Pasteur*, cf. SKWORZOW, *Patrologische Untersuchungen*, 1875, p. 47. Sur l'ensemble de l'hypothèse de l'origine romaine, A. HARNACK, *Patrum Apostolicorum Opera*, 2e éd. 1878, et *Zeitschrift für Kirchengeschichte*, 1877, p. 264-283, 329-64.

L'hypothèse de l'origine corinthienne est défendue par LIGHTFOOT, S. *Clement of Rome*, 1890, t. II, p. 197-200 (différences avec Hermas, p. 201; à la page 207 et t. I, p. 359, il montre que Hermas se réfère au pape Clément de Rome); par FUNK, *Patres Apostolici*, 2e édit. 1901, t. I, p. LIII et dans un article de la *Theologische Quartalschrift* de Tubingue, 1902, p. 356 : *Der sogenannte 2 Klemensbrief*, réimprimé dans *Kirchengeschichtliche Abhandlungen*, t. III, 1907 p. 261-275.

L'hypothèse attribuant l'homélie au pape Soter est de HILGENFELD, N. T. e. c. l, 1866, p. XXXIX ; elle a été acceptée par Ad. HARNACK (*Patr. Apost. Op.*, 1re éd., p. XCI), puis abandonnée (Z. f. KG, 1877, p. 267), puis reprise (*Gesch. der altchr.-Litt.* II Chronologie, 1897, p. 438-450). Repoussée par H. von SCHUBERT, *Goettingische gelehrte Anzeigen*, 1899, p. 569 et s., et FUNK, *Th. Quartalschrift*, 1902, p. 362, elle est encore défendue par VOELTER, *Die aelteste Predigt aus Rom* (Apost. Vaeter II), Leyden, Brill, 1908.

Cf. von SCHUBERT, traduction allemande dans HENNECKE, *Neutestamentliche Apokryphen* 1904, p. 172-179, et notes et commentaire dans HENNECKE, *Handbuch zu den neutest. Apokryphen*, 1904, p. 248-255.

V. — LE CONTENU DOCTRINAL DE L'HOMÉLIE.

Il n'est pas extrêmement riche. L'auteur n'entre pas dans le développement de ses idées ; il ne s'étend point, de sorte que l'on n'a guère à relever que des énoncés rapides.

1) Dès le début, l'auteur s'exprime fortement sur les sentiments qu'il faut avoir de Jésus-Christ comme de Dieu, comme du Juge des vivants et des morts. La précision théologique des termes sur la divinité a fait goûter l'homélie et l'a fait citer par les écrivains monophysites

du v⁰ siècle (1). Avec la divinité, c'est aussi la préexistence
du Christ (ix, 5) qui est affirmée sans ambages par l'opposition de l'esprit, πνεῦμα, à la chair ou σάρξ.

2) L'Écriture sainte (ἡ γραφή, xiv, 2) est invoquée comme
une autorité hors de contestation. L'expression d'Écriture
est d'ailleurs remplacée par des expressions équivalentes :
parole de Dieu, parole du Seigneur : ὅτι λέγει ὁ θεός (xiii, 4),
λέγει γὰρ ὁ κύριος (viii, 5 ; ix, 11 ; xiii, 2). Est ainsi qualifiée
d'*Écriture* non seulement telle citation de l'Ancien Testament (xiv, 2 : un texte de Genèse i, 27), mais telle citation
du Nouveau (viii, 5 ; xiii, 4).

L'opposition du Nouveau Testament à l'Ancien est
soulignée en même temps qu'une autorité semblable est
revendiquée pour lui par l'expression ἑτέρα γραφή qui introduit une citation prise de l'un des synoptiques (ii, 4).

Les livres de l'Ancien Testament sont qualifiés de
« livres » simplement — τὰ βιβλία — comme livres par
excellence (xiv). L'auteur cependant semble viser ici
surtout les recueils de l'Ancien Testament, tandis qu'ailleurs telle autre partie est appelée ὁ προφητικὸς λόγος (xi, 2).

Quant à « l'autre Écriture » qui représente le Nouveau
Testament, elle embrasse « l'évangile » formellement
désigné comme livre sacré (viii, 5) et les écrits des
« apôtres » οἱ ἀπόστολοι (xiv, 2). Quels livres sont inclus
dans l'évangile? Sans aucun doute les synoptiques dont il
fait des citations, mais probablement aussi l'évangile apocryphe des Égyptiens dont on a lieu de croire qu'il a fait
usage (cf. xii, 2). Par écrits des apôtres, l'homéliste entend
sans doute les évangiles ; peut-être aussi les lettres de
saint Paul dont il engage mainte expression dans la trame
du discours, mais sans annoncer expressément une cita-

tion d'Écriture : ἃ ἡτοίμασεν ὁ Κύριος, 1 *Cor.* ii, 9 dans xiv, 5 et plus complètement dans xi, 7 ; τὸ αὐτὸ φρονοῦντες, *Rom.* xii, 16 dans xvii, 3 ; ἐκκλησία σῶμα Χριστοῦ, *Eph.* 1, 22-23 dans xiv, 2. C'est pareillement qu'une maxime de la 1ʳᵉ épître de Pierre (iv, 8) sur la charité, est engagée dans le discours (xvi, 4) sans que rien la signale.

L'emploi des écrits apocryphes, notamment d'un évangile apocryphe comme texte d'Écriture, met une profonde différence entre l'homéliste de la IIᵃ *Clementis* et saint Irénée, ou l'auteur du fragment de Muratori, ou Clément d'Alexandrie dont le canon des quatre évangiles canoniques est arrêté.

3) La « résurrection de la chair » demeure, comme au temps de saint Paul, un des points souvent mis en discussion de la doctrine chrétienne. Sans la traiter ex professo, l'auteur y revient avec une insistance significative. Les uns la nient puisqu'il en affirme si hautement la réalité (ix, 1 ; xiv, 5) ; d'autres ont une tendance à considérer comme indifférents les actes commis « dans la chair », soit les péchés de la chair, soit la dénégation de la foi en présence des tourments pendant les persécutions. En tout cas l'auteur insiste sur la nécessité de garder pure la chair et immaculé le sceau du baptême (viii, 4, 6), afin d'aller à Dieu avec cette chair dans laquelle nous avons été appelés (ix, 4), afin que notre chair ait part à l'incorruptibilité (xiv, 5). Il rappelle à plusieurs reprises que c'est la volonté de Dieu qui doit être accomplie, non en apparence seulement et de bouche, mais de fait, en réalité (iv ; v, 1, 6 ; vii, 5-6 ; x).

4) A cette insistance de l'homéliste, on peut présumer que le gnosticisme travaille l'esprit de ses auditeurs, du

moins que ses mouvements avant-coureurs se font remarquer. L'homéliste ne tombe pas dans les exagérations des encratites ; mais à l'encontre d'Hermas il tend plutôt à la sévérité quant à la morale des sexes (xii, 5). Cependant on ne peut affirmer qu'il prétende ici donner une règle absolue plutôt qu'un conseil de perfection.

Si le gnosticisme avait été très développé au temps où l'homélie fut composée, on retrouverait probablement dans sa polémique la trace d'un système particulier, distinct, soit de Basilide, soit de Valentin ; mais il est impossible d'y signaler autre chose que des traits généraux appartenant à tout le courant gnostique. L'auteur trace une théorie de l'Église spirituelle, éternelle (xiv, 2), manifestée dans la chair des chrétiens, qu'il n'eût sans doute pas émise, si Valentin avait déjà fait de l'Église éternelle un *éon* de son ciel ou plérôme gnostique.

On a gardé l'habitude d'éditer l'homélie du ii° siècle avec l'épître de Clément de Rome à qui elle a été longtemps attribuée. Les éditeurs sont les mêmes que pour l'épître ; cf. page lxii. Sur le contenu doctrinal, cf. Turmel, *l'Homélie Clémentine* dans les *Annales de philosophie chrétienne*, février 1905, p. 470. Sur l'ensemble des questions se rapportant à l'homélie, Bardenhewer, *Gesch. der altkirchlichen Literatur*, t. 1, 1902, p. 107.

L'édition de l'homélie est faite comme celle de l'épître d'après la recension critique de F. X. Funk et les mêmes abréviations sont employées (cf. p. lxii) pour les deux mss. grecs et la version syriaque (1).

Hippolyte Hemmer.

(1) Ce m'est un devoir de remercier M. Laurent, curé-doyen de Bourbonne-les-Bains et M. Oger pour l'obligeant concours qu'ils m'ont donné dans la préparation de ce volume.

TEXTE

ET

TRADUCTION

ΚΛΗΜΕΝΤΟΣ

ΠΡΟΣ ΚΟΡΙΝΘΙΟΥΣ Ā.

Ἡ ἐκκλησία τοῦ θεοῦ ἡ παροικοῦσα Ῥώμην τῇ ἐκκλησίᾳ τοῦ θεοῦ τῇ παροικούσῃ Κόρινθον, κλητοῖς ἡγιασμένοις ἐν θελήματι θεοῦ διὰ τοῦ κυρίου ἡμῶν Ἰησοῦ Χριστοῦ. Χάρις ὑμῖν καὶ εἰρήνη, ἀπὸ παντοκράτορος θεοῦ διὰ Ἰησοῦ Χριστοῦ πληθυνθείη.

TITRE. — Mutilé dans A : ...C ΚΟΡΙΝΘΙΟΥC Ā ; — complet dans H : Κλήμεντος πρὸς Κορινθίους ā ; — amplifié dans S : *Épitre catholique de Clément, le disciple de l'apôtre Pierre, à l'Église des Corinthiens;* — plus sobre dans L : *Incipit Epistola Clementis ad Corinthios;* — enfin tout à fait primitif dans la version copte : ἐπιστολὴ τῶν Ῥωμαίων πρὸς τοὺς Κορινθίους (titre à rapprocher de la façon de parler d'Irénée : ἡ ἐν Ῥώμῃ ἐκκλησία... τοῖς Κορινθίοις (*Adv. hær.,* III, 3; dans Eus., H. E., V, 6; cf. *Intr.,* p. XXIV).

ADRESSE. — Le caractère en est impersonnel, l'auteur n'est pas nommé. L'attribution de l'écrit à Clément n'en est pas moins certaine. Cf. *Intr.,* p. XXII. L'adresse est imitée dans la Lettre de Polycarpe, dans le « Martyre » de Polycarpe et dans les Constitutions apostoliques.

— παροικοῦσα, *qui est de séjour, qui vit en étranger,* s'oppose à κατοικοῦσα, *qui est à demeure, qui vit en citoyen de droit.* Cf. Philon : *De Conf. ling.,* XVII : « Κατῴκησαν ὡς ἐν πατρίδι, οὐχ ὡς ἐπὶ ξένης παρῴκησαν, ils habitaient à demeure comme dans une patrie, non en passant comme dans une terre étrangère »; c'est

ÉPITRE DE CLÉMENT

AUX CORINTHIENS

L'Église de Dieu qui séjourne a Rome, a l'Église de Dieu qui séjourne a Corinthe, aux élus sanctifiés selon la volonté de Dieu par Notre Seigneur Jésus-Christ. Que la grace et la paix vous viennent en abondance du Dieu tout-puissant par Jésus-Christ !

ici le premier exemple de cette façon de parler de l'Église ; elle est reproduite dans l'ép. de Polycarpe *aux Philippiens,* adresse.

C'est le second sens « d'étranger » qui a déterminé l'emploi du mot de παροικία pour désigner les groupes de chrétiens dans une ville, dans un territoire, *parochia, paroisse.* Cf. *Martyre de Polycarpe,* titre; Eus., H. E., iv, 23, 5. Le sentiment d'être des citoyens du ciel, mais de passage sur la terre, est fréquent chez les chrétiens des temps primitifs. Cf. 1 Petr., i, 17: ii, 11 ; *Heb.,* xi, 13: II Clem., v, 1, 5; Hermas, *Simil.,* i, 1: *Diogn ,* v, 5.

— κλητοῖς, etc. Ces mots sont inspirés de la lettre de saint Paul aux Corinthiens : ἡγιασμένοις ἐν Χριστῷ Ἰησοῦ, κλητοῖς ἁγίοις (1 Cor., 1, 2).

— χάρις καὶ εἰρήνη. Formule de salutation qui se retrouve dans toutes les épitres de saint Paul, l'ép. aux Hébreux exceptée, et spécialement avec πληθυνθείη, dans I Pierre, 1, 2.

— παντοκράτορος. K met πατρός devant παντοκράτορος, leçon intéressante à rapprocher du symbole θεὸς πατὴρ παντοκράτωρ. Nulle part ailleurs K n'ajoute pareil qualificatif au mot παντοκράτωρ.

I. Διὰ τὰς αἰφνιδίους καὶ ἐπαλλήλους γενομένας ἡμῖν συμφορὰς καὶ περιπτώσεις, ἀδελφοί, βράδιον νομίζομεν ἐπιστροφὴν πεποιῆσθαι περὶ τῶν ἐπιζητουμένων παρ' ὑμῖν πραγμάτων, ἀγαπητοί, τῆς τε ἀλλοτρίας καὶ ξένης τοῖς ἐκλεκτοῖς τοῦ θεοῦ, μιαρᾶς καὶ ἀνοσίου στάσεως, ἣν ὀλίγα πρόσωπα προπετῆ καὶ αὐθάδη, ὑπάρχοντα εἰς τοσοῦτον ἀπονοίας ἐξέκαυσαν, ὥστε τὸ σεμνὸν καὶ περιβόητον καὶ πᾶσιν ἀνθρώποις ἀξιαγάπητον ὄνομα ὑμῶν μεγάλως βλασφημηθῆναι. [2] Τίς γὰρ παρεπιδημήσας πρὸς ὑμᾶς τὴν πανάρετον καὶ βεβαίαν ὑμῶν πίστιν οὐκ ἐδοκίμασεν; τήν τε σώφρονα καὶ ἐπιεικῆ ἐν Χριστῷ εὐσέβειαν οὐκ ἐθαύμασεν; καὶ τὸ μεγαλοπρεπὲς τῆς φιλοξενίας ὑμῶν ἦθος οὐκ ἐκήρυξεν; καὶ τὴν τελείαν καὶ ἀσφαλῆ γνῶσιν οὐκ ἐμακάρισεν; [3] Ἀπροσωπολήμπτως γὰρ πάντα ἐποιεῖτε καὶ ἐν τοῖς νομίμοις τοῦ θεοῦ ἐπορεύεσθε, ὑποτασσόμενοι τοῖς ἡγουμένοις ὑμῶν καὶ τιμὴν τὴν καθήκουσαν ἀπονέμοντες τοῖς παρ' ὑμῖν πρεσβυτέροις· νέοις

1, 1 : αἰφνιδίους, simple allusion à la persécution de Domitien qui se trouve très justement caractérisée. Cf. *Intr.*, p. xxx ; ἐπάλληλος est employé par Alciphr. Ep. i, 23 en parlant de la chute précipitée des flocons de neige : χιὼν πυκνὴ καὶ ἐπάλληλος φερομένη.

1, 1 : περιπτώσεις A K S ; περιστάσεις H, éd. Knopf ; impedimenta L.

1, 1 : ἀδελφοί A, dilecti S ; manque HKL ; devait manquer dans l'original.

1, 1 : παρ' ὑμῖν. Si ces mots impliquaient une allusion à des informations envoyées par les Corinthiens, il faudrait le génitif παρ' ὑμῶν. *Intr.*, p. xxxiii.

1, 1 : βλασφημηθῆναι AK ; βλασφημεῖσθαι H ; βλαφθῆναι LS. Cette dernière leçon acceptée dans l'éd. Knopf donne la traduction : votre nom... a subi un grand dommage.

— ὀλίγα = ἓν ἢ δύο (XLVII, 7).

I. Les malheurs, les calamités soudaines qui nous ont frappés coup sur coup, frères bien-aimés, ont été cause que notre attention se tourne, bien tardivement à notre gré, vers les affaires en litige parmi vous, vers cette sédition inadmissible et déplacée chez les élus de Dieu, exécrable et impie, qu'un petit nombre de meneurs téméraires et insolents ont allumée et portée à un un tel degré de démence que votre nom révéré, glorieux et aimable à tous, en est grandement décrié. [2] Quel est celui qui ayant demeuré parmi vous n'a reconnu votre foi solide et riche en vertus, admiré votre piété prudente et mesurée dans le Christ, publié votre habitude généreuse d'hospitalité, déclaré bienheureuse votre science parfaite et sûre ? [3] Car vous agissiez en tout sans acception de personnes, vous marchiez suivant les lois de Dieu, soumis à vos chefs et rendant à vos anciens l'honneur qui leur est dû. Aux jeunes gens vous recommandiez la

I, 2 : παρεπιδημήσας. Corinthe, située sur deux mers, était une escale fréquentée entre Rome et l'Orient. Les habitants y avaient occasion de pratiquer leurs vertus hospitalières. On appelait Corinthe la « promenade publique » de la Grèce (περίπατος). L'ampleur de l'éloge ici contraste avec le reproche d'ἀφιλοξενία (XXXV, 5).

— ἐπιεικῆ. Cf. *Intr.*, p. XXXVII. — γνῶσις n'a pas ici de valeur spé-ciale comme au ch. XLVIII.

I, 3 : νομίμοις L ; νόμοις AH ; *in lege* S ; lecture de K douteuse car il rend νομίμοις et νόμοις par le même mot. — ἐν manque dans A. Dans les Septante, tantôt la préposition est employée avec τοῖς νομίμοις πορεύεσθαι (JÉR., XXXIII, 4), tantôt elle fait défaut (*Lévit.*, XVIII, 3 ; XX, 23 ; I *Macch.*, VI, 59). Saint Paul emploie aussi le datif pour marquer un état, une règle de vie : *Gal.* V, 16 : πνεύματι περιπατεῖτε, et 25 : εἰ ζῶμεν πνεύματι, cf. *Gal.*, VI, 16.

— ἡγουμένοις et πρεσβυτέροις. *Intr.*, p. XLIII s.

τε μέτρια καὶ σεμνὰ νοεῖν ἐπετρέπετε· γυναιξίν τε ἐν
ἀμώμῳ καὶ σεμνῇ καὶ ἁγνῇ συνειδήσει πάντα ἐπιτελεῖν
παρηγγέλλετε, στεργούσας καθηκόντως τοὺς ἄνδρας ἑαυ-
τῶν· ἔν τε τῷ κανόνι τῆς ὑποταγῆς ὑπαρχούσας τὰ κατὰ
τὸν οἶκον σεμνῶς οἰκουργεῖν ἐδιδάσκετε, πάνυ σωφρο-
νούσας.

II. Πάντες τε ἐταπεινοφρονεῖτε μηδὲν ἀλαζονευόμενοι,
ὑποτασσόμενοι μᾶλλον ἢ ὑποτάσσοντες, ἥδιον διδόντες ἢ
λαμβάνοντες· τοῖς ἐφοδίοις τοῦ Χριστοῦ ἀρκούμενοι καὶ
προσέχοντες, τοὺς λόγους αὐτοῦ ἐπιμελῶς ἐνεστερνισμέ-
νοι ἦτε τοῖς σπλάγχνοις, καὶ τὰ παθήματα αὐτοῦ ἦν πρὸ
ὀφθαλμῶν ὑμῶν. [2] Οὕτως εἰρήνη βαθεῖα καὶ λιπαρὰ
ἐδίδοτο πᾶσιν καὶ ἀκόρεστος πόθος εἰς ἀγαθοποιΐαν, καὶ

— γυναιξίν, etc. Polycarpe (*Phil.*, IV) imite ce passage. On
attendrait un datif στεργούσαις au lieu de l'acc. Des changements
de cas semblables se rencontrent dans *Marc*, VI, 39 et *Actes*,
XV, 22.

I, 3 : οἰκουργεῖν A, forme inspirée peut-être de *Tite*, II, 5. La
forme classique est οἰκουρεῖν, introduite par retouche dans H.

II, 1 : ἥδιον διδόντες ἢ λαμβάνοντες « parole du Seigneur », selon
Actes, XX, 35, mais absente des évangiles.

II, 1 : Χριστοῦ H K L S ; θεοῦ A. Lightfoot et Harnack ont pré-
féré la leçon de A ; mais l'accord des versions connues aujour-
d'hui semble décisif. Suivant que les critiques acceptent
l'une ou l'autre leçon, ils font varier la signification donnée à
ἐφόδιον. Avec la leçon θεοῦ, les ἐφόδια représenteraient les ressources ménagées par Dieu aux chrétiens pour accomplir leur
voyage terrestre; par voie de conséquence, le mot προσέχοντες dont
le sens ne convient pas bien à des dons purement terrestres
devrait être relié à ce qui suit; il ne manque pas d'exemples de
constructions de ce verbe avec l'accusatif (*Job*, XIII, 6; *Isaïe*,
I, 10); enfin la ponctuation doit alors être mise après ἀρκούμενοι (éd. Lightfoot). Avec la leçon Χριστοῦ, au contraire, les
ἐφόδια seraient les dons spirituels dont le Christ est particuliè-

modération et la gravité. Aux femmes vous prescriviez d'accomplir tous leurs devoirs avec une conscience irréprochable, digne et pure, de chérir leurs maris comme il convient; vous leur enseigniez à se tenir dans la règle de l'obéissance, à gouverner dignement leur maison, à se montrer discrètes en toutes choses.

II. Tous vous étiez humbles, exempts de jactance, plutôt disposés à obéir qu'à commander, plus heureux de donner que de recevoir. Contents des viatiques du Christ et y appliquant votre âme, vous gardiez soigneusement ses paroles dans votre cœur, et ses souffrances étaient devant vos yeux. [2] C'est ainsi qu'une paix profonde et joyeuse avait été donnée à tous avec un désir insatiable

rement l'auteur pour le chrétien ; dès lors προσέχοντες aurait un sens relatif à ces dons spirituels et la ponctuation suivrait le mot προσέχοντες. Il faudrait entendre que les Corinthiens aiment mieux donner que recevoir (des biens terrestres), étant satisfaits des dons (spirituels) du Christ (Hilgenfeld, Funk et Knopf. Le point de départ des critiques se trouve donc dans l'affirmation que le Christ n'est considéré par la communauté des chrétiens que comme l'auteur des dons spirituels. Il y a des exemples assez nombreux d'ἐφόδιον employé par les auteurs chrétiens dans le sens de dons spirituels (éd. Knopf, intr., p. 85: CLÉM. D'AL., *Protr.*, x, 100; IRÉN., *Proœm.*, c. 3; EUS., H. E. VIII, 10, 2). Le verbe ἀρκεῖσθαι du moins a été employé par saint Paul à propos de dons purement temporels (cf. 1 *Timothée*, VI, 8 : ἔχοντες δὲ διατροφὰς καὶ σκεπάσματα, τούτοις ἀρκεσθησόμεθα).

La version copte traduit : « les viatiques du Christ vous suffisaient et vous en aviez en surabondance », comme si le traducteur lisait προέχοντες.

II, 1 : τὰ παθήματα αὐτοῦ (Χριστοῦ) : les souffrances du Christ objet de la prédication et méditation chrétienne. Cf. *Gal.*, III, 1.

II, 2 : ἀγαθοποιΐαν : Cf. 1, PIERRE, IV, 19, et pour les autres dérivés : *Ibid.*, II, 14, 15, 20; III, 6, 17.

πλήρης πνεύματος ἁγίου ἔκχυσις ἐπὶ πάντας ἐγίνετο·
[3] μεστοί τε ὁσίας βουλῆς, ἐν ἀγαθῇ προθυμίᾳ μετ'
εὐσεβοῦς πεποιθήσεως ἐξετείνετε τὰς χεῖρας ὑμῶν πρὸς
τὸν παντοκράτορα θεόν, ἱκετεύοντες αὐτὸν ἵλεων γενέσθαι,
εἴ τι ἄκοντες ἡμάρτετε. [4] Ἀγὼν ἦν ὑμῖν ἡμέρας τε
καὶ νυκτὸς ὑπὲρ πάσης τῆς ἀδελφότητος, εἰς τὸ σώζεσθαι
μετ' ἐλέους καὶ συνειδήσεως τὸν ἀριθμὸν τὸν ἐκλεκτῶν
αὐτοῦ. [5] Εἰλικρινεῖς καὶ ἀκέραιοι ἦτε καὶ ἀμνησίκακοι
εἰς ἀλλήλους. [6] Πᾶσα στάσις καὶ πᾶν σχίσμα βδελυ-
κτὸν ἦν ὑμῖν. Ἐπὶ τοῖς παραπτώμασιν τῶν πλησίον
ἐπενθεῖτε· τὰ ὑστερήματα αὐτῶν ἴδια ἐκρίνετε. [7] Ἀμε-
ταμέλητοι ἦτε ἐπὶ πάσῃ ἀγαθοποιΐᾳ, « ἕτοιμοι εἰς πᾶν
ἔργον ἀγαθόν » (Tite, iii, 1). [8] Τῇ παναρέτῳ καὶ
σεβασμίῳ πολιτείᾳ κεκοσμημένοι πάντα ἐν τῷ φόβῳ
αὐτοῦ ἐπετελεῖτε· τὰ προστάγματα καὶ τὰ δικαιώματα
τοῦ κυρίου ἐπὶ τὰ πλάτη τῆς καρδίας ὑμῶν ἐγέγραπτο.

II, 4 : ἀδελφότητος. Le mot est particulier à saint Pierre dans le
N. T. (I PIERRE, ii, 17, v, 9). Il était ignoré des Grecs avec ce
sens. Les LXX emploient bien le mot (I Macch., xii, 10), mais
avec le sens d'affection fraternelle.

II, 4 : ἡμέρας τε καὶ νυκτός, Intr., p. x.

II, 4 : ἐλέους A K L S ; δέους H. Il semble à Lightfoot qu'avec
ἐλέους les deux mots ἐλ. κ. συν. se rapportent à Dieu et que
συνείδησις signifierait « consentement divin », qui ne donne pas
de sens. Il adopte δέους et traduit : « avec crainte et application d'âme » ; ce sont les dispositions du suppliant. Mais la
version copte s'ajoute aux autorités précédemment connues
en faveur de la leçon ἐλέους. Et l'on peut la conserver en rapportant ἐλ. et συν. aux membres de la communauté chrétienne.

Συνείδησις a rarement par lui-même, à moins d'un déterminatif
spécial (cf. Index), le sens purement moral de notre mot
conscience. Il signifie connaître et sentir en soi ou en commun
avec les autres. Ce dernier sens est à retenir ici à cause
du mot voisin ἀδελφότης, à cause des sentiments exprimés au

de faire le bien, et une abondante effusion de l'Esprit-Saint s'était répandue sur tous. [3] Remplis d'une résolution sainte, d'une belle ardeur, d'une pieuse confiance, vous étendiez vos mains vers le Dieu tout-puissant, le suppliant de se montrer propice si vous aviez commis quelque faute involontaire. [4] Vous luttiez jour et nuit pour le groupe entier des frères, afin que, grâce à votre pitié et communauté de sentiment, le nombre des élus de Dieu vînt à être sauvé. [5] Vous étiez sincères, simples, sans rancune réciproque. [6] Toute révolte, toute scission vous faisait horreur; vous pleuriez sur les péchés du prochain, vous estimiez que ses manquements étaient les vôtres. [7] Vous ne vous repentiez d'aucune bonne action, vous étiez « prêts à toute bonne œuvre ». [8] Une conduite toute vertueuse et vénérable faisait votre ornement, vous accomplissiez toutes vos actions dans la crainte de Dieu. Les commandements et les préceptes du Seigneur étaient écrits sur toute l'étendue de votre cœur.

verset 6 (deuxième moitié); enfin parce que συνείδησις est employé ailleurs par Clément de Rome pour exprimer spécialement le sentiment intérieur qui est le lien de l'unité, de l'esprit de corps et de fraternité entre les chrétiens. Je signale notamment le ch. XXXIV, 7 : ἐν ὁμονοίᾳ ἐπὶ τὸ αὐτὸ συναχθέντες τῇ συνειδήσει etc. Ce mot doit donc s'entendre ici de la commune conscience de leurs faiblesses et de la communauté de sentiment qui doit régner entre les frères.

II, 4 : ἀριθμόν. Cf. LVIII, 2 et LIX, 2.

II, 8 : πολιτεία, un mot favori de Clément ainsi que les mots de même racine et de même sens (voir Index). A rapprocher de *Éphésiens*, II, 19 : οὐκέτι ἐστὲ ξένοι καὶ πάροικοι, ἀλλ' ἐστὲ συμπολῖται τῶν ἁγίων καὶ οἰκεῖοι τοῦ θεοῦ.

II. 8 : ἐπὶ τὰ πλάτη. Le mot hébreu *Louah* (dans *Prov.*, VII, 3) signifie « tablette »; il est traduit dans les *Septante* par le mot πλάτος qui a le sens classique de « surface, étendue ». Il s'est introduit sans doute de bonne heure dans ce texte des *Septante* par une confusion entre πλάτος et πλάκος qui est le vrai mot

III. Πᾶσα δόξα καὶ πλατυσμὸς ἐδόθη ὑμῖν καὶ ἐπετελέσθη τὸ γεγραμμένον· « Ἔφαγεν καὶ ἔπιεν, καὶ ἐπλατύνθη καὶ ἐπαχύνθη, καὶ ἀπελάκτισεν ὁ ἠγαπημένος » (*Deut.*, XXXII, 15). [2] Ἐκ τούτου ζῆλος καὶ φθόνος, ἔρις καὶ στάσις, διωγμὸς καὶ ἀκαταστασία, πόλεμος καὶ αἰχμαλωσία. [3] Οὕτως ἐπηγέρθησαν « οἱ ἄτιμοι ἐπὶ τοὺς ἐντίμους » (ISAÏE, III, 5), οἱ ἄδοξοι ἐπὶ τοὺς ἐνδόξους, οἱ ἄφρονες ἐπὶ τοὺς φρονίμους, οἱ νέοι ἐπὶ τοὺς πρεσβυτέρους. [4] Διὰ τοῦτο πόρρω ἄπεστιν ἡ δικαιοσύνη καὶ εἰρήνη, ἐν τῷ ἀπολιπεῖν ἕκαστον τὸν φόβον τοῦ θεοῦ καὶ ἐν τῇ πίστει αὐτοῦ ἀμβλυωπῆσαι, μηδὲ ἐν τοῖς νομίμοις τῶν προσταγμάτων αὐτοῦ πορεύεσθαι μηδὲ πολιτεύεσθαι κατὰ τὸ καθῆκον τῷ Χριστῷ, ἀλλὰ ἕκαστον βαδίζειν κατὰ τὰς ἐπιθυμίας τῆς καρδίας αὐτοῦ τῆς πονηρᾶς, ζῆλον ἄδικον καὶ ἀσεβῆ ἀνειληφότας, δι' οὗ καὶ « θάνατος εἰσῆλθεν εἰς τὸν κόσμον » (*Sagesse*, II, 24).

IV. Γέγραπται γὰρ οὕτως· « Καὶ ἐγένετο μεθ' ἡμέρας, ἤνεγκεν Κάϊν ἀπὸ τῶν καρπῶν τῆς γῆς θυσίαν

employé ailleurs par les *Septante* pour traduire l'hébreu *Louah* et dont se sert saint Paul (II *Cor.*, III, 3) pour opposer les tables de pierre aux tables de chair du cœur. Mais πλάτος est demeuré aussi dans la langue chrétienne

III, 1 : πλατυσμός. C'est ainsi que les LXX (II *Rois*, XXII, 20; Ps. CXVIII, 5) traduisent l'hébreu *merhâb* qui signifie « espace libre, champ libre, bien-être ». πλατυσμός a pour contraire θλίψις, στενοχωρία.

III, 1 : ἔφαγεν. Citation faite très librement d'après les LXX.

III, 2 : ζῆλος. C'est le mot de valeur d'où va sortir le développement qui remplit les chapitres IV, V et VI. Cf. JACQUES, III, 16.

— ἀκαταστασία. Cf. I *Cor.*, XIV, 33; II *Cor.*, XII, 20; JACQUES, III, 16.

III. Toute sorte de gloire et d'abondance vous a été donnée et cette parole de l'Écriture s'est accomplie : « Le bien-aimé a mangé et bu, il a grossi et s'est engraissé et il a regimbé ! » [2] De là sont nées la jalousie et l'envie, les querelles et la sédition, la persécution et le désordre, la guerre et la captivité. [3] C'est ainsi que se sont insurgés « les hommes de rien contre les hommes les plus considérables », les obscurs contre les illustres, les insensés contre les sages, les jeunes contre les anciens. [4] Ainsi se sont éloignées la justice et la paix, depuis que chacun a délaissé la crainte de Dieu, affaibli les lumières de sa foi ; personne ne marche plus dans la règle des commandements divins, ne mène plus une vie digne du Christ ; chacun va suivant les désirs de son cœur dépravé, laissant revivre en lui la jalousie injuste et impie par laquelle « la mort est entrée dans le monde ».

IV. Voici en effet ce qui est écrit : « Et, après bien des jours, il arriva que Caïn offrit des fruits de la terre en

III, 4 : ἄπεστιν A S (est) ; ἀπέστη H K ; recessit (ab eis) L, et de même LXX ont ἀφέστηκεν dans le texte d'Isaïe, LIX, 14, qui a peut-être inspiré ici Clément : καὶ ἡ δικαιοσύνη μακρὰν ἀφέστηκεν.

III, 4 : πολιτεύεσθαι. Cf. *Philipp.*, I, 27 : ἀξίως τοῦ εὐαγγελίου τοῦ Χριστοῦ πολιτεύεσθε. La traduction affaiblit un peu le mot de καθῆκον qui, pris dans sa rigueur, appellerait le complément χριστιανῷ plutôt que χριστῷ. Il est à noter que nulle part Clément de Rome n'emploie le mot de chrétien qui se rencontre cinq fois chez Ignace d'Antioche et une fois dans la *Doctrine des apôtres*, XII, 4.

III, 4 : ζῆλον ἄδικον. Cf. XLV.

III, 4 : θάνατος. Cf. *Romains*, V, 12. Théophile (*Autolycus*, II, 29), réunit la citation scripturaire et l'application qu'en fait saint Clément au meurtre d'Abel.

IV, 1-6 : La citation (IV, 1-6) est empruntée presque mot par mot aux LXX (*Gen.*, IV, 3-8). Ceux-ci s'écartent considérablement du texte hébreu.

τῷ Θεῷ, καὶ Ἄβελ ἤνεγκεν καὶ αὐτὸς ἀπὸ τῶν πρωτοτόκων τῶν προβάτων καὶ ἀπὸ τῶν στεάτων αὐτῶν. [2] Καὶ ἐπεῖδεν ὁ Θεὸς ἐπὶ Ἄβελ καὶ ἐπὶ τοῖς δώροις αὐτοῦ, ἐπὶ δὲ Κάϊν καὶ ἐπὶ ταῖς θυσίαις αὐτοῦ οὐ προσέσχεν. [3] Καὶ ἐλυπήθη Κάϊν λίαν καὶ συνέπεσεν τῷ προσώπῳ αὐτοῦ. [4] Καὶ εἶπεν ὁ Θεὸς πρὸς Κάϊν· Ἱνατί περίλυπος ἐγένου, καὶ ἱνατί συνέπεσεν τὸ πρόσωπόν σου; οὐκ ἐὰν ὀρθῶς προσενέγκῃς, ὀρθῶς δὲ μὴ διέλῃς, ἥμαρτες; [5] Ἡσύχασον· πρὸς σὲ ἡ ἀποστροφὴ αὐτοῦ, καὶ σὺ ἄρξεις αὐτοῦ. [6] Καὶ εἶπεν Κάϊν πρὸς Ἄβελ τὸν ἀδελφὸν αὐτοῦ· Διέλθωμεν εἰς τὸ πεδίον. Καὶ ἐγένετο ἐν τῷ εἶναι αὐτοὺς ἐν τῷ πεδίῳ, ἀνέστη Κάϊν ἐπὶ Ἄβελ τὸν ἀδελφὸν αὐτοῦ καὶ ἀπέκτεινεν αὐτόν » (Genèse, IV, 3-8). [7] Ὁρᾶτε, ἀδελφοί, ζῆλος καὶ φθόνος ἀδελφοκτονίαν κατειργάσατο. [8] Διὰ ζῆλος ὁ πατὴρ ἡμῶν Ἰακὼβ ἀπέδρα ἀπὸ προσώπου Ἡσαῦ τοῦ ἀδελφοῦ αὐτοῦ. [9] Ζῆλος ἐποίησεν Ἰωσὴφ μέχρι θανάτου διωχθῆναι καὶ μέχρι δουλείας εἰσελθεῖν. [10] Ζῆλος φυγεῖν ἠνάγκασεν Μωϋσῆν ἀπὸ προσώπου Φαραὼ βασιλέως Αἰγύπτου ἐν τῷ ἀκοῦσαι αὐτὸν ἀπὸ τοῦ ὁμοφύλου· Τίς σε

IV, 1 : τῷ Θεῷ A K S; τῷ κυρίῳ H L et LXX.

IV, 3 : τῷ προσώπῳ A. Ce datif barbare est bien dans les LXX, sans doute par suite d'une erreur de transcription, car l'hébreu dans ce verset est tout à fait semblable au verset suivant où le grec a également la lecture correcte πρόσωπον. H K LS ont unanimement la correction πρόσωπον.

IV, 4 : ὀρθῶς μὴ διέλῃς. Les LXX ont dû entendre par là un partage de la victime où Caïn se réservait indûment le meilleur morceau et à Dieu le moindre. Les Pères ont entendu parfois cette division au sens moral des sentiments que Caïn nourrissait pour son frère : « Quoniam cum zelo et malitia quæ erat

sacrifice à Dieu ; Abel aussi offrit des premiers-nés de ses brebis et de leur graisse. [2] Et Dieu regarda favorablement Abel et ses présents ; mais il ne fit point attention à Caïn ni à ses sacrifices. [3] Caïn fut vivement contristé, et son visage abattu. [4] Alors Dieu dit à Caïn : Pourquoi es-tu triste et pourquoi ton visage est-il abattu ? N'as tu pas péché, si en offrant correctement ton sacrifice tu n'en as pas fait correctement le partage ? [5] Apaise-toi : ton offrande te reviendra et tu en seras le maître. [6] Et Caïn dit à Abel son frère : Allons dans la plaine. Et lorsqu'ils furent dans la plaine, Caïn se jeta sur Abel son frère et le tua. » [7] Vous le voyez, mes frères, la jalousie et l'envie ont commis un fratricide. [8] C'est à cause de la jalousie que Jacob notre père a fui devant son frère Esaü. [9] C'est à cause de la jalousie que Joseph a été persécuté à mort et réduit en servitude. [10] C'est la jalousie qui a contraint Moïse de fuir devant Pharaon, roi d'Égypte, le jour où il entendit un de ses compatriotes lui dire : « Qui est-ce qui t'a établi

adversus fratrem divisionem habebat in corde... » Irénée (*Adv. hær.*, IV, 18, 3).

IV, 6 : διέλθωμεν εἰς τὸ πεδίον : manque dans le texte hébreu qui porte seulement : « Caïn parla à Abel et lorsqu'ils furent dans les champs, etc. » C'est un des vingt-huit endroits de l'Écriture où les Massorètes reconnaissent une mutilation du texte.

IV, 8 : ζῆλος, a une déclinaison masculine et une déclinaison neutre. Il est du neutre dans saint Paul (*Philippiens*, III, 6). Clément emploie les deux séries de formes.

IV, 8 : ὁ πατὴρ ἡμῶν Ἰακώβ, expression couramment employée par les chrétiens venus soit de la gentilité soit du judaïsme pour marquer une parenté spirituelle. Cf. JUSTIN, *Dial.*, 134 ; THÉOPHILE, *Ad Autolycum*, III, 28, et à propos de divers ancêtres hébreux, *ibid.*, 20, 24, 25. — Le récit sur Jacob, *Gen.*, XXVII, 41 s.

IV, 9 : Sur Joseph, cf. *Genèse*, XXXVII.

κατέστησεν κριτὴν ἢ δικαστὴν ἐφ' ἡμῶν; μὴ ἀνελεῖν με σὺ θέλεις, ὃν τρόπον ἀνεῖλες ἐχθὲς τὸν Αἰγύπτιον » (Exode, II, 14); [11] Διὰ ζῆλος Ἀαρὼν καὶ Μαριὰμ ἔξω τῆς παρεμβολῆς ηὐλίσθησαν. [12] Ζῆλος Δαθὰν καὶ Ἀβειρὼν ζῶντας κατήγαγεν εἰς ᾅδου διὰ τὸ στασιάσαι αὐτοὺς πρὸς τὸν θεράποντα τοῦ θεοῦ Μωϋσῆν. [13] Διὰ ζῆλος Δαυὶδ φθόνον ἔσχεν οὐ μόνον ὑπὸ τῶν ἀλλοφύλων, ἀλλὰ καὶ ὑπὸ Σαοὺλ βασιλέως Ἰσραὴλ ἐδιώχθη.

V. Ἀλλ' ἵνα τῶν ἀρχαίων ὑποδειγμάτων παυσώμεθα, ἔλθωμεν ἐπὶ τοὺς ἔγγιστα γενομένους ἀθλητάς· λάβωμεν τῆς γενεᾶς ἡμῶν τὰ γενναῖα ὑποδείγματα. [2] Διὰ ζῆλον καὶ φθόνον οἱ μέγιστοι καὶ δικαιότατοι στῦλοι ἐδιώχθησαν καὶ ἕως θανάτου ἤθλησαν. [3] Λάβωμεν πρὸ ὀφθαλμῶν ἡμῶν τοὺς ἀγαθοὺς ἀποστόλους· [4] Πέτρον, ὃς διὰ ζῆλον ἄδικον οὐχ ἕνα οὐδὲ δύο, ἀλλὰ πλείονας ὑπήνεγκεν πόνους καὶ οὕτω μαρτυρήσας ἐπορεύθη

IV, 10 : κριτήν A ; ἄρχοντα H K LS et LXX. La leçon ἄρχοντα est mieux attestée (cf. *Actes*, VII, 27); mais la leçon κριτήν dans A est peut-être primitive si elle provient d'une réminiscence de Luc, XII, 14. Ἄρχοντα a pu être introduit dans le texte de Clément d'après les Septante.

IV, 11 : Les *Nombres*, XII, 14, 15, ne mentionnent que la sœur de Moïse.

IV, 12 : εἰς ᾅδου (cf. LI, 4). En dehors de saint Clément, ne se trouve qu'une seule fois dans les *Pères Apostoliques* (POLYCARPE, *Philipp.*, I, 2). — Histoire de Dathan et d'Abiron, *Nombres*, XVI.

IV, 13 : ἀλλοφύλων. les Philistins I *Samuel*, XXI, 11; XXIX, 4 ; — Σαούλ, I *Samuel*, XVIII, 9.

V, 1 : ἔγγιστα, Introduction, p. XXIX, sur la date de l'épitre.

V, 1 : γενναῖα. Adjectif consacré pour parler des martyrs. Cf. V, 6, VI, 2. *Mart. Ign.*, II, 2; VII, 3. *Mart. Polyc.*, II, 1; III, 1. Eusèbe, H. E., V, 1, 7, 17, 19, 20, 36, 54.

V, 2 : στῦλοι. *Galates*, II, 9, applique déjà cette expression aux

notre arbitre ou notre juge? Est-ce que tu veux me tuer
comme l'Égyptien que tu as tué hier? » [11] C'est à cause
de la jalousie qu'Aaron et Marie furent bannis du camp.
[12] C'est la jalousie qui précipita tout vivants dans l'enfer
Dathan et Abiron, parce qu'ils s'étaient soulevés contre
Moïse, le serviteur de Dieu. [13] C'est par suite de la
jalousie que David subit, non seulement l'envie des étrangers, mais encore la persécution de Saül, roi d'Israël.

V. Mais, pour laisser de côté les exemples anciens,
venons-en aux athlètes tout récents, prenons les généreux
exemples de notre génération. [2] C'est par l'effet de la
jalousie et de l'envie que furent persécutés ceux qui
étaient les colonnes les plus élevées et les plus justes
et qu'ils combattirent jusqu'à la mort. [3] Jetons les
yeux sur les excellents Apôtres : [4] Pierre, qui, victime d'une injuste jalousie, souffrit non pas une ou
deux, mais de nombreuses fatigues, et qui, après avoir

apôtres Jacques, Céphas et Jean. Cf. *Intr.*, p. xlvi.

V, 3 : ἀγαθοῦς. L'épithète serait inattendue dans la bouche
d'un simple historien ; mais les critiques ont proposé d'inutiles
conjectures pour la remplacer ; elle a chez Clément une saveur
parce qu'elle semble le témoignage ému d'un souvenir personnel. Cf. *Intr.*, p. iv.

V, 4 : μαρτυρήσας. Le mot doit s'entendre ici et plus loin (v, 7)
au double sens de la prédication publique de l'évangile et du
témoignage du sang. De lui-même il n'imp'ique la mort que
de façon indirecte ; encore au iie siècle, Hégésippe emploie
le mot μάρτυρες dans le sens original de témoins (Eusèbe,
H. E., iii. 20,6) ; mais de bonne heure, il avait été appliqué
au témoignage par excellence du sang (*Actes*, xx, 22). Cependant
dant du temps de S. Clément le sens de l'expression est un peu
flottant et c'est pourquoi l'auteur a eu soin de préciser par les
mots ἕως θανάτου (v, 2). La précision du français oblige de
prendre parti en faveur de ce dernier sens ; mais « rendu son
témoignage » serait aussi une traduction très naturelle, surtout
au verset 7.

εἰς τὸν ὀφειλόμενον τόπον τῆς δόξης. [5] Διὰ ζῆλον καὶ
ἔριν Παῦλος ὑπομονῆς βραβεῖον ἔδειξεν. [6] ἑπτάκις δεσμὰ
φορέσας, φυγαδευθείς, λιθασθείς, κῆρυξ γενόμενος ἔν τε
τῇ ἀνατολῇ καὶ ἐν τῇ δύσει, τὸ γενναῖον τῆς πίστεως
αὐτοῦ κλέος ἔλαβεν, [7] δικαιοσύνην διδάξας ὅλον τὸν
κόσμον, καὶ ἐπὶ τὸ τέρμα τῆς δύσεως ἐλθὼν καὶ μαρτυρήσας ἐπὶ τῶν ἡγουμένων, οὕτως ἀπηλλάγη τοῦ
κόσμου καὶ εἰς τὸν ἅγιον τόπον ἐπορεύθη, ὑπομονῆς
γενόμενος μέγιστος ὑπογραμμός.

VI. Τούτοις τοῖς ἀνδράσιν ὁσίως πολιτευσαμένοις συνηθροίσθη πολὺ πλῆθος ἐκλεκτῶν, οἵτινες πολλαῖς αἰκίαις
καὶ βασάνοις διὰ ζῆλος παθόντες ὑπόδειγμα κάλλιστον
ἐγένοντο ἐν ἡμῖν. [2] Διὰ ζῆλος διωχθεῖσαι γυναῖκες

V, 4 : εἰς τὸν ὀφειλόμενον τόπον τῆς δόξης. Cf. POLYC., *Phil.*, IX, 2 :
εἰς τὸν ὀφειλόμενον αὐτοῖς τόπον εἰσὶ παρὰ τῷ Κυρίῳ, ᾧ καὶ συνέπαθον.
— BARNABÉ, XIX, 1 : ἐάν τις θέλων ὁδὸν ὁδεύειν ἐπὶ τὸν ὡρισμένον
τόπον. Cf. I CLÉM., XLIV, 5.

V, 5 : βραβεῖον = bravium. Cf. I *Cor.*, IX, 24 ; — *Philipp.*, III, 14.

V, 5 : ἔδειξεν H ; ὑπέδειξεν A (semble-t-il) ; ostendit L ; tulit, por-
tavit S. Cette dernière leçon permet de supposer qu'on a lu
ὑπέσχεν.

V, 6 : ἑπτάκις. II *Cor.*, XI, 23 porte seulement : ἐν φυλακαῖς
περισσοτέρως. Saint Clément a dû puiser à une autre source une
information plus précise, à moins qu'on ne fasse de ἑπτάκις un
synonyme de πολλάκις, et ce serait là un nouvel indice des atta-
ches originelles de saint Clément au judaïsme. *Intr.*, p. IX.

V, 6 : φυγαδευθείς. Cf. *Actes*, IX, 25 ; — II *Cor.*, XI, 33 ; — *Actes*, IX,
30 ; XIII, 50 ; XIV, 6 ; XVII, 10, 14 ; XX, 3.

V, 6 : λιθασθείς. Cf. *Actes*, XIV, 5, 19 ; — II *Cor.*, XI, 25.

V, 6 : κῆρυξ, qualification que se donne saint Paul. Cf. I *Tim.*,
II, 7 ; II *Tim.*, II, 11. Épictète appelle son philosophe idéal κῆρυξ
τῶν θεῶν.

V, 7 : ἐπὶ τὸ τέρμα τῆς δύσεως ἐλθών. Passage qui a donné lieu à
de longues controverses. Le mot τέρμα signifie les extrémités
d'un pays, témoin HÉRODOTE, VII, 54 : τέρματα Εὐρώπης, et pour

ainsi accompli son martyre, s'en est allé au séjour de gloire qui lui était dû. [5] C'est par suite de la jalousie et de la discorde que Paul a montré (comment on remporte) le prix de la patience. [6] Chargé sept fois de chaînes, banni, lapidé, devenu un héraut en Orient et en Occident, il a reçu pour sa foi une gloire éclatante. [7] Après avoir enseigné la justice au monde entier, atteint les bornes de l'Occident, accompli son martyre devant ceux qui gouvernent, il a quitté le monde et s'en est allé au saint lieu, illustre modèle de patience.

VI. A ces hommes dont la vie a été sainte vint s'adjoindre une grande foule d'élus qui, par suite de la jalousie, endurèrent beaucoup d'outrages et de tortures, et qui laissèrent parmi nous un magnifique exemple. [2] C'est

un Romain l'extrémité du couchant était soit l'Espagne, soit la Bretagne. Ces deux données suffisent pour rejeter l'interprétation qui fait de Rome l'extrémité du couchant. Jamais un Romain vivant au centre de l'Empire, n'eut qualifié Rome de la sorte. Nous savons par ailleurs (*Rom.*, xv, 28) que saint Paul avait l'intention d'évangéliser l'Espagne. Son voyage trouve une confirmation dans le fragment de Muratori.

V, 7 : ἐπὶ τῶν ἡγουμένων. Cette expression dans la lettre (cf. Index) ne dépouille nulle part son sens général. Il n'y a donc pas de raison pour conjecturer que Clément pense à tel préfet du prétoire, Tigellin ou Nymphidius. L'expression garde le sens vague qu'elle a dans l'évangile (MARC, xiii, 9 : ἐπὶ ἡγεμόνων. Il s'agit des magistrats romains devant lesquels saint Paul eut souvent à comparaître.

VI, 1 : πολὺ πλῆθος = *multitudo ingens*, TACITE, *Annales*, xv, 44.

VI, 1 : πολλαῖς αἰκίαις καὶ βασάνοις A H S ; πολλὰς αἰκίας καὶ βασάνους L (éd. Knopf) ; K demeure incertain mais il rattachait les deux mots à παθόντες. Le datif est parfaitement admissible comme complément de ὑπόδειγμα ἐγένοντο.

— ἐν ἡμῖν désigne les Romains, comme au ch. LV, 2.

Δαναΐδες καὶ Δίρκαι, αἰκίσματα δεινὰ καὶ ἀνόσια παθοῦσα
ἐπὶ τὸν τῆς πίστεως βέβαιον δρόμον κατήντησαν κ
ἔλαβον γέρας γενναῖον αἱ ἀσθενεῖς τῷ σώματι. [3] Ζῆλ
ἀπηλλοτρίωσεν γαμετὰς ἀνδρῶν καὶ ἠλλοίωσεν τὸ ῥηθ
ὑπὸ τοῦ πατρὸς ἡμῶν Ἀδάμ· « Τοῦτο νῦν ὀστοῦν ἐκ τ
ὀστέων μου καὶ σὰρξ ἐκ τῆς σαρκός μου » (Genèse, ii, 23
[4] Ζῆλος καὶ ἔρις πόλεις μεγάλας κατέστρεψεν καὶ ἔθ
μεγάλα ἐξερίζωσεν.

VII. Ταῦτα, ἀγαπητοί, οὐ μόνον ὑμᾶς νουθετοῦντ
ἐπιστέλλομεν, ἀλλὰ καὶ ἑαυτοὺς ὑπομιμνήσκοντες·
γὰρ τῷ αὐτῷ ἐσμὲν σκάμματι, καὶ ὁ αὐτὸς ἡμῖν ἀγ
ἐπίκειται. [2] Διὸ ἀπολίπωμεν τὰς κενὰς καὶ ματαί
φροντίδας, καὶ ἔλθωμεν ἐπὶ τὸν εὐκλεῆ καὶ σεμνὸν τ
παραδόσεως ἡμῶν κανόνα, [3] καὶ ἴδωμεν, τί καλὸν κ

VI, 2 : Δαναΐδες καὶ Δίρκαι (δεὶς καὶ H) A H K L S. L'unanimité d
témoignages invite à conserver le texte sans retouches malg
les difficultés d'interprétation. Lightfoot propose une correctio
vigoureuse : γυναῖκες, νεάνιδες, παιδίσκαι, qui donnent un sens fo
bon. Mais depuis son édition, la découverte des versions lati
et copte vient renforcer l'autorité du texte. Le copte, il est vra
traduit : « persécutées dans les pays des Danaïdes et d
Dircés » ; malgré l'addition de χῶραι, il maintient les deux mo
qui font difficulté, mais une difficulté non insurmontabl
Cf. *Intr.*, p. XLVIII.

VI, 2 : κατήντησαν. Le substantif κατάντημα désigne le point c
l'on aboutit (*Ps.* XVIII, 7) et le verbe qui en dérive marque l'arr
vée à destination. Un scoliaste d'Aristophane mentionne
κατάντημα τοῦ δρόμου comme le point d'arrivée au stad
L'expression βέβαιος δρόμος désigne donc la barrière, le bu
l'endroit où la victoire est assurée.

VI, 4 : ζῆλος καὶ ἔρις, alliance de mots très usuelle. Cf. *Rom*
XIII, 13 ; — II *Cor.*, XII, 20 ; — *Gal.*, V, 20.

VI, 4 : πόλεις μεγάλας κατέστρεψεν. Cf. *Proverbes*, XI, 10, 1
XXIX, 4 ; *Ecclésiastique*, XXVIII, 14. Clément devait penser
Jérusalem si récemment détruite par Titus (70). C'était d'a

poursuivies par la jalousie, que des femmes, les Danaïdes
et les Dircés, après avoir souffert de terribles et monstrueux outrages, ont touché le but dans la course de la foi,
et ont reçu la noble récompense, toutes débiles de corps
qu'elles étaient. [3] La jalousie a aliéné des épouses à
leurs maris, elle a altéré la parole d'Adam, notre père :
« Voici l'os de mes os et la chair de ma chair. » [4] Jalousie et discorde ont détruit de grandes villes, et anéanti de
puissantes nations.

VII. Nous vous écrivons tout ceci, bien-aimés, en
manière, non seulement de réprimande pour vous, mais
encore d'avertissement pour nous-mêmes : car nous
sommes dans la même arène que vous, le même combat
nous attend. [2] Laissons donc là les soucis vains et inutiles, rangeons-nous à la glorieuse et vénérable règle de
notre tradition. [3] Voyons ce qui est beau aux yeux de

leurs un lieu commun fondé sur l'expérience (Cf. Horace,
Odes, i, 16).

VII, 1 : σκάμμα est proprement le fossé creusé à l'entour d'un
espace réservé, dans les gymnases, aux exercices des athlètes,
et par extension l'arène elle-même ; d'où l'expression ἐπὶ σκάμ-
ματος εἶναι, être sur le bord du fossé, c'est-à-dire être prêt à
lutter (Polybe, xl, 5, 5). Les locutions que nous appellerions
aujourd'hui « sportives » étaient courantes à une époque et dans
une civilisation où prédominaient les exercices gymniques.
Elles sont fréquentes dans S. Paul. Cf. I *Tim.*, vi, 12 ; —
II *Tim.*, ii, 5 ; iv, 7. Cf. plus haut βραβεῖον, v, 5 (note) et l'expression : ἀθλητάς, v, 1.

VII, 1 : ὁ αὐτὸς ἡμῖν ἀγών. Cf. *Philipp.*, i, 30 ;— *Hébreux*, xii, 1.

VII, 2 : κενὰς καὶ ματαίας. Alliance assez fréquente. Cf. Isaïe,
xxx, 7 ; Osée, xii, 1 ; Job, xx, 18. — L : vanas curas.

VII, 2 : κανόνα, continue sans doute l'image introduite par le
mot de σκάμμα ; c'est la ligne ou limite tracée aux athlètes pour
leur saut ou leur course. Le mot prend ici un sens moral qui est
appelé à une grande fortune dans la langue chrétienne. Cf. i, 3
et xli, 1. — κανόνα τῆς παραδόσεως, règle reçue par tradition. Le

τί τερπνὸν καὶ τί προσδεκτὸν ἐνώπιον τοῦ ποιήσαντος ἡμᾶς. [4] Ἀτενίσωμεν εἰς τὸ αἷμα τοῦ Χριστοῦ καὶ γνῶμεν, ὡς ἔστιν τίμιον τῷ θεῷ καὶ πατρὶ αὐτοῦ, ὅτι διὰ τὴν ἡμετέραν σωτηρίαν ἐκχυθὲν παντὶ τῷ κόσμῳ μετανοίας χάριν ὑπήνεγκεν. [5] Διέλθωμεν εἰς τὰς γενεὰς πάσας καὶ καταμάθωμεν, ὅτι ἐν γενεᾷ καὶ γενεᾷ « μετανοίας τόπον ἔδωκεν » (Sagesse, XII, 10) ὁ δεσπότης τοῖς βουλομένοις ἐπιστραφῆναι ἐπ' αὐτόν. [6] Νῶε ἐκήρυξεν μετάνοιαν, καὶ οἱ ὑπακούσαντες ἐσώθησαν. [7] Ἰωνᾶς Νινευΐταις καταστροφὴν ἐκήρυξεν· οἱ δὲ μετανοήσαντες ἐπὶ τοῖς ἁμαρτήμασιν αὐτῶν ἐξιλάσαντο τὸν θεὸν ἱκετεύσαντες καὶ ἔλαβον σωτηρίαν, καίπερ ἀλλότριοι τοῦ θεοῦ ὄντες.

VIII. Οἱ λειτουργοὶ τῆς χάριτος τοῦ θεοῦ διὰ πνεύματος ἁγίου περὶ μετανοίας ἐλάλησαν, [2] καὶ αὐτὸς δὲ ὁ δεσπότης τῶν ἁπάντων περὶ μετανοίας ἐλάλησεν μετὰ

membre de phrase avec ses adjectifs est répété mot pour mot par Clément d'Alexandrie : προβήσεται ἡμῖν κατὰ τὸν εὐκλεῆ καὶ σεμνὸν τῆς παραδόσεως κανόνα (Stromates, I, 1, 15).

VII, 3 : καλόν et τερπνόν. Cf. *Ps.*, CXXXII, 1; — προσδεκτὸν ἐνώπιον. Cf. I *Tim.*, II, 3; V, 4.

VII, 4 : τὸ αἷμα (Χριστοῦ). *Intr.*, p. L et *Index*. — τίμιον. Cf. I PIERRE, I, 19.

VII, 4 : τῷ θεῷ [καὶ πατρὶ] αὐτοῦ Λ (Funk) ; τῷ πατρὶ αὐτοῦ τῷ θεῷ H : τῷ πατρὶ αὐτοῦ K L S (Lightfoot et Knopf). La leçon de l'Alexandrin est conforme au langage apostolique. Lightfoot le reconnaît et renvoie à *Rom.*, XV, 6; II *Cor.*, I, 3; I PIERRE, I, 3; *Apocal.*, I, 6. Il la rejette uniquement à cause de l'incertitude des deux principaux mss. sur la place de τῷ θεῷ, et conclut de cette incertitude à une insertion de date postérieure. De fait, les trois versions anciennes sont d'accord pour simplifier l'expression.

VII, 5 : ἐν γενεᾷ καὶ γενεᾷ est un hébraïsme conservé dans les Septante (*Esther*, IX, 27 ; *Ps.* XLVIII, 11 ; LXXXVIII, 1 ; LXXXIX, 1, etc.). Cf. LUC, I, 50.

VII, 5 : ὁ δεσπότης. Saint Clément, pénétré du sentiment hié-

notre Créateur, ce qui le charme, ce qui lui plaît. [4] Fixons nos regards sur le sang du Christ, et connaissons combien il est précieux pour Dieu, son père, parce qu'ayant été versé pour notre salut, il a ménagé au monde entier la grâce de la pénitence. [5] Passons en revue tous les âges et apprenons que de génération en génération le Maître « a donné latitude de faire pénitence » à tous ceux qui ont voulu se convertir à lui. [6] Noé prêcha la pénitence, et ceux qui l'écoutèrent furent sauvés. [7] Jonas annonça leur ruine aux Ninivites ; mais ceux-ci, ayant fait pénitence de leurs péchés, apaisèrent Dieu par leurs supplications et obtinrent leur salut, bien qu'ils fussent des étrangers pour Dieu.

VIII. Les ministres de la grâce divine, inspirés par le Saint-Esprit, ont parlé de la pénitence. [2] Et le Maître de l'univers lui-même a dit de la pénitence avec serment :

archique, désigne plus de vingt fois Dieu le Père par cette expression dont le Nouveau Testament et les autres écrivains apostoliques usent rarement (Luc, II, 29 ; *Actes*, IV, 24 ; *Apoc.*, VI, 10).

VII, 6 : Νῶε ἐκήρυξεν. Le récit mosaïque (*Genèse*, VII) ne dit rien du rôle joué par Noé comme prédicateur de la pénitence. La première allusion à ce complément traditionnel se trouve dans la deuxième épître de saint Pierre, II, 5, où Noé est appelé δικαιοσύνης κήρυξ. Hénoch, Josèphe et les Oracles sibyllins contiennent la preuve de la notoriété de cette tradition juive. Cf. X, 3.

VII, 7 : Ἰωνᾶς. Cf. *Jonas*, III, (καταστροφὴν ἡ) ; MATTH., XII, 41.

VII, 7 : ἀλλότριοι == des étrangers pour le vrai Dieu. Cf. *Ephésiens*, II, 12-13.

VIII, 1 : οἱ λειτουργοὶ τῆς χάριτος : c'est-à-dire les prophètes. Cette qualification ne leur est appliquée ni dans les LXX ni dans le N. T.

ὅρκου· « Ζῶ γὰρ ἐγώ, λέγει κύριος, οὐ βούλομαι τὸν θάνατον τοῦ ἁμαρτωλοῦ ὡς τὴν μετάνοιαν » (Ézéch., xxxiii,
11), προστιθεὶς καὶ γνώμην ἀγαθήν· [3] « Μετανοήσατε,
οἶκος Ἰσραήλ, ἀπὸ τῆς ἀνομίας ὑμῶν· εἶπον τοῖς υἱοῖς
τοῦ λαοῦ μου· Ἐὰν ὦσιν αἱ ἁμαρτίαι ὑμῶν ἀπὸ τῆς γῆς
ἕως τοῦ οὐρανοῦ καὶ ἐὰν ὦσιν πυρρότεραι κόκκου καὶ
μελανώτεραι σάκκου, καὶ ἐπιστραφῆτε πρός με ἐξ ὅλης τῆς
καρδίας καὶ εἴπητε· Πάτερ· ἐπακούσομαι ὑμῶν ὡς λαοῦ
ἁγίου » (Auteur inconnu). [4] Καὶ ἐν ἑτέρῳ τόπῳ
λέγει οὕτως· « Λούσασθε καὶ καθαροὶ γένεσθε, ἀφέλεσθε
τὰς πονηρίας ἀπὸ τῶν ψυχῶν ὑμῶν ἀπέναντι τῶν ὀφθαλμῶν μου· παύσασθε ἀπὸ τῶν πονηριῶν ὑμῶν, μάθετε καλὸν
ποιεῖν, ἐκζητήσατε κρίσιν, ῥύσασθε ἀδικούμενον, κρίνατε
ὀρφανῷ καὶ δικαιώσατε χήρᾳ· καὶ δεῦτε καὶ διελεγχθῶμεν, λέγει κύριος· καὶ ἐὰν ὦσιν αἱ ἁμαρτίαι ὑμῶν ὡς
φοινικοῦν, ὡς χιόνα λευκανῶ· ἐὰν δὲ ὦσιν ὡς κόκκινον,
ὡς ἔριον λευκανῶ· καὶ ἐὰν θέλητε καὶ εἰσακούσητέ μου,
τὰ ἀγαθὰ τῆς γῆς φάγεσθε· ἐὰν δὲ μὴ θέλητε μηδὲ εἰσακούσητέ μου, μάχαιρα ὑμᾶς κατέδεται· τὸ γὰρ στόμα
κυρίου ἐλάλησεν ταῦτα » (Isaïe, i, 16-20). [5] Πάντα
οὖν τοὺς ἀγαπητοὺς αὐτοῦ βουλόμενος μετανοίας μετασχεῖν
ἐστήριξεν τῷ παντοκρατορικῷ βουλήματι αὐτοῦ.

VIII, 2 : Ζῶ γὰρ ἐγώ. Ezéchiel, xxxiii, 11, est cité très librement. Sept. : Εἶπὸν αὐτοῖς. Ζῶ ἐγώ, τάδε λέγει κύριος. Οὐ βούλομαι τὸν
θάνατον τοῦ ἀσεβοῦς, ὡς ἀποστρέψαι τὸν ἀσεβῆ ἀπὸ τῆς ὁδοῦ αὐτοῦ, καὶ
ζῆν αὐτόν.
VIII, 3 : μετανοήσατε. Funk, tout en reconnaissant que ce
morceau a pu être tissé de paroles empruntées aux livres canoniques (Ezéchiel, xviii, 30 ; xxxiii, 12 ; Ps., cii, 10, 11 ; Isaïe,
i, 18 ; Jérémie, iii, 19) incline à admettre comme Knopf

« Par ma vie, dit le Seigneur, je ne veux pas tant
la mort du pécheur que sa pénitence. » Et il ajoute cette
sentence de bonté : [3] « Repentez-vous, maison d'Israël,
de votre iniquité. Dis aux fils de mon peuple : Quand
même vos péchés iraient de la terre au ciel, quand ils
seraient plus rouges que l'écarlate et plus noirs que le
sac, si vous vous tournez vers moi de tout votre cœur et
me dites : Père ! je vous exaucerai comme un peuple saint. »
[4] Et dans un autre endroit il parle ainsi : « Lavez-vous,
purifiez-vous, ôtez sous mes yeux le mal de vos âmes,
mettez fin à vos méchancetés, apprenez à faire le bien,
recherchez la justice, délivrez l'opprimé, faites rendre son
droit à l'orphelin et justice à la veuve. Et alors venez et
nous discuterons, dit le Seigneur ; vos péchés fussent-ils
comme la pourpre, je les rendrai blancs comme neige ;
fussent-ils comme l'écarlate, je les rendrai blancs comme
laine. Si vous consentez et que vous m'écoutiez, vous
mangerez ce que la terre a de bon ; si vous ne consentez pas et ne m'écoutez point, le glaive vous dévorera.
Car c'est la bouche du Seigneur qui a ainsi prononcé. »
[5] Voulant que tous ceux qu'il aime participent à la
pénitence, il en a ainsi décidé par sa toute-puissante
volonté.

que Clément s'est servi d'un livre d'Ézéchiel ou apocryphe ou
interpolé, livre qui ne serait pas parvenu jusqu'à nous. On sait
d'ailleurs que le texte d'Ézéchiel est un de ceux dont la trans-
mission manuscrite a été le plus défectueuse.

VIII, 4 : διελεγχθῶμεν A L (discuter) ; διαλεχθῶμεν H S (conver-
ser) ; K emploie un mot copte qui a les deux sens.

VIII, 5 : ἐστήριξεν. Ce que Dieu affirme aussi solennellement
c'est qu'il ne veut point la mort du pécheur (VIII, 2).

VIII, 5 : παντοκρατορικῷ. Néologisme dont ce passage semble
fournir le premier exemple.

IX. Διὸ ὑπακούσωμεν τῇ μεγαλοπρεπεῖ καὶ ἐνδόξῳ βουλήσει αὐτοῦ, καὶ ἱκέται γενόμενοι τοῦ ἐλέους καὶ τῆς χρηστότητος αὐτοῦ προσπέσωμεν καὶ ἐπιστρέψωμεν ἐπὶ τοὺς οἰκτιρμοὺς αὐτοῦ, ἀπολιπόντες τὴν ματαιοπονίαν τήν τε ἔριν καὶ τὸ εἰς θάνατον ἄγον ζῆλος. [2] Ἀτενίσωμεν εἰς τοὺς τελείως λειτουργήσαντας τῇ μεγαλοπρεπεῖ δόξῃ αὐτοῦ. [3] Λάβωμεν Ἐνώχ, ὃς ἐν ὑπακοῇ δίκαιος εὑρεθεὶς μετετέθη, καὶ οὐχ εὑρέθη αὐτοῦ θάνατος. [4] Νῶε πιστὸς εὑρεθεὶς διὰ τῆς λειτουργίας αὐτοῦ παλιγγενεσίαν κόσμῳ ἐκήρυξεν, καὶ διέσωσεν δι' αὐτοῦ ὁ δεσπότης τὰ εἰσελθόντα ἐν ὁμονοίᾳ ζῶα εἰς τὴν κιβωτόν.

X. Ἀβραάμ, ὁ φίλος προσαγορευθείς, πιστὸς εὑρέθη ἐν τῷ αὐτὸν ὑπήκοον γενέσθαι τοῖς ῥήμασιν τοῦ θεοῦ. [2] Οὗτος δι' ὑπακοῆς ἐξῆλθεν ἐκ τῆς γῆς αὐτοῦ καὶ ἐκ τῆς συγγενείας αὐτοῦ καὶ ἐκ τοῦ οἴκου τοῦ πατρὸς αὐτοῦ, ὅπως γῆν ὀλίγην καὶ συγγένειαν ἀσθενῆ καὶ οἶκον μικρὸν καταλιπὼν κληρονομήσῃ τὰς ἐπαγγελίας τοῦ θεοῦ. Λέγει γὰρ αὐτῷ· [3] « Ἄπελθε ἐκ τῆς γῆς σου καὶ ἐκ τῆς συγγενείας σου καὶ ἐκ τοῦ οἴκου τοῦ πατρός σου εἰς τὴν γῆν, ἣν ἄν σοι δείξω· καὶ ποιήσω σε εἰς ἔθνος μέγα καὶ εὐλογήσω σε καὶ μεγαλυνῶ τὸ ὄνομά σου, καὶ ἔσῃ εὐλογημένος· καὶ

IX, 2 : τῇ μεγαλοπρεπεῖ δόξῃ. Cf. II PIERRE, I, 17. L'adjectif μεγαλοπρεπής mot favori de Clément employé 7 fois à propos de Dieu (cf. *Index*, et une seule fois (I, 2) à propos des hommes, pour vanter les vertus hospitalières des Corinthiens.

IX, 3 : Ἐνώχ. Clément suit ici l'épître aux Hébreux, XI, 5 (cf. *Genèse, V, 24*), mais déplace l'ordre des mots, comme il arrive facilement à qui cite de mémoire. Hénoch et Noé ont spécialement alimenté la piété juive au premier siècle avant l'ère chrétienne. Cf. Fr. MARTIN, *Le livre d'Hénoch, traduit sur le texte*

IX. Obéissons donc à sa volonté magnifique et glorieuse, prosternons-nous en suppliant sa pitié et sa bonté, recourons à sa compassion, quittons les besognes vaines, les querelles, la jalousie qui mène à la mort. [2] Fixons nos regards sur ceux qui ont été les serviteurs accomplis de sa magnifique gloire. [3] Prenons Hénoch qui, trouvé juste dans l'obéissance, fut enlevé de ce monde sans qu'on ait trouvé (trace de) sa mort. [4] Noé, trouvé fidèle, eut pour ministère d'annoncer au monde la renaissance, et le Seigneur sauva par lui les êtres vivants qui entrèrent avec concorde dans l'arche.

X. Abraham, appelé l'ami (de Dieu), fut trouvé fidèle pour avoir obéi aux paroles de Dieu. [2] Il sortit par obéissance de son pays, de sa parenté et de la maison de son père, de sorte que laissant derrière soi un pays peu considérable, une faible parenté et une petite maison, il eût en héritage les promesses de Dieu. Dieu lui dit en effet : [3] « Sors de ton pays, de ta parenté et de la maison de ton père, pour aller dans la terre que je te montrerai. Je ferai de toi une nation nombreuse, je te bénirai, je

éthiopien, Paris, 1906, avec Introduction et notes. Sur Noé, cf. Gen., VI, 8 ; VIII, 1 ; Hébr., XI, 7 ; II Pierre, II, 5.

IX, 4 : παλιγγενεσίαν, ou seconde naissance, désigne le renouvellement du monde après le déluge, comme il marque, chez les Stoïciens, le renouvellement du monde après leurs grandes conflagrations périodiques. Le mot est dans saint Matthieu, XIX, 23.

X, 1 : ὁ φίλος (cf. XVII, 2). Ce n'est pas seulement dans le N. T. (Jacq. II, 23), mais dans l'A. (Isaïe XLI, 8, et dans d'autres écrits juifs antérieurs à J. C. que l'épithète d'ami de Dieu fut appliquée à Abraham. Livre des Jubilés XIX, 9. Cf. Tertullien, Adv. Jud., II : unde Abraham amicus Dei reputatus ?

εὐλογήσω τοὺς εὐλογοῦντάς σε καὶ καταράσομαι τοὶ
καταρωμένους σε, καὶ εὐλογηθήσονται ἐν σοὶ πᾶσαι ‹
φυλαὶ τῆς γῆς » (Genèse, xii, 1-3). [4] Καὶ πάλιν ἐν τ
διαχωρισθῆναι αὐτὸν ἀπὸ Λὼτ εἶπεν αὐτῷ ὁ θεός · « Ἀν‹
βλέψας τοῖς ὀφθαλμοῖς σου ἴδε ἀπὸ τοῦ τόπου, οὗ νῦν σὺ ε
πρὸς βορρᾶν καὶ λίβα καὶ ἀνατολὰς καὶ θάλασσαν, ὅτι πᾶσ‹
τὴν γῆν, ἣν σὺ ὁρᾷς, σοὶ δώσω αὐτὴν καὶ τῷ σπέρμα
σου ἕως αἰῶνος. [5] Καὶ ποιήσω τὸ σπέρμα σου ὡς τὴ
ἄμμον τῆς γῆς · εἰ δύναταί τις ἐξαριθμῆσαι τὴν ἄμμ‹
τῆς γῆς, καὶ τὸ σπέρμα σου ἐξαριθμηθήσεται. » (Genès‹
xiii, 14-16). [6] Καὶ πάλιν λέγει · « Ἐξήγαγεν ὁ θε‹
τὸν Ἀβραὰμ καὶ εἶπεν αὐτῷ · Ἀνάβλεψον εἰς τὸν οὐραν‹
καὶ ἀρίθμησον τοὺς ἀστέρας, εἰ δυνήσῃ ἐξαριθμῆσ‹
αὐτούς · οὕτως ἔσται τὸ σπέρμα σου. Ἐπίστευσεν δὲ Ἀβραὰ
τῷ θεῷ, καὶ ἐλογίσθη αὐτῷ εἰς δικαιοσύνην » (Genès‹
xv, 5-6 cf. Rom., iv, 3). [7] Διὰ πίστιν καὶ φιλοξενί‹
ἐδόθη αὐτῷ υἱὸς ἐν γήρᾳ, καὶ δι' ὑπακοῆς προσήνεγκ‹
αὐτὸν θυσίαν τῷ θεῷ πρὸς ἓν τῶν ὀρέων ὧν ἔδειξεν αὐτῷ

XI. Διὰ φιλοξενίαν καὶ εὐσέβειαν Λὼτ ἐσώθη ἐκ Σοδ‹
μων, τῆς περιχώρου πάσης κριθείσης διὰ πυρὸς καὶ θείου
πρόδηλον ποιήσας ὁ δεσπότης, ὅτι τοὺς ἐλπίζοντας ἐ‹
αὐτὸν οὐκ ἐγκαταλείπει, τοὺς δὲ ἑτεροκλινεῖς ὑπάρχοντ‹
εἰς κόλασιν καὶ αἰκισμὸν τίθησιν. [2] Συνεξελθούσης γ‹
αὐτῷ τῆς γυναικὸς ἑτερογνώμονος ὑπαρχούσης καὶ ο‹
ἐν ὁμονοίᾳ, εἰς τοῦτο σημεῖον ἐτέθη, ὥστε γενέσθαι αὐτ‹

X, 7 : ἓν τῶν ὀρέων A H K S et LXX. Sur la seule autorité ‹
L (montem quem) Knopf adopte la leçon τὸ ὄρος ὅ. C'est beau
coup de confiance en une version.

XI, 1 : ποιήσας, nominatif absolu. — Sur Loth, cf. Genèse, xi‹
II Pierre, ii, 6-7.

rendrai grand ton nom, et tu seras béni ; je bénirai ceux qui te béniront, je maudirai ceux qui te maudiront, et en toi seront bénies toutes les tribus de la terre. » [4] Une autre fois, quand il se séparait de Loth, Dieu lui dit : « Lève les yeux et regarde, du lieu où tu es, vers le nord et le midi, vers l'orient et la mer : toute la terre que tu vois, je te la donnerai, à toi et à ta race pour toujours. [5] Je rendrai ta postérité semblable au sable de la terre : si quelqu'un parvient à compter les grains de sable de la terre, ta postérité aussi sera dénombrée. » [6] Il est encore dit : « Dieu conduisit Abraham au dehors et lui dit : Regarde le ciel et compte les étoiles si tu y parviens : ainsi sera ta postérité. Et Abraham crut à Dieu et cela lui fut imputé à justice. » [7] A cause de sa foi et de son hospitalité, un fils lui fut donné dans sa vieillesse, et par obéissance il l'offrit à Dieu en sacrifice sur l'une des montagnes que Dieu lui avait montrées.

XI. Loth fut sauvé de Sodome, à cause de son hospitalité et de sa piété, tandis que toute la région environnante était châtiée par le feu et par le soufre : le Maître rendit manifeste qu'il ne délaisse pas ceux qui espèrent en lui, mais qu'il inflige aux réfractaires un châtiment et des supplices. [2] La femme de Loth qui était sortie avec lui (de la ville), mais dans un autre sentiment et en désaccord avec lui, fut établie comme un signe ; elle devint une statue de sel jusqu'à ce jour afin qu'il fût

XI, 1 : ἑτεροκλινεῖς. Ce mot a un sens péjoratif. Lightfoot cite un passage d'Épictète : ἑτεροκλινῶς ἔχω πρὸς ἡδονήν (ARRIEN, *Epictète*, III, 12, 7).

XI, 2 : ἑτερογνώμονος. Le sens précis de ce mot est déterminé par le second membre οὐκ ἐν ὁμονοίᾳ. La pensée de saint Clément demeure obsédée par ce qui se passe à Corinthe.

στήλην ἁλὸς ἕως τῆς ἡμέρας ταύτης, εἰς τὸ γνωστὸν εἰ
πᾶσιν, ὅτι οἱ δίψυχοι καὶ οἱ διστάζοντες περὶ τῆς τ
θεοῦ δυνάμεως εἰς κρίμα καὶ εἰς σημείωσιν πάσαις τ
γενεαῖς γίνονται.

XII. Διὰ πίστιν καὶ φιλοξενίαν ἐσώθη Ῥαὰβ ἡ πόρν
[2] Ἐκπεμφθέντων γὰρ ὑπὸ Ἰη σοῦ τοῦ τοῦ Ναυὴ κατασκ
πων εἰς τὴν Ἱεριχώ, ἔγνω ὁ βασιλεὺς τῆς γῆς, ὅτι ἥκασ
κατασκοπεῦσαι τὴν χώραν αὐτῶν, καὶ ἐξέπεμψεν ἄνδρ
τοὺς συλλημψομένους αὐτούς, ὅπως συλλημφθέντες θαν
τωθῶσιν. [3] Ἡ οὖν φιλόξενος Ῥαὰβ εἰσδεξαμένη αὐτο
ἔκρυψεν εἰς τὸ ὑπερῷον ὑπὸ τὴν λινοκαλάμην. [4] Ἐπιστ
θέντων δὲ τῶν παρὰ τοῦ βασιλέως καὶ λεγόντων · « Πρ
σὲ εἰσῆλθον οἱ κατάσκοποι τῆς γῆς ἡμῶν · ἐξάγαγε αὐτού
ὁ γὰρ βασιλεὺς οὕτως κελεύει, » ἥδε ἀπεκρίθη · « Εἰσῆλθ
μὲν οἱ ἄνδρες, οὓς ζητεῖτε, πρός με, ἀλλ' εὐθέως ἀπῆλθ
καὶ πορεύονται τῇ ὁδῷ » · ὑποδεικνύουσα αὐτοῖς ἐναλλά
[5] Καὶ εἶπεν πρὸς τοὺς ἄνδρας · « Γινώσκουσα γινώσκ

XI, 2 : ἕως τῆς ἡμέρας ταύτης. Cf. *Sagesse*, x, 7 : « monume
d'une âme incrédule, une colonne de sel reste là debout. » Jos
phe déclare l'avoir vu de ses yeux (*Antiq.*, i, 11, 4). Saint Irén
(*Hæreses*, iv, 31, 3) parle aussi d'une statue de sel « toujou
subsistante ». Saint Cyrille de Jérusalem dit (*Catéchèses*, xix,
que la femme de Lot a été « statufiée pour jamais, ἐστηλιτευμ
δι' αἰῶνος ».

XI, 2 : οἱ δίψυχοι. Cf. Jacques, i, 8; iv, 8; *Doctr. Apôtres,*
4; Barnabé, xix, 5.

XII, 1 : Ῥαάβ. Le deuxième chapitre de Josué est mis à pro
très librement. Cette histoire avait nourri la piété juive comr
celle d'Hénoch, de Noé, etc. Cf. *Hébreux*, xi, 31 ; Jacqui
ii, 25 et la place que Rahab tient dans la généalogie du Chri
(Mathieu, i, 5).

XII, 1 : ἡ πόρνη A ; ἡ ἐπιλεγομένη πόρνη H K L S. Cette secon
lecture est due à l'interprétation allégorique que certains inte

notoire à tous que ceux qui ont l'âme double et ceux qui doutent de la puissance de Dieu subiront une condamnation et serviront d'exemple pour toutes les générations.

XII. C'est sa foi et son hospitalité qui ont sauvé Rahab la courtisane. [2] Quand Josué fils de Navé envoya des espions à Jéricho, le roi du pays sut qu'ils étaient venus explorer la région, et il envoya des hommes pour les saisir et une fois pris les faire mourir. [3] L'hospitalière Rahab les reçut chez elle et les cacha à l'étage supérieur sous des chaumes de lin. [4] Les émissaires du roi survinrent et lui dirent : « Les espions venus dans notre pays sont entrés chez toi ; fais les sortir ; c'est l'ordre du roi. » Elle répondit : « Il est vrai, les hommes que vous cherchez sont entrés chez moi ; mais ils sont repartis aussitôt, et ils s'en vont par ce chemin-là », ajouta-t-elle, en montrant la route opposée. [5] Puis elle dit aux espions :

prètes tant juifs que chrétiens donnaient du mot πόρνη. «Rahab interpretatur latitudo. Quæ est ergo latitudo nisi ecclesia hæc Christi, quæ ex peccatoribus velut ex meretricatione collecta est?... Talis ergo et hæc meretrix esse dicitur, quæ exploratores suscepit Jesu » (ORIGÈNE, *in Jesum Nave*, hom., III, 3.) La même interpolation a eu lieu dans le *Sinaïticus* pour *Hébreux*, XI, 31.

XII, 3 : εἰς τὸ ὑπερῷον. Les Septante (JOSUÉ, II, 6) portent ἐπὶ τοῦ δώματος. Clément parle le langage de quelqu'un qui ignore les usages de l'Orient. Il y a plutôt accommodation que lapsus de mémoire.

XII, 4 : ἐναλλάξ. Cf. BARNABÉ, XIII, 5. Dans le texte original ce n'est pas aux messagers du roi, mais aux espions qu'elle montre la route opposée (JOSUÉ, II, 16).

XII, 5 : γινώσκουσα γινώσκω. Cette construction étrangère à l'usage grec est un indice de l'origine juive ou judéo-chrétienne de saint Clément. En effet les Septante qui n'ignorent pas cet hébraïsme n'y recourent pas dans le passage cité, mais portent simplement ἐπίσταμαι. *Introd.*, p. XI.

ἐγώ, ὅτι κύριος ὁ θεὸς παραδίδωσιν ὑμῖν τὴν γῆν ταύτην·
ὁ γὰρ φόβος καὶ ὁ τρόμος ὑμῶν ἐπέπεσεν τοῖς κατοικοῦσιν
αὐτήν. Ὡς ἐὰν οὖν γένηται λαβεῖν αὐτὴν ὑμᾶς, διασώσατέ
με καὶ τὸν οἶκον τοῦ πατρός μου ». [6] Καὶ εἶπαν
αὐτῇ · « Ἔσται οὕτως, ὡς ἐλάλησας ἡμῖν. Ὡς ἐὰν οὖν
γνῷς παραγινομένους ἡμᾶς, συνάξεις πάντας τοὺς σοὺς
ὑπὸ τὸ στέγος σου, καὶ διασωθήσονται· ὅσοι γὰρ ἐὰν
εὑρεθῶσιν ἔξω τῆς οἰκίας, ἀπολοῦνται » (Josué, ii, 3-4,
9, 13, 18). [7] Καὶ προσέθεντο αὐτῇ δοῦναι σημεῖον,
ὅπως ἐκκρεμάσῃ ἐκ τοῦ οἴκου αὐτῆς κόκκινον, πρόδηλον
ποιοῦντες, ὅτι διὰ τοῦ αἵματος τοῦ κυρίου λύτρωσις ἔσται
πᾶσιν τοῖς πιστεύουσιν καὶ ἐλπίζουσιν ἐπὶ τὸν θεόν.
[8] Ὁρᾶτε, ἀγαπητοί, ὅτι οὐ μόνον πίστις, ἀλλὰ καὶ
προφητεία ἐν τῇ γυναικὶ γέγονεν.

XIII. Ταπεινοφρονήσωμεν οὖν, ἀδελφοί, ἀποθέμενοι
πᾶσαν ἀλαζονείαν καὶ τύφος καὶ ἀφροσύνην καὶ ὀργάς, καὶ
ποιήσωμεν τὸ γεγραμμένον (λέγει γὰρ τὸ πνεῦμα τὸ ἅγιον·
« Μὴ καυχάσθω ὁ σοφὸς ἐν τῇ σοφίᾳ αὐτοῦ μηδὲ ὁ ἰσχυρὸς
ἐν τῇ ἰσχύϊ αὐτοῦ μηδὲ ὁ πλούσιος ἐν τῷ πλούτῳ αὐτοῦ,
ἀλλ' ἢ ὁ καυχώμενος ἐν κυρίῳ καυχάσθω, τοῦ ἐκζητεῖν
αὐτὸν καὶ ποιεῖν κρίμα καὶ δικαιοσύνην ») (Jérémie, ix,

XII, 5 : ὁ φόβος. Ce membre de phrase manque dans plusieurs
éditions des Septante. Cotelier a fait remarquer que la Polyglotte
d'Alcala le renferme en termes équivalents : καὶ κατέπτησ
πάντες οἱ κατοικοῦντες τὴν γῆν ἀφ' ὑμῶν. Cette traduction représente
l'original hébreu.

XII, 6 : ὑπὸ τὸ στέγος; H K L; la version syriaque traduit
comme s'il y avait ὑπὸ τὸ τέγος τοῦ στέγους σου ; A porte τοτοεγος.

XII, 7 : προσέθεντο δοῦναι. Construction qui est encore un
hébraïsme, fréquemment employé d'ailleurs par les Septante.
Harnack à l'encontre de Lightfoot, Funk et Knopf, traduit :
« ils lui prescrivirent en outre de donner un signal. »

« Je sais assurément que le Seigneur Dieu vous livre
ce pays, car la terreur et l'épouvante se sont empa-
rés à votre vue de ses habitants. Lors donc que vous
l'aurez conquis, sauvez-moi avec la maison de mon
père. »[6] Les espions lui dirent : « Il sera fait comme tu
nous as dit. Sitôt donc que tu apprendras notre arrivée,
tu rassembleras tous les tiens sous ton toit, et ils seront
sauvés; mais tous ceux qui seraient trouvés hors de la
maison périront.» [7] Ils lui indiquèrent en outre un
signal qui était de suspendre à sa maison une corde de
pourpre. C'était déclarer que le sang du Seigneur devait
racheter tous ceux qui croient et espèrent en Dieu.
[8] Vous le voyez, bien-aimés, en cette femme il n'y avait
pas seulement la foi, mais encore le don de prophétie.

XIII. Ayons donc, ô frères, des sentiments humbles,
rejetons de nous toute forfanterie, toute enflure, toute
déraison, tous emportements, et accomplissons les choses
qui sont écrites, car le Saint-Esprit a dit : « Que le sage
ne se glorifie point 'de sa sagesse, ni le fort de sa
force, ni le riche de sa richesse; mais que celui qui se
glorifie, se glorifie, dans le Seigneur, de le chercher et de
pratiquer le droit et la justice. » Surtout rappelons-nous
les paroles que le Seigneur Jésus nous a dites pour nous

XII, 7 : πρόδηλον. Cf. JUSTIN, *Dial.*, CXI : τὸ σύμβολον τοῦ
κοκκίνου σπαρτίου... τὸ σύμβολον τοῦ αἵματος τοῦ Χριστοῦ ἐδήλου, δι'
οὗ οἱ πάλαι πόρνοι καὶ ἄδικοι ἐκ πάντων τῶν ἐθνῶν σώζονται.

XII. 8 : προφητεία. Cf. ORIGÈNE (*In Jesum Nave*, hom. III, 4) :
« Sed et ista meretrix, quae eos suscepit, ex meretrice efficitur
jam propheta ».

XIII, 1 : ἀποθέμενοι. Cf. JACQUES, I, 21.

XIII, 1 : μὴ καυχάσθω. Clément combine deux passages de
l'écriture (JÉRÉMIE, IX, 23-24 et I *Samuel*, II, 10), suivant en
cela l'exemple de saint Paul (1 *Cor.*, I, 31 et II *Cor.*, X, 17).

23-24), μάλιστα μεμνημένοι τῶν λόγων τοῦ κυρίου Ἰησοῦ
οὓς ἐλάλησεν διδάσκων ἐπιείκειαν καὶ μακροθυμίαν
[2] Οὕτως γὰρ εἶπεν · « Ἐλεᾶτε, ἵνα ἐλεηθῆτε · ἀφίετε
ἵνα ἀφεθῇ ὑμῖν · ὡς ποιεῖτε, οὕτω ποιηθήσεται ὑμῖν · ὡ
δίδοτε, οὕτως δοθήσεται ὑμῖν · ὡς κρίνετε, οὕτως κριθή
σεσθε · ὡς χρηστεύεσθε, οὕτως χρηστευθήσεται ὑμῖν ·
ᾧ μέτρῳ μετρεῖτε, ἐν αὐτῷ μετρηθήσεται ὑμῖν » (C
Matth., vi, 14, 15; vii, 1, 2, 12; Luc, vi, 31, 36-38)
[3] Ταύτῃ τῇ ἐντολῇ καὶ τοῖς παραγγέλμασιν τούτο
στηρίξωμεν ἑαυτοὺς εἰς τὸ πορεύεσθαι ὑπηκόους ὄντα
τοῖς ἁγιοπρεπέσι λόγοις αὐτοῦ, ταπεινοφρονοῦντες · φησὶ
γὰρ ὁ ἅγιος λόγος · [4] « Ἐπὶ τίνα ἐπιβλέψω, ἀλλ'
ἐπὶ τὸν πραὺν καὶ ἡσύχιον καὶ τρέμοντά μου τὰ λόγια
(Isaïe, lxvi, 2).

XIV. Δίκαιον οὖν καὶ ὅσιον, ἄνδρες ἀδελφοί, ὑπηκόου
ἡμᾶς μᾶλλον γενέσθαι τῷ θεῷ ἢ τοῖς ἐν ἀλαζονείᾳ κα
ἀκαταστασίᾳ μυσεροῦ ζήλους ἀρχηγοῖς ἐξακολουθεῖ
[2] Βλάβην γὰρ οὐ τὴν τυχοῦσαν, μᾶλλον δὲ κίνδυνο
ὑποίσομεν μέγαν, ἐὰν ῥιψοκινδύνως ἐπιδῶμεν ἑαυτοὶ
τοῖς θελήμασιν τῶν ἀνθρώπων, οἵτινες ἐξακοντίζουσιν ε
ἔριν καὶ στάσεις, εἰς τὸ ἀπαλλοτριῶσαι ἡμᾶς τοῦ καλ
ἔχοντος. [3] Χρηστευσώμεθα ἑαυτοῖς κατὰ τὴν εὐσπλα
γχνίαν καὶ γλυκύτητα τοῦ ποιήσαντος ἡμᾶς. [4] Γέγραπτ
γάρ · « Χρηστοὶ ἔσονται οἰκήτορες γῆς, ἄκακοι δὲ ὑπολε

XIII, 2 : ἐλεᾶτε. De ces « paroles du Seigneur », on ne trou
pas le texte dans les Évangiles, mais bien l'idée et beaucou
de termes en différents endroits (Ajouter aux renvois : Matth
v, 7). Ou bien Clément a combiné de mémoire ces passages,
bien il a puisé à un évangile apocryphe. Clément d'Alexand

enseigner l'équité et la longanimité. [2] Il a dit en effet :
« Soyez miséricordieux afin d'obtenir miséricorde, par-
donnez afin d'être pardonnés ; selon que vous agissez, on
agira envers vous ; selon que vous donnez, on vous donnera ; selon que vous jugez, on vous jugera ; selon que
vous exercez la bienveillance, on l'exercera envers vous ;
la mesure dont vous vous servez sera celle dont on se
servira pour vous. » [3] Par ce commandement et par ces
préceptes affermissons notre marche dans l'humble
soumission à ses saintes paroles. Car la sainte parole
porte : [4] « Qui regarderai-je, sinon l'homme doux, pacifique et qui tremble à mes paroles. »

XIV. Il est juste et saint, mes frères, d'obéir à Dieu,
plutôt que de suivre dans l'arrogance et l'agitation les
instigateurs d'une détestable rivalité. [2] Car ce n'est
point un léger dommage, c'est un danger grave que nous
subirons, si nous nous abandonnons témérairement aux
caprices de ces hommes qui se lancent dans les querelles
et les séditions pour nous rendre étrangers au bien.
[3] Soyons bons les uns pour les autres, à l'exemple de
notre miséricordieux et doux Créateur, [4] car il est écrit :
« Les doux habiteront la terre, les innocents y seront

introduit le même texte presque sans changement par un φησὶν
ὁ κύριος (*Stromates*, II, 18, 91), bien qu'il le puise très probablement dans notre épître. Sur les expressions non proprement
évangéliques (ὡς χρηστεύεσθε), cf. Resch., *Agrapha*, 2ᵉ éd., 1906,
p. 88.

XIV, 3 : ἑαυτοῖς (H K L S) = ἀλλήλοις. La leçon αὐτοῖς (A) pourrait se rapporter aux fauteurs du schisme, grammaticalement
du moins, et les désigner à l'indulgence des Corinthiens ; mais
cela cadre mal avec les sévérités de Clément à leur endroit.

XIV, 4 : χρηστοί. La seconde partie de la citation semble
reposer sur une confusion avec *Ps.*, XXXVI, 9.

φθήσονται ἐπ' αὐτῆς· οἱ δὲ παρανομοῦντες ἐξολεθρευθή-
σονται ἀπ' αὐτῆς » (*Prov.*, II, 21, 22 ; *Ps.* XXXVI, 9,
38). [5] Καὶ πάλιν λέγει · « Εἶδον ἀσεβῆ ὑπερυψούμενον
καὶ ἐπαιρόμενον ὡς τὰς κέδρους τοῦ Λιβάνου · καὶ παρῆλθον καὶ ἰδού, οὐκ ἦν, καὶ ἐξεζήτησα τὸν τόπον αὐτοῦ,
καὶ οὐχ εὗρον. Φύλασσε ἀκακίαν καὶ ἴδε εὐθύτητα, ὅτι
ἐστὶν ἐγκατάλειμμα ἀνθρώπῳ εἰρηνικῷ » (*Psaume* XXXVI,
35-37).

XV. Τοίνυν κολληθῶμεν τοῖς μετ' εὐσεβείας εἰρηνεύου-
σιν, καὶ μὴ τοῖς μεθ' ὑποκρίσεως βουλομένοις εἰρήνην.
[2] Λέγει γάρ που · « Οὗτος ὁ λαὸς τοῖς χείλεσίν με
τιμᾷ, ἡ δὲ καρδία αὐτῶν πόρρω ἄπεστιν ἀπ' ἐμοῦ »
(ISAÏE, XXIX, 13 ; MARC, VII, 6). [3] Καὶ πάλιν · « Τῷ
στόματι αὐτῶν εὐλογοῦσαν, τῇ δὲ καρδίᾳ αὐτῶν κατη-
ρῶντο » (*Psaume* LXI, 5). [4] Καὶ πάλιν λέγει · « Ἠγάπη-
σαν αὐτὸν τῷ στόματι αὐτῶν καὶ τῇ γλώσσῃ αὐτῶν
ἐψεύσαντο αὐτόν, ἡ δὲ καρδία αὐτῶν οὐκ εὐθεῖα μετ'
αὐτοῦ, οὐδὲ ἐπιστώθησαν ἐν τῇ διαθήκῃ αὐτοῦ
(*Psaume* LXXVII, 36, 37). [5] Διὰ τοῦτο ἄλαλα γενη-
θήτω τὰ χείλη τὰ δόλια τὰ λαλοῦντα κατὰ τοῦ δικαίου
ἀνομίαν » (*Psaume* XXX, 19). Καὶ πάλιν · « Ἐξολε-
θρεύσαι κύριος πάντα τὰ χείλη τὰ δόλια, γλῶσσαν μεγα-
λορήμονα, τοὺς εἰπόντας · Τὴν γλῶσσαν ἡμῶν μεγα-
λυνοῦμεν, τὰ χείλη ἡμῶν παρ' ἡμῖν ἐστιν · τίς ἡμῶν
κύριός ἐστιν; [6] Ἀπὸ τῆς ταλαιπωρίας τῶν πτωχῶν
καὶ τοῦ στεναγμοῦ τῶν πενήτων νῦν ἀναστήσομαι, λέγει

XV, 2 : οὗτος ὁ λαός. Le texte d'Isaïe dans les Septante est le
suivant : ἐγγίζει μοι ὁ λαὸς οὗτος ἐν τῷ στόματι αὐτοῦ καὶ ἐν τοῖς

laissés, mais les pécheurs en seront exterminés. » [5] Il est dit aussi : « J'ai vu l'impie exalté, élevé comme les cèdres du Liban ; j'ai passé ; voyez, il n'était déjà plus ; j'ai cherché sa place et ne l'ai pas trouvée. Garde l'innocence et observe la droiture : car il y a une postérité pour l'homme pacifique. »

XV. Adhérons à ceux qui cultivent pieusement la paix non à ceux qui feignent de la vouloir. [2] Il est dit en effet quelque part : « Ce peuple m'honore des lèvres, mais leur cœur est loin de moi. » [3] Et puis : « Leur bouche bénissait, mais leur cœur maudissait. » [4] Et encore : « Ils l'ont chéri de bouche et leur langue lui a menti ; leur cœur n'était pas droit avec lui et ils ne sont pas restés fidèles à son pacte. [5] Aussi puissent-elles devenir muettes, les lèvres trompeuses qui parlent injustement contre le juste. » Il est dit également : « Puisse le Seigneur perdre toutes les lèvres trompeuses, la langue aux propos orgueilleux, ceux qui disent : Nous rendrons puissante notre langue, nos lèvres sont en notre pouvoir, qui serait notre seigneur ? [6] A cause de la misère de l'indigent et des gémissements du pauvre, je

χείλεσιν αὐτῶν τιμῶσίν με... Clément s'inspire moins du texte des Septante, que de la citation qui en a été faite dans MATT., XV, 8 et MARC, VII, 6.

XV, 5 : Curieux exemple d'homœoteleuton : les mots τὰ λαλοῦντα κατὰ jusque τὰ δόλια manquent dans toutes les sources AHKL sauf la version syriaque S. Ils manquaient déjà quand Clément d'Alexandrie (*Str.* IV, 6, 32-33) citait Clément de Rome : XV, 5-XVI, 1.

XV, 5 : παρ' ἡμῖν A, Clém. d'Alex., et quelques mss. des LXX ; παρ' ἡμῶν H S et des mss. des LXX. Pour K et L on peut douter du texte qu'ils ont voulu rendre ; παρ' ἡμῖν = *en notre pouvoir* et rend l'hébreu *avec nous.*

κύριος· θήσομαι ἐν σωτηρίῳ, [7] παρρησιάσομαι ἐ
αὐτῷ » (*Psaume* XI, 4-6).

XVI. Ταπεινοφρονούντων γάρ ἐστιν ὁ Χριστός, οὐ
ἐπαιρομένων ἐπὶ τὸ ποίμνιον αὐτοῦ. [2] Τὸ σκῆπτρον τῆ
μεγαλωσύνης τοῦ θεοῦ, ὁ κύριος Ἰησοῦς Χριστός, οὐ
ἦλθεν ἐν κόμπῳ ἀλαζονείας οὐδὲ ὑπερηφανίας, καίπερ
δυνάμενος, ἀλλὰ ταπεινοφρονῶν, καθὼς τὸ πνεῦμα τὸ ἅγιο
περὶ αὐτοῦ ἐλάλησεν· φησὶν γάρ· [3] « Κύριε, τίς ἐπίστευσεν τῇ ἀκοῇ ἡμῶν; καὶ ὁ βραχίων κυρίου τίνι ἀπεκα-
λύφθη; ἀνηγγείλαμεν ἐναντίον αὐτοῦ, ὡς παιδίον, ὡς ῥίζ
ἐν γῇ διψώσῃ· οὐκ ἔστιν εἶδος αὐτῷ οὐδὲ δόξα, κα
εἴδομεν αὐτόν, καὶ οὐκ εἶχεν εἶδος οὐδὲ κάλλος, ἀλλὰ τ
εἶδος αὐτοῦ ἄτιμον, ἐκλεῖπον παρὰ τὸ εἶδος τῶν ἀνθρώπων
ἄνθρωπος ἐν πληγῇ ὢν καὶ πόνῳ καὶ εἰδὼς φέρειν μαλα
κίαν, ὅτι ἀπέστραπται τὸ πρόσωπον αὐτοῦ, ἠτιμάσθη κα
οὐκ ἐλογίσθη. [4] Οὗτος τὰς ἁμαρτίας ἡμῶν φέρει κα
περὶ ἡμῶν ὀδυνᾶται, καὶ ἡμεῖς ἐλογισάμεθα αὐτὸν εἶνα
ἐν πόνῳ καὶ ἐν πληγῇ καὶ ἐν κακώσει. [5] Αὐτὸς δ
ἐτραυματίσθη διὰ τὰς ἁμαρτίας ἡμῶν καὶ μεμαλάκιστα
διὰ τὰς ἀνομίας ἡμῶν. Παιδεία εἰρήνης ἡμῶν ἐπ' αὐτόν

XV, 7 : ἐν αὐτῷ, un collectif substitué aux indigents précé
demment indiqués.
XVI, 1 : ποίμνιον. Cf. XLIV, 3 ; LIV, 2 ; LVII, 2 ; *Actes*, XX, 28, 2
1 PIERRE, V, 2, 3.
XVI, 2 : τὸ σκῆπτρον. L'expression a été probablement sugge
rée par *Hébreux*, I, 8 où le *Ps.* XLIV, 7 : ῥάβδος εὐθύτητος
ῥάβδος τῆς βασιλείας σου, est appliqué à N. S. Jérôme cite c
verset de Clément de Rome, *In Isaïam*, LIII, 13.
XVI, 2 : τῆς μεγαλωσύνης A H L ; manque dans K S et Jérôm
XVI, 2 : οὐκ ἦλθεν. Cf. *Philipp.*, II, 6, 7 ; II *Corinthiens*, VII

vais me lever, dit le Seigneur; je le mettrai en sûreté,
[7] j'agirai en toute liberté avec lui. »

XVI. Le Christ appartient aux âmes humbles et non
pas à ceux qui s'élèvent au-dessus de son troupeau. [2] Le
sceptre de la majesté de Dieu, le Seigneur Jésus-Christ,
n'est point venu avec le train de la fierté et de l'orgueil,
encore qu'il l'eût pu, mais avec d'humbles sentiments,
selon que le Saint-Esprit l'avait annoncé de lui, dans ces
termes : [3] « Seigneur, qui a cru à notre parole ? A qui le
bras du Seigneur s'est-il révélé ? Nous l'avons annoncé
en sa présence : (il est) comme un petit enfant, comme
une racine dans une terre desséchée ; il n'a ni extérieur
ni gloire. Nous l'avons vu : il n'avait ni extérieur ni
beauté, son aspect était pitoyable, il n'avait plus forme
humaine. Homme tout chargé de coups et de souffrances, exercé à supporter la langueur, il détourne sa
face, il est méprisé, on ne le compte plus. [4] Il porte nos
péchés et il souffre pour nous : nous l'avons considéré
comme voué aux peines, aux coups et aux mauvais trai-
tements. [5] Il a été blessé pour nos péchés, meurtri pour
nos iniquités ; le châtiment qu'il a subi nous a valu paix,

---

9. Sur la christologie de Clément de Rome cf. *Intr.* p. XLIX.

XVI, 3-16 : Ce morceau d'Isaïe, qu'on lisait le vendredi saint,
est souvent appliqué par les anciens auteurs chrétiens au Messie souffrant. MATT., VIII, 17 ; MARC, XV, 28 ; LUC, XXII, 37 ;
JEAN, I, 29 ; XII, 38 ; *Actes*, VIII, 32, 33 ; *Rom.*, X, 16 ; I PIERRE,
II, 23, 24. Cf. BARNABÉ, V. Sur la tradition juive. KNABENBAUER,
Comment. in Isaïam prophetam, t. II, p. 325-338. Clément cite
Isaïe d'après les Septante, qui diffèrent de l'original hébreu surtout aux versets 2, 3, 8, 9, 10 et 11. Même le texte des Septante
n'est point toujours suivi mot pour mot. Ainsi XVI, 3 παρὰ τὸ
εἶδος τῶν ἀνθρώπων se lit dans les LXX : παρὰ τοὺς υἱοὺς τ. ἀ.

τῷ μώλωπι αὐτοῦ ἡμεῖς ἰάθημεν. [6] Πάντες ὡς πρόβατα ἐπλανήθημεν, ἄνθρωπος τῇ ὁδῷ αὐτοῦ ἐπλανήθη · [7] καὶ κύριος παρέδωκεν αὐτὸν ὑπὲρ τῶν ἁμαρτιῶν ἡμῶν, καὶ αὐτὸς διὰ τὸ κεκακῶσθαι οὐκ ἀνοίγει τὸ στόμα. Ὡς πρόβατον ἐπὶ σφαγὴν ἤχθη, καὶ ὡς ἀμνὸς ἐναντίον τοῦ κείραντος ἄφωνος, οὕτως οὐκ ἀνοίγει τὸ στόμα αὐτοῦ. Ἐν τῇ ταπεινώσει ἡ κρίσις αὐτοῦ ἤρθη. [8] Τὴν γενεὰν αὐτοῦ τίς διηγήσεται; ὅτι αἴρεται ἀπὸ τῆς γῆς ἡ ζωὴ αὐτοῦ. [9] Ἀπὸ τῶν ἀνομιῶν τοῦ λαοῦ μου ἥκει εἰς θάνατον. [10] Καὶ δώσω τοὺς πονηροὺς ἀντὶ τῆς ταφῆς αὐτοῦ καὶ τοὺς πλουσίους ἀντὶ τοῦ θανάτου αὐτοῦ · ὅτι ἀνομίαν οὐκ ἐποίησεν, οὐδὲ εὑρέθη δόλος ἐν τῷ στόματι αὐτοῦ. Καὶ κύριος βούλεται καθαρίσαι αὐτὸν τῆς πληγῆς. [11] Ἐὰν δῶτε περὶ ἁμαρτίας, ἡ ψυχὴ ὑμῶν ὄψεται σπέρμα μακρόβιον. [12] Καὶ κύριος βούλεται ἀφελεῖν ἀπὸ τοῦ πόνου τῆς ψυχῆς αὐτοῦ, δεῖξαι αὐτῷ φῶς καὶ πλάσαι τῇ συνέσει, δικαιῶσαι δίκαιον εὖ δουλεύοντα πολλοῖς · καὶ τὰς ἁμαρτίας αὐτῶν αὐτὸς ἀνοίσει. [13] Διὰ τοῦτο αὐτὸς κληρονομήσει πολλοὺς καὶ τῶν ἰσχυρῶν μεριεῖ σκῦλα ἀνθ' ὧν παρεδόθη εἰς θάνατον ἡ ψυχὴ αὐτοῦ, καὶ ἐν τοῖς ἀνόμοις ἐλογίσθη · [14] καὶ αὐτὸς ἁμαρτίας πολλῶν ἀνήνεγκεν καὶ διὰ τὰς ἁμαρτίας αὐτῶν παρεδόθη » (Isaïe, LIII, 1-12). [15] Καὶ πάλιν αὐτός φησιν · « Ἐγὼ δέ εἰμι σκώληξ καὶ οὐκ ἄνθρωπος, ὄνειδος ἀνθρώπων καὶ ἐξουθένημα λαοῦ. [16] Πάντες οἱ θεωροῦντές με ἐξεμυκτήρισάν με, ἐλάλησαν ἐν χείλεσιν, ἐκίνησαν κεφαλήν · Ἤλπισεν ἐπὶ κύριον, ῥυσάσθω αὐτόν, σωσάτω αὐτόν, ὅτι θέλει

XVI, 15 : αὐτός : Christ en la personne du psalmiste. Cf.

ous avons été guéris par ses plaies. [6] Nous allions tous
l'aventure comme des brebis, l'homme s'était égaré dans
a route. [7] Et le Seigneur l'a livré pour nos péchés.
uant à lui, tout maltraité qu'il est, il n'ouvre pas la
ouche. Comme une brebis il a été conduit à l'égorge-
ent ; comme un agneau sans voix devant le tondeur, il
'ouvre pas la bouche. Dans son humiliation, sa con-
amnation a été levée. [8] Qui racontera sa génération,
uisque sa vie est retranchée de la terre ? [9] Les iniquités
e mon peuple l'ont conduit à la mort. [10] Je relâcherai
es impies comme prix de sa sépulture, et les riches comme
rix de sa mort : car il n'a point commis l'iniquité et la
romperie ne s'est point trouvée dans sa bouche. Et le Sei-
neur veut le purifier de ses plaies. [11] Si vous offrez (des
acrifices) pour le péché, votre âme verra une longue pos-
érité. [12] Le Seigneur veut l'arracher aux douleurs de son
me, lui montrer la lumière, le former avec intelligence,
ustifier ce juste qui se fait le serviteur d'un grand nom-
re. Et lui-même portera leurs péchés. [13] Aussi une
oule d'hommes seront son héritage et il distribuera les
épouilles des forts, comme récompense de ce que son âme
 été livrée à la mort et qu'il a été compté parmi les scélé-
ats. [14] Il a porté les péchés d'un grand nombre, et il a
té livré à cause de leurs péchés. » [15] Lui-même dit
ncore : « Quant à moi, je suis un ver et non un homme ;
e suis l'opprobre des hommes et l'abjection du peuple. [16]
ous ceux qui m'ont vu se sont moqués de moi, ils ont mur-
uré des lèvres et hoché la tête : Il a espéré dans le Sei-
neur ; que le Seigneur le délivre et le sauve, puisqu'il

xii, 1. L'application du Ps. xxi, 7-9 au Christ est faite dans
Matthieu, xxvii, 43.

αὐτόν » (*Psaume* xxi, 7-9). [17] Ὁρᾶτε, ἄνδρες ἀγαπητοί, τίς ὁ ὑπογραμμὸς ὁ δεδομένος ἡμῖν· εἰ γὰρ ὁ κύριο
οὕτως ἐταπεινοφρόνησεν, τί ποιήσωμεν ἡμεῖς οἱ ὑπὸ τὸ
ζυγὸν τῆς χάριτος αὐτοῦ δι' αὐτοῦ ἐλθόντες ;

XVII. Μιμηταὶ γενώμεθα κἀκείνων, οἵτινες ἐν δέρμασι
αἰγείοις καὶ μηλωταῖς περιεπάτησαν κηρύσσοντες τὴ
ἔλευσιν τοῦ Χριστοῦ· λέγομεν δὲ Ἠλίαν καὶ Ἐλισαιέ
ἔτι δὲ καὶ Ἰεζεκιήλ, τοὺς προφήτας· πρὸς τούτοις καὶ τοὺ
μεμαρτυρημένους. [2] Ἐμαρτυρήθη μεγάλως Ἀβραὰμ κα
φίλος προσηγορεύθη τοῦ θεοῦ, καὶ λέγει ἀτενίζων εἰς τὴ
δόξαν τοῦ θεοῦ ταπεινοφρονῶν· « Ἐγὼ δέ εἰμι γῆ κα
σποδός; » (*Genèse*, xviii, 27). [3] Ἔτι δὲ καὶ περὶ Ἰὼ
οὕτως γέγραπται· « Ἰὼβ δὲ ἦν δίκαιος καὶ ἄμεμπτος
ἀληθινός, θεοσεβής, ἀπεχόμενος ἀπὸ παντὸς κακοῦ
(*Job*, 1, 1). [4] Ἀλλ' αὐτὸς ἑαυτοῦ κατηγορεῖ λέγων
« Οὐδεὶς καθαρὸς ἀπὸ ῥύπου, οὐδ' ἂν μιᾶς ἡμέρας ἡ ζωὴ
αὐτοῦ » (*Job*, xiv, 4-5). [5] Μωϋσῆς « πιστὸς ἐν ὅλῳ
τῷ οἴκῳ αὐτοῦ » (*Nomb.*, xii, 7 ; cf. *Hébr.*, iii, 2
ἐκλήθη, καὶ διὰ τῆς ὑπηρεσίας αὐτοῦ ἔκρινεν ὁ θεὸ
Αἴγυπτον διὰ τῶν μαστίγων καὶ τῶν αἰκισμάτων αὐτῶν
ἀλλὰ κἀκεῖνος δοξασθεὶς μεγάλως οὐκ ἐμεγαλορημόνησεν
ἀλλ' εἶπεν ἐπὶ τῆς βάτου χρηματισμοῦ αὐτῷ διδομένου
« Τίς εἰμι ἐγώ, ὅτι με πέμπεις (*Ex.*, iii, 11) ; Ἐγὼ δέ
εἰμι ἰσχνόφωνος καὶ βραδύγλωσσος » (*Exode*, iv, 10)
[6] Καὶ πάλιν λέγει· « Ἐγὼ δέ εἰμι ἀτμὶς ἀπὸ κύθρας »
(*Aut. inc.*).

l'aime. » [17] Vous voyez, hommes bien-aimés, quel modèle nous est proposé : si le Seigneur s'est ainsi humilié, que devons-nous faire, nous qui venons par lui sous le joug de sa grâce ?

XVII. Imitons également ceux qui ont circulé, vêtus de peaux de chèvres et de brebis, prêchant la venue du Christ ; nous voulons dire les prophètes Élie, Élisée Ézéchiel, et avec eux tous ceux qui ont reçu (de Dieu) un bon témoignage. [2] Abraham a été honoré d'un témoignage magnifique, il a été appelé l'ami de Dieu ; pourtant quand il fixa ses regards sur la gloire de Dieu, il dit avec humilité : « Pour moi je suis terre et cendre ». [3] Et de Job il est écrit : « Job était juste, irréprochable, véridique, religieux, éloigné de tout mal ». [4] Néanmoins il s'accuse lui-même en disant : « Personne n'est exempt de souillure, pas même si sa vie n'est que d'un jour ». [5] Moïse a été appelé un « serviteur fidèle dans toute la maison de Dieu » ; c'est par son ministère que Dieu frappa l'Égypte des fléaux et des douleurs qui fondirent sur les habitants. Et néanmoins, si grandement qu'il fût glorifié, il ne prononça point de paroles orgueilleuses ; mais lors de l'oracle du buisson il dit : « Qui suis-je pour que tu m'envoies ? Ma voix est grêle et ma langue embarrassée ». [6] « Je ne suis, ajouta-t-il, qu'une vapeur (s'échappant) d'une marmite. »

une fumée, une rosée du matin, n'est pas étrangère à l'Écriture. Cf. JACQUES, IV, 14 ; OSÉE, XIII, 3 ; mais la source de la citation présente demeure incertaine. Hilgenfeld suppose qu'elle se trouve dans l'apocryphe appelé Assomption de Moïse.

XVIII. Τί δὲ εἴπωμεν ἐπὶ τῷ μεμαρτυρημένῳ Δαυίδ ; πρὸς ὃν εἶπεν ὁ θεός· « Εὗρον ἄνδρα κατὰ τὴν καρδίαν μου, Δαυίδ τὸν τοῦ Ἰεσσαί, ἐν ἐλέει αἰωνίῳ ἔχρισα αὐτόν » (*Psaume* LXXXVIII, 21 ; cf. *Actes*, XIII, 22). [2] Ἀλλὰ καὶ αὐτὸς λέγει πρὸς τὸν θεόν· « Ἐλέησόν με, ὁ θεός, κατὰ τὸ μέγα ἔλεός σου, καὶ κατὰ τὸ πλῆθος τῶν οἰκτιρμῶν σου ἐξάλειψον τὸ ἀνόμημά μου. [3] Ἐπὶ πλεῖον πλῦνόν με ἀπὸ τῆς ἀνομίας μου καὶ ἀπὸ τῆς ἁμαρτίας μου καθάρισόν με· ὅτι τὴν ἀνομίαν μου ἐγὼ γινώσκω, καὶ ἡ ἁμαρτία μου ἐνώπιόν μου ἐστὶν διαπαντός. [4] Σοὶ μόνῳ ἥμαρτον καὶ τὸ πονηρὸν ἐνώπιόν σου ἐποίησα, ὅπως ἂν δικαιωθῇς ἐν τοῖς λόγοις σου καὶ νικήσῃς ἐν τῷ κρίνεσθαί σε. [5] Ἰδοὺ γὰρ ἐν ἀνομίαις συνελήμφθην, καὶ ἐν ἁμαρτίαις ἐκίσσησέν με ἡ μήτηρ μου. [6] Ἰδοὺ γὰρ ἀλήθειαν ἠγάπησας· τὰ ἄδηλα καὶ τὰ κρύφια τῆς σοφίας σου ἐδήλωσάς μοι. [7] Ῥαντιεῖς με ὑσσώπῳ, καὶ καθαρισθήσομαι· πλυνεῖς με, καὶ ὑπὲρ χιόνα λευκανθήσομαι. [8] Ἀκουτιεῖς με ἀγαλλίασιν καὶ εὐφροσύνην, ἀγαλλιάσονται ὀστᾶ τεταπεινωμένα. [9] Ἀπόστρεψον τὸ πρόσωπόν σου ἀπὸ τῶν ἁμαρτιῶν μου, καὶ πάσας τὰς ἀνομίας μου ἐξάλειψον. [10] Καρδίαν καθαρὰν κτίσον ἐν ἐμοί, ὁ θεός, καὶ πνεῦμα εὐθὲς ἐγκαίνισον ἐν τοῖς ἐγκάτοις μου. [11] Μὴ ἀπορίψῃς με ἀπὸ τοῦ προσώπου σου, καὶ τὸ πνεῦμα τὸ ἅγιόν σου μὴ ἀντανέλῃς ἀπ' ἐμοῦ. [12] Ἀπόδος μοι τὴν ἀγαλλίασιν τοῦ σωτηρίου σου, καὶ πνεύματι ἡγεμονικῷ στήρισόν με.

XVIII, 1 : Saint Clément combine ensemble plusieurs passages de l'Ecriture. *Ps.*, LXXXVIII, 21 : εὗρον Δαυεὶδ τὸν δοῦλόν μου, ἐ ἐλαίῳ ἁγίῳ μου ἔχρισα αὐτόν. I *Samuel*, XIII, 14 : ἄνθρωπον κατὰ τὴ καρδίαν αὐτοῦ. Cf. *Actes*, XIII, 22 : εὗρον Δαυεὶδ τὸν τοῦ Ἰεσσαί, ἄνδρα κατὰ τὴν καρδίαν μου. Cf. *Intr.* p. XLII.

XVIII. Que dirons-nous de David, qui avait reçu un si bon témoignage, à qui Dieu avait dit : « J'ai trouvé un homme selon mon cœur, David, fils de Jessé ; je l'ai oint dans ma miséricorde éternelle » ! [2] Lui-même n'en dit pas moins à Dieu : « Aie pitié de moi, mon Dieu, selon ta grande miséricorde ; et selon l'immensité de ta compassion efface mon iniquité. [3] Lave-moi de plus en plus de mon iniquité et purifie-moi de mon péché : car je connais mon iniquité et mon péché est toujours devant moi. [4] Contre toi seul j'ai péché et j'ai fait le mal en ta présence : (je l'avoue) pour que tu sois trouvé juste dans tes paroles, et que tu triomphes si tu passes en jugement. [5] Voilà que j'ai été conçu dans l'iniquité, et que ma mère m'a porté dans le péché. [6] Vois, tu as aimé la vérité : tu m'as dévoilé les obscurs secrets de ta sagesse. [7] Tu m'aspergeras avec l'hysope et je serai purifié ; tu me laveras et je deviendrai plus blanc que la neige. [8] Tu me feras entendre allégresse et joie, et mes os humiliés jubileront. [9] Détourne ton visage de mes péchés, et efface toutes mes iniquités. [10] Crée en moi un cœur pur, ô Dieu, et mets à nouveau un esprit droit dans mes entrailles. [11] Ne me rejette pas de devant ta face, et ne retire pas de moi ton esprit saint. [12] Rends-moi l'allégresse de ton salut, et fortifie-moi par un esprit de générosité.

XVIII, 12 : ἡγεμονικῷ. Knopf traduit « un esprit royal ou de royauté », estimant que c'est le sens le plus voisin de celui des Septante, surtout si l'on rapproche le texte de l'hébreu. L'hébreu, *Ps.*, LI, 14 : *rouah Nedibah*, est traduit par Crampon « un esprit de bonne volonté » et semble signifier un esprit généreux. Le mot ἡγεμονικόν a appartenu à la langue des philosophes stoïciens, avec le sens « d'esprit directeur », d'esprit « principe original de l'être et de la vie ». Peut-être déjà Clément de Rome l'entendait-il ainsi. Car justement les chapitres XIX-XX et bien d'autres morceaux de l'épître témoignent

[13] Διδάξω ἀνόμους τὰς ὁδούς σου, καὶ ἀσεβεῖς ἐπιστρέψουσιν ἐπὶ σέ. [14] Ῥῦσαί με ἐξ αἱμάτων, ὁ θεός, ὁ θεὸς τῆς σωτηρίας μου. [15] Ἀγαλλιάσεται ἡ γλῶσσά μου τὴν δικαιοσύνην σου. Κύριε, τὸ στόμα μου ἀνοίξεις, καὶ τὰ χείλη μου ἀναγγελεῖ τὴν αἴνεσίν σου. [16] Ὅτι εἰ ἠθέλησας θυσίαν, ἔδωκα ἄν· ὁλοκαυτώματα οὐκ εὐδοκήσεις. [17] Θυσία τῷ θεῷ πνεῦμα συντετριμμένον· καρδίαν συντετριμμένην καὶ τεταπεινωμένην ὁ θεὸς οὐκ ἐξουθενώσει » (*Psaume* L., 3-19).

XIX. Τῶν τοσούτων οὖν καὶ τοιούτων οὕτως μεμαρτυρημένων τὸ ταπεινόφρον καὶ τὸ ὑποδεὲς διὰ τῆς ὑπακοῆς οὐ μόνον ἡμᾶς, ἀλλὰ καὶ τὰς πρὸ ἡμῶν γενεὰς βελτίους ἐποίησεν, τούς τε καταδεξαμένους τὰ λόγια αὐτοῦ ἐν φόβῳ καὶ ἀληθείᾳ. [2] Πολλῶν οὖν καὶ μεγάλων καὶ ἐνδόξων μετειληφότες πράξεων ἐπαναδράμωμεν ἐπὶ τὸν ἐξ ἀρχῆς παραδεδομένον ἡμῖν τῆς εἰρήνης σκοπόν, καὶ ἀτενίσωμεν εἰς τὸν πατέρα καὶ κτίστην τοῦ σύμπαντος κόσμου καὶ ταῖς μεγαλοπρεπέσι καὶ ὑπερβαλλούσαις αὐτοῦ δωρεαῖς τῆς εἰρήνης εὐεργεσίαις τε κολληθῶμεν. [3] Ἴδωμεν αὐτὸν κατὰ διάνοιαν καὶ ἐμβλέψωμεν τοῖς ὄμμασιν τῆς ψυχῆς εἰς τὸ μακρόθυμον αὐτοῦ βούλημα· νοήσωμεν, πῶς ἀόργητος ὑπάρχει πρὸς πᾶσαν τὴν κτίσιν αὐτοῦ.

que Clément a reçu la culture philosophique de son temps et il porte à bien des endroits la marque des idées stoïciennes. Il est donc probable qu'il entend le mot ἡγεμονικόν dans le sens du principe de vie, du siège de l'être et de la personnalité. Suivant les théories particulières on l'identifiait tantôt avec le λόγος, tantôt avec le νοῦς, le πνεῦμα, ou la ψυχή. Cicéron : « principatum id dico quod Græci ἡγεμονικόν vocant ». (*De Nat. Deor.*, II, 11, 29). Dans la langue chrétienne, l'expression philosophique ne tarda pas à prendre une signification religieuse pour désigner

[13] J'enseignerai tes voies aux pécheurs, et les impies se convertiront à toi. [14] Délivre-moi du sang versé, ô Dieu, Dieu de mon salut. [15] Ma langue célébrera toute joyeuse ta justice. Seigneur, tu ouvriras ma bouche, et mes lèvres rediront ta louange. [16]. Si tu avais désiré un sacrifice, je l'aurais offert ; mais tu ne prends pas plaisir aux holocaustes. [17] Le sacrifice, pour Dieu, c'est un esprit contrit ; un cœur contrit et humilié, Dieu ne le méprisera pas. »

XIX. L'humilité, l'abaissement de si grands et si saints personnages, qui ont reçu un témoignage pareil, nous a rendus meilleurs par l'obéissance, non seulement nous, mais aussi les générations qui nous ont précédés, tous ceux qui ont reçu les paroles de Dieu dans la crainte et dans la vérité. [2] Prenons donc notre part d'actions si nombreuses, si grandes, si éclatantes, et revenons en hâte vers le but de la paix qui nous a été proposé dès le commencement ; les yeux fixés sur le père et le créateur de l'univers, attachons-nous à ses présents magnifiques et incomparables (nés) de la paix et à ses bienfaits. [3] Con-templons Dieu par la pensée ; considérons des yeux de l'âme sa volonté pleine de patience ; réfléchissons combien il est débonnaire envers toute sa création.

le Saint-Esprit. Cf. ORIGÈNE, *Comm. ad Rom.*, l. VII, 1 (ed. de la Rue, IV, p. 593) et le Fragment de Muratori : « Et ideo licet varia singulis evangeliorum libris principia doceantur nihil tamen differt credentium fides cum uno ac principali spiritu declarata sint in omnibus omnia ».

XIX, 1 et 2 : Imitation de l'épitre aux *Hébreux*, XII, 1.

XIX, 3 : ἀόργητος. Pour Aristote cette expression dénote un manque de sensibilité. La philosophie stoïcienne en fait, au contraire, un attribut du sage. Le mot ne se trouve ni dans les Septante ni dans le Nouveau Testament.

XX. Οἱ οὐρανοὶ τῇ διοικήσει αὐτοῦ σαλευόμενοι ἐν εἰρήνῃ ὑποτάσσονται αὐτῷ · [2] ἡμέρα τε καὶ νὺξ τὸν τεταγμένον ὑπ' αὐτοῦ δρόμον διανύουσιν, μηδὲν ἀλλήλοις ἐμποδίζοντα. [3] Ἥλιός τε καὶ σελήνη, ἀστέρων τε χοροὶ κατὰ τὴν διαταγὴν αὐτοῦ ἐν ὁμονοίᾳ δίχα πάσης παρεκβάσεως ἐξελίσσουσιν τοὺς ἐπιτεταγμένους αὐτοῖς ὁρισμούς. [4] Γῆ κυοφοροῦσα κατὰ τὸ θέλημα αὐτοῦ τοῖς ἰδίοις καιροῖς τὴν πανπληθῆ ἀνθρώποις τε καὶ θηρσὶν καὶ πᾶσιν τοῖς οὖσιν ἐπ' αὐτῆς ζώοις ἀνατέλλει τροφήν, μὴ διχοστατοῦσα μηδὲ ἀλλοιοῦσά τι τῶν δεδογματισμένων ὑπ' αὐτοῦ. [5] Ἀβύσσων τε ἀνεξιχνίαστα καὶ νερτέρων ἀνεκδιήγητα κρίματα τοῖς αὐτοῖς συνέχεται προστάγμασιν. [6] Τὸ κύτος τῆς ἀπείρου θαλάσσης κατὰ τὴν δημιουργίαν αὐτοῦ συσταθὲν εἰς τὰς συναγωγὰς οὐ παρεκβαίνει τὰ περιτεθειμένα αὐτῇ κλεῖθρα, ἀλλὰ καθὼς διέταξεν αὐτῇ, οὕτως ποιεῖ. [7] Εἶπεν γάρ · « Ἕως ὧδε ἥξεις, καὶ τὰ κύματά σου ἐν σοὶ συντριβήσεται » (*Job*, XXXVIII, 11). [8] Ὠκεανὸς ἀπέραντος

XX : Cf. *Constit. apost.*, VIII, 12, où se trouvent conservées dans une Préface de la messe les principales expressions de ce chapitre.

XX, 3 : ἐν ὁμονοίᾳ. Leitmotiv de toute la lettre. Voir l'Index et l'*Intr.* p. XVI, XVIII.

XX, 5 : κρίματα. Leçon unanime des manuscrits. Le traducteur copte a dû lire κρίματα mais il favorise le sens de bornes, limites (ὅρια) et peut aussi être compris dans le sens de *ordonnances, lois*. Wotton propose la lecture κλίματα, et Funk conjecture que le copiste obsédé par le souvenir de *Romains*, XI, 33 aura écrit κρίματα pour κλίματα. Knopf tient fermement à κρίματα, que Lightfoot traduit par « les lois du monde ». Cf. II *Chroniques*, XXX, 16 et IV, 7. D'après Knopf, ce passage de la lettre est le seul endroit que saint Irénée ait pu avoir en vue (*Adv. haer.*, III, 3, 3) lorsqu'il rapporte que, selon l'épître de Clément aux Corinthiens, Dieu a préparé un feu pour Satan et ses anges. Toutefois dans l'ensemble de ce chapitre il n'est question que de paix (ἐν εἰρήνῃ) et d'harmonie (ἐν ὁμονοίᾳ). Ce

XX. Les cieux, mis en branle par son ordre, lui obéissent en paix. [2] Le jour et la nuit accomplissent la course qu'il leur a prescrite, sans s'entraver l'un l'autre. [3] Le soleil, la lune et les chœurs des astres parcourent, d'après son ordre, avec harmonie et sans aucun écart, les orbites qu'il leur a marqués. [4] La terre féconde, docile à sa volonté, fournit en abondance, dans les saisons convenables, leur nourriture aux hommes, aux animaux, à tous les êtres qui vivent à sa surface ; elle n'hésite pas, elle ne change rien à ses décrets. [5] Les mêmes ordres maintiennent les mystérieux jugements (rendus) dans les abîmes, les sentences inexprimables (prononcées) dans les enfers. [6] La mer immense dont son action créatrice a creusé le lit en réservoir, ne franchit point les barrières qu'il a établies, mais selon qu'il lui a ordonné, ainsi fait-elle. [7] Il lui a dit : « Tu viendras jusqu'ici et tes flots se briseront sur ton propre sein ». [8] L'océan infranchis-

morceau est-même une exception dans la littérature chrétienne des premiers siècles, à une époque où l'on est plutôt porté à voir l'anathème dont la création a été frappée à cause du péché (*Romains*, viii, 20-22). On sent que l'auteur de l'épitre est pénétré de la conception stoïcienne, populaire à Rome, d'un monde harmonieusement ordonné (διοίκησις). Avec la leçon κλίματα, nous traduirions : « Les abîmes insondables et les indescriptibles régions des enfers se régissent par les mêmes lois. »

XX, 6 : εἰς τὰς συναγωγάς. Cf. *Gen.*, I, 9 : καὶ συνήχθη τὸ ὕδωρ τὸ ὑποκάτω τοῦ οὐρανοῦ εἰς τὰς συναγωγὰς αὐτῶν.

XX, 7. Cf. *Ps.* ciii, 9 ; JÉRÉMIE, v, 22.

XX, 8 : Cf. S. IRÉNÉE (*Ad. haer.*, ii, 28, 2) : « Quid autem possumus exponere de oceani accessu et recessu, quum constet esse certam causam ? quidve de his quæ ultra eum sunt enuntiare, qualia sint ? »

XX, 8 : ἀπέραντος « sans limites, infini » A H K L (infinitus), Clém. d'Alex., Denys d'Alex. dans Eusèbe H. E. vii, 21 ; ἀπέρατος « infranchissable » S et Origène : Oceanus intransmeabilis. Cf. Intr. p. xxv.

ἀνθρώποις καὶ οἱ μετ' αὐτὸν κόσμοι ταῖς αὐταῖς ταγαῖς τοῦ δεσπότου διευθύνονται. [9] Καιροὶ ἐαρινοὶ καὶ θερινοὶ καὶ μετοπωρινοὶ καὶ χειμερινοὶ ἐν εἰρήνῃ μεταπαραδιδόασιν ἀλλήλοις. [10] Ἀνέμων σταθμοὶ κατὰ τὸν ἴδιον καιρὸν τὴν λειτουργίαν αὐτῶν ἀπροσκόπως ἐπιτελοῦσιν· ἀέναοί τε πηγαί, πρὸς ἀπόλαυσιν καὶ ὑγείαν δημιουργηθεῖσαι, δίχα ἐλλείψεως παρέχονται τοὺς πρὸς ζωῆς ἀνθρώποις μαζούς· τά τε ἐλάχιστα τῶν ζώων τὰς συνελεύσεις αὐτῶν ἐν ὁμονοίᾳ καὶ εἰρήνῃ ποιοῦνται. [11] Ταῦτα πάντα ὁ μέγας δημιουργὸς καὶ δεσπότης τῶν ἁπάντων ἐν εἰρήνῃ καὶ ὁμονοίᾳ προσέταξεν εἶναι, εὐεργετῶν τὰ πάντα, ὑπερεκπερισσῶς δὲ ἡμᾶς τοὺς προσπεφευγότας τοῖς οἰκτιρμοῖς αὐτοῦ διὰ τοῦ κυρίου ἡμῶν Ἰησοῦ Χριστοῦ, [12] ᾧ ἡ δόξα καὶ ἡ μεγαλωσύνη, εἰς τοὺς αἰῶνας τῶν αἰώνων. Ἀμήν.

XXI. Ὁρᾶτε, ἀγαπητοί, μὴ αἱ εὐεργεσίαι αὐτοῦ αἱ πολλαὶ γένωνται εἰς κρίμα πᾶσιν ἡμῖν, ἐὰν μὴ ἀξίως αὐτοῦ πολιτευόμενοι τὰ καλὰ καὶ εὐάρεστα ἐνώπιον

XX, 8 : οἱ μετ' αὐτὸν κόσμοι. Il est difficile de dire si Clément a en vue des pays déterminés : Pline (H. N., vi, 22) rapporte que l'île de Ceylan (Taprobanes) fut longtemps considérée comme un second continent, et Platon (*Timée*, 21 A-25 D et *Critias*, 10 E-121 C), parle de l'Atlantide comme d'une île immense qui était située au-delà des colonnes d'Hercule et qui fut détruite à cause de ses vices. Les anciens ont eu l'intuition d'un continent au delà de l'Atlantique et peut-être Clément n'est-il que l'écho de ces croyances vagues : « Venient annis sæcula seris Quibus oceanus vincula rerum Laxet et ingens pateat tellus. » (SÉNÈQUE, *Médée*, ii, 375). Strabon (i, 4) et Plutarque sont encore plus remarquables. Irénée, Clément d'Alexandrie et Origène admettent l'hypothèse d'un autre continent. Tertullien ne l'accepte pas (*De Pall.*, ii; *Hermog.*, xxv). Photius la reproche à Clément

sable aux hommes et les mondes qui sont au-delà de l'océan se dirigent par les mêmes ordres du Maître. [9] Les saisons du printemps, de l'été, de l'automne, de l'hiver se succèdent pacifiquement l'une à l'autre. [10] Les vents, en leurs demeures, accomplissent aux temps marqués leur office sans trouble; les sources intarissables, créées pour la jouissance et la santé, offrent aux hommes sans s'épuiser leurs mamelles pleines de vie; les moindres des animaux se réunissent dans la paix et la concorde. [11] Le souverain créateur et maître de l'univers a disposé que toutes ces choses resteraient dans la paix et la concorde, bienfaisant qu'il est pour toutes ses créatures, mais plus que prodigue envers nous qui recourons à ses miséricorde par Notre Seigneur Jésus-Christ, [12] à qui soit la gloire et la majesté dans les siècles des siècles. Ainsi soit-il.

XXI. Prenez garde, bien-aimés, que les bienfaits de Dieu, si nombreux, ne soient pour nous tous un sujet de

de Rome (*Bibl.*, 126); dans la suite elle tend à devenir suspecte comme le démontre l'incident du pape Zacharie et de l'évêque Virgile de Salzbourg. Sur les opinions des Anciens, cf. A. DE HUMBOLDT, *Examen critique de l'hist. de la géographie*, t. I, 1836.

XX, 10 : ἀνέμων σταθμοί. Cf. *Job*, XXVIII, 25 : ἐποίησεν δὲ ἀνέμων σταθμὸν καὶ ὑδάτων μέτρα, où le mot σταθμός traduit l'hébreu *Misch'kal, action de peser et poids.* Cf. *Lucrèce*, v, 747.

XX, 10 : πρὸς ζωῆς, en vue de la vie. Cf. *Actes*, XXVII, 34 : πρὸς τῆς ὑμετέρας σωτηρίας. C'est aussi l'usage classique.

XX, 10 : συνελεύσεις. Le sens d'accouplement est aussi possible.

XX, 11 : ὁ μέγας δημιουργός. Cette expression platonicienne ne se trouve qu'une fois dans le Nouveau Testament (*Hébreux*, XI, 10 : « la cité... dont Dieu est l'architecte et le fondateur »), et dans l'Ancien (II *Macch.*, IV, 1 : « Héliodore..., l'auteur de tout le mal ».

XX, 12 : A l'*Index* le mot : *Doxologies.* Cf. *Jude*, 25.

XXI, 1 : εὐάρεστα ἐνώπιον. Cf. *Hébr.*, XIII, 21.

αὐτοῦ ποιῶμεν μεθ' ὁμονοίας. [2] Λέγει γάρ που·
« Πνεῦμα κυρίου λύχνος ἐρευνῶν τὰ ταμιεῖα τῆς γαστρός »
(*Prov.*, xx, 27). [3] Ἴδωμεν, πῶς ἐγγύς ἐστιν, καὶ
ὅτι οὐδὲν λέληθεν αὐτὸν τῶν ἐννοιῶν ἡμῶν οὐδὲ τῶν
διαλογισμῶν ὧν ποιούμεθα. [4] Δίκαιον οὖν ἐστίν, μὴ
λειποτακτεῖν ἡμᾶς ἀπὸ τοῦ θελήματος αὐτοῦ. [5] Μᾶλλον
ἀνθρώποις ἄφροσι καὶ ἀνοήτοις καὶ ἐπαιρομένοις καὶ
ἐγκαυχωμένοις ἐν ἀλαζονείᾳ τοῦ λόγου αὐτῶν προσκόψω-
μεν ἢ τῷ θεῷ. [6] Τὸν κύριον Ἰησοῦν Χριστόν, οὗ τὸ
αἷμα ὑπὲρ ἡμῶν ἐδόθη, ἐντραπῶμεν, τοὺς προηγουμένους ἡμῶν αἰδεσθῶμεν, τοὺς πρεσβυτέρους τιμήσωμεν,
τοὺς νέους παιδεύσωμεν τὴν παιδείαν τοῦ φόβου τοῦ
θεοῦ, τὰς γυναῖκας ἡμῶν ἐπὶ τὸ ἀγαθὸν διορθωσώμεθα.
[7] Τὸ ἀξιαγάπητον τῆς ἁγνείας ἦθος ἐνδειξάσθωσαν, τὸ
ἀκέραιον τῆς πραΰτητος αὐτῶν βούλημα ἀποδειξάτωσαν,
τὸ ἐπιεικὲς τῆς γλώσσης αὐτῶν διὰ τῆς σιγῆς φανερὸν
ποιησάτωσαν, τὴν ἀγάπην αὐτῶν μὴ κατὰ προσκλίσεις,
ἀλλὰ πᾶσιν τοῖς φοβουμένοις τὸν θεὸν ὁσίως ἴσην παρε-
χέτωσαν. [8] Τὰ τέκνα ἡμῶν τῆς ἐν Χριστῷ παιδείας
μεταλαμβανέτωσαν· μαθέτωσαν, τί ταπεινοφροσύνη παρὰ
θεῷ ἰσχύει, τί ἀγάπη ἁγνὴ παρὰ θεῷ δύναται, πῶς ὁ
φόβος αὐτοῦ καλὸς καὶ μέγας καὶ σώζων πάντας τοὺς
ἐν αὐτῷ ὁσίως ἀναστρεφομένους ἐν καθαρᾷ διανοίᾳ.
[9] Ἐρευνητὴς γάρ ἐστιν ἐννοιῶν καὶ ἐνθυμήσεων·

XXI, 3 : ἐγγύς. Cf. xxvii, 3 ; *Ps.* cxviii, 151 ; cxliv, 18.
XXI, 3 : οὐδὲν λέληθεν. Saint Polycarpe a transcrit cette pensée :
καὶ λέληθεν αὐτὸν οὐδὲν οὔτε λογισμῶν οὔτε ἐννοιῶν (*Philipp.*, iv, 3).
XXI, 5 : ἐγκαυχωμένοις. Cf. Jacques, iv, 16 : καυχᾶσθε ἐν ταῖς
ἀλαζονείαις ὑμῶν.

ondamnation, si nous ne vivons d'une manière digne de ui, opérant dans la concorde ce qui est bien et agréable à ses yeux. [2] Il dit en effet quelque part : « L'Esprit du Seigneur est un flambeau qui explore les profondeurs des entrailles. » [3] Considérons combien il est proche de nous et que rien ne lui échappe de nos pensées et de nos réflexions. [4] Il est donc juste que nous ne quittions pas notre poste contre sa volonté. [5] Il vaut mieux nous heurter à des hommes sots, insensés, superbes et enflés de leurs arrogantes paroles, plutôt qu'à Dieu. [6] Révérons le Seigneur Jésus-Christ dont le sang a été donné pour nous, respectons nos chefs, honorons les anciens, instruisons les jeunes gens dans la crainte de Dieu, dressons nos femmes au bien. [7] Qu'elles fassent voir chez elles les mœurs aimables de la chasteté, qu'elles prouvent leur sincère disposition à la douceur, qu'elles manifestent par le silence la modération de leur langue ; qu'elles exercent saintement la charité, non d'après leurs préférences mais sans partialité, à l'égard de tous ceux qui craignent Dieu. [8] Que nos enfants aient part à l'éducation dans le Christ ; qu'ils apprennent quelle est auprès de Dieu la puissance de l'humilité, le pouvoir du chaste amour, combien la crainte de Dieu est belle et précieuse, comment elle sauve tous ceux qui marchent saintement en elle avec une conscience pure. [9] Car il pénètre nos

XXI, 6 : τοὺς προηγουμένους. Cf. τοὺς ἡγουμένους (1, 3), c'est-à-dire les chefs de l'Église.
XXI, 6 : τοὺς νέους. Cf. POLYCARPE (*Philipp.*, IV, 2).
XXI, 7 : σιγῆς H S L ; manque dans K ; φωνῆς A.
XXI, 7 : προσκλίσεις. Cf. XLVII, 3, 4 ; LII, 2. 1 *Timothée*, V, 21 : μηδὲν ποιῶν κατὰ πρόσκλισιν.
XXI, 9 : Cf. *Hebr.*, IV, 12 : κριτικὸς ἐνθυμήσεων καὶ ἐννοιῶν καρδίας.

οὗ ἡ πνοὴ αὐτοῦ ἐν ἡμῖν ἐστίν, καὶ ὅταν θέλῃ, ἀνελ
αὐτήν.

XXII. Ταῦτα δὲ πάντα βεβαιοῖ ἡ ἐν Χριστῷ πίστι
καὶ γὰρ αὐτὸς διὰ τοῦ πνεύματος τοῦ ἁγίου οὕτως προσκα
λεῖται ἡμᾶς· « Δεῦτε, τέκνα, ἀκούσατέ μου, φόβον κυρίο
διδάξω ὑμᾶς. [2] Τίς ἐστιν ἄνθρωπος ὁ θέλων ζωή
ἀγαπῶν ἡμέρας ἰδεῖν ἀγαθάς; [3] Παῦσον τὴν γλῶσσ
σου ἀπὸ κακοῦ, καὶ χείλη σου τοῦ μὴ λαλῆσαι δόλο
[4] Ἔκκλινον ἀπὸ κακοῦ καὶ ποίησον ἀγαθόν. [5] Ζήτ
σον εἰρήνην καὶ δίωξον αὐτήν. [6] Ὀφθαλμοὶ κυρίο
ἐπὶ δικαίους, καὶ ὦτα αὐτοῦ πρὸς δέησιν αὐτῶν· πρό
ωπον δὲ κυρίου ἐπὶ ποιοῦντας κακά, τοῦ ἐξολεθρεῦσ
ἐκ γῆς τὸ μνημόσυνον αὐτῶν. [7] Ἐκέκραξεν ὁ δίκαιο
καὶ ὁ κύριος εἰσήκουσεν αὐτοῦ καὶ ἐκ πασῶν τ
θλίψεων αὐτοῦ ἐρύσατο αὐτόν. [8] Πολλαὶ αἱ θλίψεις τ
δικαίου, καὶ ἐκ πασῶν αὐτῶν ῥύσεται αὐτὸν ὁ κύριος
(*Psaume* XXXIII, 12-18, 20). [9] Εἶτα· « Πολλαὶ
μάστιγες τοῦ ἁμαρτωλοῦ, τοὺς δὲ ἐλπίζοντας ἐπὶ κύριο
ἔλεος κυκλώσει » (*Psaume* XXXI, 10).

XXIII. Ὁ οἰκτίρμων κατὰ πάντα καὶ εὐεργετικ
πατὴρ ἔχει σπλάγχνα ἐπὶ τοὺς φοβουμένους αὐτό
ἠπίως τε καὶ προσηνῶς τὰς χάριτας αὐτοῦ ἀποδιδοῖ το
προσερχομένοις αὐτῷ ἁπλῇ διανοίᾳ. [2] Διὸ μὴ διψ
χῶμεν, μηδὲ ἰνδαλλέσθω ἡ ψυχὴ ἡμῶν ἐπὶ ταῖς ὑπερ
βαλλούσαις καὶ ἐνδόξοις δωρεαῖς αὐτοῦ. [3] Πόρρ

XXI, 9 : οὗ ἡ πνοὴ αὐτοῦ est un hébraïsme. Cf. TOUZAR
Grammaire hébr., 2ᵉ éd., 1905, n. 134, 2°, c.).
XXI, 9 : ἀναλεῖ. Cf. *Ps.* CIII, 29 : Tu leur retires le souffle (

pensées et nos désirs : c'est son souffle qui nous anime et il le reprend quand il veut.

XXII. C'est toutes ces choses que nous garantit la foi dans le Christ. Celui-ci en effet nous invite ainsi par l'organe du Saint-Esprit : « Venez, enfants, écoutez-moi, je vous enseignerai la crainte du Seigneur. [2] Quel est l'homme qui veut avoir la vie, qui aime voir d'heureux jours ? [3] Préserve ta langue du mal, que tes lèvres ne profèrent point de tromperie. [4] Détourne-toi du mal et fais le bien. [5] Recherche la paix et poursuis-la. [6] Les yeux du Seigneur sont ouverts sur les justes et ses oreilles à leurs prières ; mais la face du Seigneur est aussi sur ceux qui agissent mal, pour anéantir leur souvenir sur la terre. [7] Le juste a crié : le Seigneur l'a écouté et l'a délivré de toutes ses afflictions. [8] Nombreuses sont les afflictions du juste ; mais le Seigneur le délivrera de toutes. » Il dit encore : « Nombreux sont les fléaux des pécheurs ; mais sa merci environnera les hommes qui espèrent dans le Seigneur. »

XXIII. Le Père tout compatissant et bienfaisant, se sent des entrailles pour ceux qui le craignent ; il répand ses grâces avec douceur et bonté sur ceux qui s'approchent de lui avec un cœur simple. [2] Aussi, défaisons-nous de la duplicité, et que notre âme ne s'enfle point à cause de ses dons incomparables et magnifiques ! [3] Qu'elle ne s'applique point à nous l'Écriture, disant :

πνεῦμα αὐτῶν) ils expirent, Et retournent dans la poussière.

XXII, 9 : τοὺς δὲ ἐλπίζοντας A L, Clém. d'Alex. ; τὸν δὲ ἐλπίζοντα H K S et LXX.

XXIII, 2 : ἐνδάλλεσθαι = « se faire des imaginations », sens justifié par un texte de Dion Chrysostome (Orat., XII, 53).

γενέσθω ἀφ' ἡμῶν ἡ γραφὴ αὕτη, ὅπου λέγει · « Ταλαίπωροί εἰσιν οἱ δίψυχοι, οἱ διστάζοντες τῇ ψυχῇ, οἱ λέγοντες · Ταῦτα ἠκούσαμεν καὶ ἐπὶ τῶν πατέρων ἡμῶν, καὶ
ἰδού, γεγηράκαμεν, καὶ οὐδὲν ἡμῖν τούτων συνβέβηκεν.
[4] Ὦ ἀνόητοι, συμβάλετε ἑαυτοὺς ξύλῳ · λάβετε ἄμπελον · πρῶτον μὲν φυλλοροεῖ, εἶτα βλαστὸς γίνεται, εἶτα
φύλλον, εἶτα ἄνθος, καὶ μετὰ ταῦτα ὄμφαξ, εἶτα σταφυλὴ
παρεστηκυῖα » (Αυτ. ιΝϹ.). Ὁρᾶτε, ὅτι ἐν καιρῷ ὀλίγῳ εἰς
πέπειρον καταντᾷ ὁ καρπὸς τοῦ ξύλου. [5] Ἐπ' ἀληθεία
ταχὺ καὶ ἐξαίφνης τελειωθήσεται τὸ βούλημα αὐτοῦ,
συνεπιμαρτυρούσης καὶ τῆς γραφῆς, ὅτι « ταχὺ ἥξει
καὶ οὐ χρονιεῖ (Ἰσαῖε, χιν, 1), καὶ ἐξαίφνης ἥξει ὁ κύριος
εἰς τὸν ναὸν αὐτοῦ, καὶ ὁ ἅγιος, ὃν ὑμεῖς προσδοκᾶτε »
(Μαλαϲηιε, ιιι, 1).

XXIV. Κατανοήσωμεν, ἀγαπητοί, πῶς ὁ δεσπότη
ἐπιδείκνυται διηνεκῶς ἡμῖν τὴν μέλλουσαν ἀνάστασιν
ἔσεσθαι, ἧς τὴν ἀπαρχὴν ἐποιήσατο τὸν κύριον Ἰησοῦ

XXIII, 3 : ταλαίπωροι. Le même texte est cité comme parole
prophétique par l'homélie que nous éditons plus loin et dite
II' Clementis (χι) ; mais les divergences ne permettent guère
de penser que l'homélie ait emprunté sa citation à l'épître.
On est réduit à des conjectures au sujet de l'origine du texte
qui ne se trouve pas dans l'Ancien Testament. Il se peut que
Clément ait combiné ici, comme ailleurs déjà, différents passages, tels que Jacques, ι, 8 ; II Pierre, ιιι, 4 ; Marc, ιν, 26
Ματτη., χχιν, 32. La difficulté serait d'expliquer par le même
procédé la combinaison parallèle de l'homélie. D'autre part, on
ne peut avancer, sans preuves positives, que saint Clément ait
cité comme Écriture un écrit apocryphe, que ce soit Eldad e
Modad (Lightfoot) ou bien l'Assomption de Moïse (Hilgenfeld).
   XXIII, 3 : δίψυχοι. Cf. Jacques, 1, 8 : ἀνὴρ δίψυχος ἀκατάστατο
ἐν πάσαις ταῖς ὁδοῖς αὐτοῦ, et IV, 8 (cité dans la note sur χχιχ, 1)
Doctr. des apôtres, ιν, 4 ; Barnabé, χιχ, 5 ; Hermas, *Vision*
ιιι, 4, 3.

« Malheureux ceux qui ont l'âme à double fond, ceux qui doutent en leur cœur et qui disent : Nous avons déjà entendu dire cela du temps de nos pères ; or voilà que nous avons veilli, et rien de tout cela ne nous est arrivé. [4] Insensés ! comparez-vous à un arbre ; prenez un cep de vigne ; d'abord les feuilles tombent ; ensuite il pousse des bourgeons, puis du feuillage, puis la fleur, après cela le raisin vert, enfin les grappes mûres sont là ». En peu de temps, vous le voyez, le fruit de l'arbuste arrive à maturité. [5] En vérité c'est avec promptitude, c'est soudainement que s'accomplissent les desseins de Dieu, comme l'atteste aussi l'Écriture : « Il viendra promptement et sans tarder ; il viendra soudain, le Seigneur dans son temple, le saint que vous attendez. »

XXIV. Observons, mes bien-aimés, comment le Maître nous représente continuellement la future résurrection, dont il nous a donné les prémices dans le Seigneur Jésus-

XXIII, 3 : οἱ λέγοντες. Cf. II PETRI, III, 4 : καὶ λέγοντες· ποῦ ἐστιν ἡ ἐπαγγελία τῆς παρουσίας αὐτοῦ; ἀφ' ἧς γὰρ οἱ πατέρες ἐκοιμήθησαν, πάντα οὕτως διαμένει ἀπ' ἀρχῆς κτίσεως.— ISAÏE, V, 19 : « Qui disent : Qu'il se dépêche, Qu'il hâte son œuvre, afin que nous la voyions ! Que le décret du Saint d'Israël s'approche et s'exécute, Et nous saurons ce que c'est ! »

XXIII, 4 : συμβάλετε. Cf. MATTH., XXIV, 32, 33 ; MARC, XIII, 28, 29 ; LUC, XXI, 29, 30. On trouve des comparaisons de même genre dans ÉPICTÈTE (*Diss.*, III, 24, 86 et 91) et dans MARC-AURÈLE (XI, 35. Ὄμφαξ, c'est le raisin vert ; σταφυλή, la grappe de raisin mûr ; σταφίς, le raisin sec.

XXIII, 5 : ταχὺ ἥξει. On a ici affaire à la combinaison de deux textes : ISAÏE, XIII, 32 : ταχὺ ἔρχεται καὶ οὐ χρονιεῖ (cf. HABACUC, II, 3 ; *Hébreux*, X, 37) et MALACHIE, III, 1 : καὶ ἐξαίφνης ἥξει εἰς τὸν ναὸν αὐτοῦ κύριος ὃν ὑμεῖς ζητεῖτε καὶ ὁ ἄγγελος τῆς διαθήκης ὃν ὑμεῖς θέλετε. Saint Clément, outre qu'il cite de mémoire, évite peut-être à dessein d'appeler le Seigneur ἄγγελος (Funk). Cf. *Intr.* p. L.

XXIV, 1 : ἀπαρχήν. Cf. 1 *Corinth.*, XV, 20 : Χριστὸς ἐγήγερται ἐκ νεκρῶν ἀπαρχὴ τῶν κεκοιμημένων.

Χριστὸν ἐκ νεκρῶν ἀναστήσας. [2] Ἴδωμεν, ἀγαπητοὶ
τὴν κατὰ καιρὸν γινομένην ἀνάστασιν. [3] Ἡμέρα καὶ
νὺξ ἀνάστασιν ἡμῖν δηλοῦσιν· κοιμᾶται ἡ νύξ, ἀνίσταται
ἡ ἡμέρα· ἡ ἡμέρα ἄπεισιν, νὺξ ἐπέρχεται. [4] Λάβωμεν
τοὺς καρπούς· ὁ σπόρος πῶς καὶ τίνα τρόπον γίνεται;
[5] Ἐξῆλθεν ὁ σπείρων καὶ ἔβαλεν εἰς τὴν γῆν ἕκαστον
τῶν σπερμάτων, ἅτινα πεσόντα εἰς τὴν γῆν ξηρὰ καὶ
γυμνὰ διαλύεται· εἶτ᾽ ἐκ τῆς διαλύσεως ἡ μεγαλειότης
τῆς προνοίας τοῦ δεσπότου ἀνίστησιν αὐτά, καὶ ἐκ τοῦ
ἑνὸς πλείονα αὔξει καὶ ἐκφέρει καρπόν.

XXV. Ἴδωμεν τὸ παράδοξον σημεῖον τὸ γινόμενον
ἐν τοῖς ἀνατολικοῖς τόποις, τουτέστιν τοῖς περὶ τὴ

XXIV, 5 : Cf. MATTH., XIII, 3; MARC, IV, 3; LUC, VIII, 5
XXV : La mention du fabuleux Phénix ne doit pas nous su
prendre. Tout le monde ancien en parlait. Hérodote (II, 73) rap
porte le premier cette merveille, mais en ajoutant au sujet de
prêtres égyptiens qui la lui racontèrent : ἐμοὶ μὲν οὐ πιστὰ λέγοντε
De Grèce la fable se répand à Rome. En 97 avant J.-C. le séna
teur Manilius dissertant sur le phénix, affirme que l'année o
il écrit est la 215ᵉ depuis la dernière apparition de cet oisea
merveilleux (PLINE, H. N., x. 2). A la fin du règne de Tibère, o
assura que le phénix était réapparu en Égypte. Quelques anné
après, en l'an 47, l'oiseau fut exhibé à Rome : « in comitio pr
positus, *quod actis testatum est* » (PLINE). Il est possible que sai
Clément l'ait vu de ses yeux, trompé en cela avec tout le monde
Beaucoup d'écrivains latins ont parlé du phénix sans sou
ciller, quelques-uns avec réserve (TACITE, *Annales*, VI, 28). I
docte Pline évite de se prononcer : *haud scio an fabulose.* Cels
se servit du même récit contre les Chrétiens pour montrer l
supériorité de la charité d'un animal sur celle de l'homme (OR
GÈNE, *contre Celse*, IV, 98). Clément ne se montre pas plus cré
dule que ses plus notables contemporains. Il a même pu étaye
sa conviction comme TERTULLIEN (*De resurrectione carnis*, XII
sur un passage des *Psaumes* (XCI, 1 : δίκαιος ὡς φοῖνιξ ἀνθήσει
La lecture du mot *phénix* dans Job XXIX, 18 est douteus

Christ quand il l'a ressuscité d'entre les morts. [2] Considérons, mes bien-aimés, les résurrections qui s'opèrent en leur temps. [3] Le jour et la nuit nous montrent une résurrection : la nuit s'endort et le jour se lève ; le jour fuit et la nuit lui succède. [4] Prenons les fruits. Comment et de quelle façon les semailles se font-elles? [5] Le semeur sort pour jeter en terre les différentes semences ; celles-ci, toutes sèches et nues, tombent dans le sol pour s'y résoudre ; mais de leur dissolution même, la magnifique providence du Maître les fait lever à nouveau et l'unique graine se multiplie et porte fruit.

XXV. Considérons l'étrange prodige qui s'opère dans les contrées de l'Orient, c'est-à-dire en Arabie. [2] On y

Même avant l'ère chrétienne les Juifs avaient accepté l'histoire du phénix. La preuve en est donnée tout au long par Lightfoot. La légende servait les croyances religieuses du peuple choisi tout aussi bien que les oracles sibyllins et les livres orphiques, puisqu'elle attestait la vérité de la résurrection. On fit même coïncider l'exode avec une apparition du phénix. Quant aux écrivains chrétiens, TERTULLIEN accepte le récit purement et simplement. THÉOPHILE qui traite de la résurrection (*Ad Autolycum*, 1, 13), omet toute allusion au phénix ; c'est, conjecture Lightfoot, que sa connaissance des antiquités égyptiennes le préserva de cette erreur. La même raison rend ORIGÈNE très circonspect (*contre Celse*, IV, 98). Mais la plupart des auteurs chrétiens partagèrent l'erreur commune : tels saint CYRILLE DE JÉRUSALEM (*Catéchèses*, XVIII, 8), saint AMBROISE (*Hexaem.*, V, 23, 79 ; *Expos. sur le Ps.* CXVIII ; *Sermons* XIX, 13), RUFIN (*Symb. des Ap.*, XI), etc. Saint ÉPIPHANE reconnaît que l'opinion est partagée (*Ancora*, LXXXIV) ; EUSÈBE (*Vie de Constantin*, IV, 72) rapporte simplement la légende ; GRÉGOIRE DE NAZIANZE (*Sermons*, XXXI, 10, exprime une réserve ; de même saint AUGUSTIN (*De anima*, IV, 33 . PHOTIUS se montre donc bien sévère en blâmant saint Clément pour cette mention de même que pour celle qui est faite des terres transatlantiques (*Bibl.* 126.) Il est à noter que Clément ne prétend pas rapporter un miracle, mais un fait d'histoire naturelle.

Ἀραβίαν. [2] Ὄρνεον γάρ ἐστιν, ὃ προσονομάζεται φοίνιξ· τοῦτο μονογενὲς ὑπάρχον ζῇ ἔτη πεντακόσια, γενόμενόν τε ἤδη πρὸς ἀπόλυσιν τοῦ ἀποθανεῖν αὐτό, σηκὸν ἑαυτῷ ποιεῖ ἐκ λιβάνου καὶ σμύρνης καὶ τῶν λοιπῶν ἀρωμάτων, εἰς ὃν πληρωθέντος τοῦ χρόνου εἰσέρχεται καὶ τελευτᾷ. [3] Σηπομένης δὲ τῆς σαρκὸς σκώληξ τις γεννᾶται, ὃς ἐκ τῆς ἰκμάδος τοῦ τετελευτηκότος ζώου ἀνατρεφόμενος πτεροφυεῖ· εἶτα γενναῖος γενόμενος αἴρει τὸν σηκὸν ἐκεῖνον, ὅπου τὰ ὀστᾶ τοῦ προγεγονότος ἐστίν, καὶ ταῦτα βαστάζων διανύει ἀπὸ τῆς Ἀραβικῆς χώρας ἕως τῆς Αἰγύπτου εἰς τὴν λεγομένην Ἡλιούπολιν. [4] Καὶ ἡμέρας, βλεπόντων πάντων, ἐπιπτὰς ἐπὶ τὸν τοῦ ἡλίου βωμὸν τίθησιν αὐτὰ καὶ οὕτως εἰς τοὐπίσω ἀφορμᾷ. [5] Οἱ οὖν ἱερεῖς ἐπισκέπτονται τὰς ἀναγραφὰς τῶν χρόνων καὶ εὑρίσκουσιν αὐτὸν πεντακοσιοστοῦ ἔτους πεπληρωμένου ἐληλυθέναι.

XXVI. Μέγα καὶ θαυμαστὸν οὖν νομίζομεν εἶναι, εἰ ὁ δημιουργὸς τῶν ἁπάντων ἀνάστασιν ποιήσεται τῶν ὁσίως αὐτῷ δουλευσάντων ἐν πεποιθήσει πίστεως ἀγαθῆς, ὅπου καὶ δι' ὀρνέου δείκνυσιν ἡμῖν τὸ μεγαλεῖον τῆς ἐπαγγελίας αὐτοῦ; [2] Λέγει γάρ που· « Καὶ ἐξαναστήσεις με, καὶ ἐξομολογήσομαί σοι » (cf. *Psaume* XXVII, 7) καί· « Ἐκοιμήθην καὶ ὕπνωσα, ἐξηγέρθην (*Ps.* III, 6) ὅτι σὺ μετ' ἐμοῦ εἶ » (*Psaume* XXII, 4). [3] Καὶ πάλιν

voit un oiseau qu'on appelle phénix. Il est seul de son espèce et vit cinq cents ans. A l'approche de sa fin, il se construit avec de l'encens, de la myrrhe et autres aromates, un cercueil où il pénètre, son temps accompli, pour y mourir. [3] De sa chair en putréfaction naît un ver, qui se nourrit de la pourriture de l'oiseau mort et se couvre de plumes ; puis, devenu fort, il soulève le cercueil où reposent les os de son ancêtre et avec ce fardeau il passe d'Arabie en Égypte, jusqu'à la ville d'Héliopolis. [4] Là, en plein jour, aux yeux de tous, il va en volant le déposer sur l'autel du soleil ; après quoi, il prend son vol pour le retour. [5] Alors les prêtres, consultant leurs annales, constatent qu'il est venu après cinq cents ans révolus.

XXVI. Trouverons-nous donc étrange et étonnant que le Créateur de l'univers fasse revivre ceux qui l'ont servi saintement et avec la confiance d'une foi parfaite, alors qu'il nous fait voir dans un oiseau la magnificence de sa promesse ? [2] Ne dit-il pas quelque part : « Tu me ressusciteras et je te louerai ? » Et ailleurs : « J'étais couché et endormi ; je me suis réveillé parce que tu es avec

XXVI, 2 : *Ps.* XXVII, 7 : καὶ ἀνέθαλεν ἡ σάρξ μου καὶ ἐκ θελήματός μου ἐξομολογήσομαι αὐτῷ. Cf. *Ps.* LXXXVII, 11. Peut-être tiré d'un apocryphe.

XXVI, 2 : ἐκοιμήθην. Texte panaché de *Ps.* III, 6 : ἐγὼ ἐκοιμήθην καὶ ὕπνωσα ἐξηγέρθην ὅτι Κύριος ἀντιλήψεταί μου avec *Ps.* XXII, 4 : οὐ φοβηθήσομαι κακά, ὅτι σὺ μετ' ἐμοῦ εἶ.

XXVI, 3 : *Job,* XIX, 26 : ἀναστήσει δέ μου τὸ σῶμα τὸ ἀναντλοῦν ταῦτα (Alexandrinus) ; mais le *Sinaïticus* et le *Vaticanus* portent : ἀναστήσαι τὸ δέρμα μου τὸ ἀναντλοῦν ταῦτα. L'hébreu donne un autre sens : « Alors de ce squelette revêtu de sa peau, De ma chair je verrai Dieu. » L'éxégèse en est des plus épineuses.

Ἰὼβ λέγει· « Καὶ ἀναστήσεις τὴν σάρκα μου ταύτην τὴν ἀναντλήσασαν ταῦτα πάντα » (*Job*, XIX, 26).

XXVII. Ταύτῃ οὖν τῇ ἐλπίδι προσδεδέσθωσαν αἱ ψυχαὶ ἡμῶν τῷ πιστῷ ἐν ταῖς ἐπαγγελίαις καὶ τῷ δικαίῳ ἐν τοῖς κρίμασιν. [2] Ὁ παραγγείλας μὴ ψεύδεσθαι, πολλῷ μᾶλλον αὐτὸς οὐ ψεύσεται· οὐδὲν γὰρ ἀδύνατον παρὰ τῷ θεῷ εἰ μὴ τὸ ψεύσασθαι. [3] Ἀναζωπυρησάτω οὖν ἡ πίστις αὐτοῦ ἐν ἡμῖν, καὶ νοήσωμεν, ὅτι πάντα ἐγγὺς αὐτῷ ἐστιν. [4] Ἐν λόγῳ τῆς μεγαλωσύνης αὐτοῦ συνεστήσατο τὰ πάντα καὶ ἐν λόγῳ δύναται αὐτὰ καταστρέψαι. [5] « Τίς; ἐρεῖ αὐτῷ· Τί ἐποίησας; ἢ τίς ἀντιστήσεται τῷ κράτει τῆς ἰσχύος αὐτοῦ » (*Sagesse*, XII, 12 ; XI, 22) ; Ὅτε θέλει καὶ ὡς θέλει, ποιήσει πάντα καὶ οὐδὲν μὴ παρέλθῃ τῶν δεδογματισμένων ὑπ' αὐτοῦ. [6] Πάντα ἐνώπιον αὐτοῦ εἰσίν, καὶ οὐδὲν λέληθεν τὴν βουλὴν αὐτοῦ, [7] εἰ « οἱ οὐρανοὶ διηγοῦνται δόξαν θεοῦ, ποίησιν δὲ χειρῶν αὐτοῦ ἀναγγέλλει τὸ στερέωμα· ἡ ἡμέρα τῇ ἡμέρᾳ ἐρεύγεται ῥῆμα, καὶ νὺξ νυκτὶ ἀναγγέλλει γνῶσιν· καὶ οὐκ εἰσὶν λόγοι οὐδὲ λαλιαί, ὧν οὐχὶ ἀκούονται αἱ φωναὶ αὐτῶν » (*Psaume* XVIII, 2-4).

XXVIII. Πάντων οὖν βλεπομένων καὶ ἀκουομένων, φοβηθῶμεν αὐτὸν καὶ ἀπολίπωμεν φαύλων ἔργων μιαρὰς ἐπιθυμίας, ἵνα τῷ ἐλέει αὐτοῦ σκεπασθῶμεν ἀπὸ τῶν μελλόντων κριμάτων. [2] Ποῦ γάρ τις ἡμῶν δύναται

XXVII, 1 : τῷ πιστῷ. Cf. *Hébreux*, x, 23 : πιστὸς γὰρ ὁ ἐπαγγειλάμενος; et xi, 11 : πιστὸν ἡγήσατο τὸν ἐπαγγειλάμενον.

moi ? » [3] Job dit de son côté : « Tu ressusciteras ma chair qui a subi tous ces maux. »

XXVII. Dans cette espérance, que nos âmes s'attachent donc à celui qui est fidèle dans ses promesses et juste dans ses jugements [2] Celui qui a défendu de mentir peut beaucoup moins mentir lui-même : rien n'est impossible à Dieu, sauf le mensonge. [3] Ranimons donc notre foi en lui, et considérons que tout lui est facile. [4] D'un mot de sa toute-puissance il a établi l'univers et d'un mot il peut le détruire. [5] « Qui lui demandera : qu'as-tu fait ? qui résistera à la vigueur de sa force ? » Il fait tout quand et comme il le veut ; et rien ne passe de ce qu'il décrète. [6] Tout est présent à ses yeux, rien n'échappe à son conseil, [7] puisque « les cieux racontent la gloire de Dieu, et le firmament publie l'œuvre de ses mains ; le jour le clame au jour, et la nuit en donne connaissance à la nuit : ce n'est point là un langage, ce ne sont point des paroles dont les accents ne soient pas entendus. »

XXVIII. Puisque Dieu voit tout et entend tout, craignons-le, renonçons à l'impur désir des actions criminelles, afin que sa miséricorde nous protège contre les jugements futurs. [2] Où fuir en effet pour échapper à sa

XXVII, 2 : οὐδὲν γὰρ ἀδύνατον. Cf. *Hébreux*, VI, 18 : ἐν οἷς ἀδύνατον ψεύσασθαι Θεόν. MATTH., XIX, 26 ; MARC, X, 27 ; TITE, I, 2

XXVII, 3 : ἀναζωπυρησάτω. Cf. II TIMOTHÉE, I, 6 : δι' ἣν αἰτίαν ἀναμιμνήσκω σε ἀναζωπυρεῖν τὸ χάρισμα τοῦ Θεοῦ, ὅ ἐστιν ἐν σοί etc.

XXVII, 4 : ἐν λόγῳ. Cf. *Hébreux*, I, 3 : φέρων τὰ πάντα τῷ ῥήματι τῆς δυνάμεως αὐτοῦ.— *Sagesse*, IX, 1 : « qui avez fait l'univers par votre parole ».

XXVII, 5 : παρέλθῃ. Cf. MATTH., V, 18 ; XXIV, 35.

XXVII, 6 : Cf. *Ps.* CXXXVIII, 3, 4, 15.

φυγεῖν ἀπὸ τῆς κραταιᾶς χειρὸς αὐτοῦ; ποῖος δὲ κόσμος δέξεταί τινα τῶν αὐτομολούντων ἀπ' αὐτοῦ; Λέγει γάρ που τὸ γραφεῖον· [3] « Ποῦ ἀφήξω καὶ ποῦ κρυβήσομαι ἀπὸ τοῦ προσώπου σου; Ἐὰν ἀναβῶ εἰς τὸν οὐρανόν, σὺ ἐκεῖ εἶ· ἐὰν ἀπέλθω εἰς τὰ ἔσχατα τῆς γῆς, ἐκεῖ ἡ δεξιά σου· ἐὰν καταστρώσω εἰς τὰς ἀβύσσους, ἐκεῖ τὸ πνεῦμά σου » (*Psaume* CXXXVIII, 7-10). [4] Ποῖ οὖν τις ἀπέλθῃ ἢ ποῦ ἀποδράσῃ ἀπὸ τοῦ τὰ πάντα ἐμπεριέχοντος;

XXIX. Προσέλθωμεν οὖν αὐτῷ ἐν ὁσιότητι ψυχῆς, ἁγνὰς καὶ ἀμιάντους χεῖρας αἴροντες πρὸς αὐτόν, ἀγαπῶντες τὸν ἐπιεικῆ καὶ εὔσπλαγχνον πατέρα ἡμῶν, ὃς ἐκλογῆς μέρος ἡμᾶς ἐποίησεν ἑαυτῷ. [2] Οὕτω γὰρ γέγραπται· « Ὅτε διεμέριζεν ὁ ὕψιστος ἔθνη, ὡς διέσπειρεν υἱοὺς Ἀδάμ, ἔστησεν ὅρια ἐθνῶν κατὰ ἀριθμὸν ἀγγέλων θεοῦ. Ἐγενήθη μερὶς κυρίου λαὸς αὐτοῦ Ἰακώβ, σχοίνισμα κληρονομίας αὐτοῦ Ἰσραήλ » (*Deut.*, XXXII, 8-9). [3] Καὶ ἐν ἑτέρῳ τόπῳ λέγει· « Ἰδού, κύριος λαμβάνει ἑαυτῷ ἔθνος ἐκ μέσου ἐθνῶν, ὥσπερ λαμβάνει ἄνθρωπος τὴν ἀπαρχὴν αὐτοῦ τῆς ἅλω· καὶ ἐξελεύσεται ἐκ τοῦ ἔθνους ἐκείνου ἅγια ἁγίων » (cf. note).

XXVIII, 2 : γραφεῖον = ἁγιόγραφα. Cf. ÉPIPHANE (*Hæres.*, XXIX, 7) : οὐ γὰρ ἀπηγόρευται παρ' αὐτοῖς·νομοθεσία καὶ προφῆται καὶ γραφεῖα τὰ παρὰ Ἰουδαίοις καλούμενα. Il dit ailleurs (*Mensur. et ponder.*, IV) : τὰ καλούμενα γραφεῖα παρά τισι δὲ ἁγιόγραφα λεγόμενα. Les ἁγιόγραφα (en hébreu : *kêtubîm*) représentent la catégorie des livres saints non compris dans la Loi (*Thorah*) ou les Prophètes (*Nebi 'îm*). Ils sont souvent désignés d'un nom particulier : ψαλμοί (LUC XXIV, 44), ὕμνοι (Philon), τὰ ἄλλα βιβλία (ECCLI, Prologue).

XXVIII, 3 : ποῦ ἀφήξω. Citation très libre du *Ps* CXXXVIII, 7-10. Καταστρώσω serre l'original hébreu. Les Septante ont tra-

main puissante ? Quel monde recevra un déserteur de Dieu ? L'Écriture ne dit-elle pas : [3] « Où aller, où me dérober à ta vue ? Si je monte au ciel, tu t'y trouves ; si je vais aux extrémités de la terre, là est ta droite ; si j'étends ma couche dans les abîmes, là est ton esprit. » Où donc se retirer ? Où fuir, loin de celui qui embrasse tout ce qui existe ?

XXIX. Approchons-nous donc de lui avec une âme sainte, levons vers lui des mains pures et sans souillure, aimons ce père indulgent et miséricordieux qui a fait de nous sa part choisie. [2] Il est écrit en effet : « Quand le Très-Haut fit le partage des nations et dissémina les enfants d'Adam, il posa les frontières des nations d'après le nombre des anges de Dieu ; son peuple Jacob devint la portion du Seigneur, Israël le terrain arpenté de son héritage. » [3] Et dans un autre endroit on lit : « Le Seigneur s'est réservé une nation parmi les nations, comme un homme se réserve les prémices de son aire ; et de cette nation sortira le saint des saints. »

duit par καταβῶ.

XXIX, 1 : ἁγνάς. Cf. I Tim., ii, 8 : ἐπαίροντας ὁσίους χεῖρας. — Jacques, iv, 8 : καθαρίσατε χεῖρας, ἁμαρτωλοί, καὶ ἁγνίσατε καρδίας, δίψυχοι.

XXIX, 2 : Le sens de l'hébreu est différent : « Quand le Très-Haut assigna aux nations leur héritage, Quand il sépara les enfants des hommes, Il fixa les limites des peuples D'après le nombre des enfants d'Israël. Car la portion de Jéhovah c'est son peuple, Jacob est le lot de son héritage. » Les Septante ont un sens préférable. Les divers peuples ont été assignés à des anges ; mais Dieu s'est réservé Israël.

XXIX, 3 : Il y a ici combinaison de cinq passages différents de l'Écriture, à moins qu'il ne faille considérer la citation comme tirée d'un livre apocryphe que nous ne connaissons plus. Cf. Deut., iv, 34 ; Nombres, xviii, 27 ; II Chroniq., xxxi, 14 ; Ézéchiel, xlviii, 12 ; Deut., xiv, 2. Cf. Intr. p. xlii.

XXX. Ἁγία οὖν μερὶς ὑπάρχοντες ποιήσωμεν τὰ το ἁγιασμοῦ πάντα, φεύγοντες καταλαλιάς, μιαράς τε κα ἀνάγνους συμπλοκάς, μέθας τε καὶ νεωτερισμοὺς κα βδελυκτὰς ἐπιθυμίας, μυσερὰν μοιχείαν, βδελυκτὴν ὑπερι φανίαν. [2] « Θεὸς γάρ, φησίν, ὑπερηφάνοις ἀντιτάσσεται ταπεινοῖς δὲ δίδωσιν χάριν » (Prov., III, 34). [3] Κολλη θῶμεν οὖν ἐκείνοις, οἷς ἡ χάρις ἀπὸ τοῦ θεοῦ δέδοται· ἐνδυ σώμεθα τὴν ὁμόνοιαν ταπεινοφρονοῦντες, ἐγκρατευόμενοι ἀπὸ παντὸς ψιθυρισμοῦ καὶ καταλαλιᾶς πόρρω ἑαυτοῦ ποιοῦντες, ἔργοις δικαιούμενοι καὶ μὴ λόγοις. [4] Λέγε γάρ· « Ὁ τὰ πολλὰ λέγων καὶ ἀντακούσεται· ἢ ὁ εὔλαλο οἴεται εἶναι δίκαιος; [5] Εὐλογημένος γεννητὸς γυναικὸ ὀλιγόβιος. Μὴ πολὺς ἐν ῥήμασιν γίνου » (Job, XI, 2, 3) [6] Ὁ ἔπαινος ἡμῶν ἔστω ἐν θεῷ καὶ μὴ ἐξ αὐτῶν· αὐτε παινέτους γὰρ μισεῖ ὁ θεός. [7] Ἡ μαρτυρία τῆς ἀγαθῆ πράξεως ἡμῶν διδόσθω ὑπ' ἄλλων, καθὼς ἐδόθη τοῖ πατράσιν ἡμῶν τοῖς δικαίοις. [8] Θράσος καὶ αὐθάδεια κα τόλμα τοῖς κατηραμένοις ὑπὸ τοῦ θεοῦ· ἐπιείκεια καὶ ταπει νοφροσύνη καὶ πραΰτης παρὰ τοῖς ηὐλογημένοις ὑπὸ το θεοῦ.

XXXI. Κολληθῶμεν οὖν τῇ εὐλογίᾳ αὐτοῦ καὶ ἴδωμεν τίνες αἱ ὁδοὶ τῆς εὐλογίας. Ἀνατυλίξωμεν τὰ ἀπ' ἀρχῆ γενόμενα. [2] Τίνος χάριν ηὐλογήθη ὁ πατὴρ ἡμῶ

XXX, 1 : ἁγία. Cf. I PETRI, 1, 15, 16 : κατὰ τὸν καλέσαντα ὑμᾶς ἅγιο καὶ αὐτοὶ ἅγιοι ἐν πάσῃ ἀναστροφῇ γενήθητε, διότι γέγραπται (Lévit. XI, 44)· Ἅγιοι ἔσεσθε ὅτι ἐγὼ ἅγιος. — Καταλαλιάς I PIERRE, II, 1

XXX, 2 : Θεός. Sept. : Κύριος. Le texte est cité aussi dan I PIERRE, V, 5 et JACQUES, IV, 6 qui portent ὁ θεός.

XXX, 3 : ἔργοις. Cf. MATTH., VII, 21; Romains, II, 13; 1 Corin thiens, IV, 20; JACQUES, I, 22; II, 14-26.

XXX. Puisque nous formons une portion sainte, accomplissons toutes les œuvres de la sainteté ; fuyons les médisances, les embrassements détestables et impurs, l'ivresse, le goût des nouveautés, les sales désirs, l'odieux adultère, l'abominable orgueil. [2] « Car Dieu, est-il dit, résiste aux orgueilleux et donne la grâce aux humbles. » [3] Attachons-nous donc à ceux à qui Dieu donne sa grâce ; revêtons la concorde, l'humilité, la continence ; tenons-nous loin de tous les chuchotements malveillants et des médisances ; soyons justes en action plutôt qu'en parole. [4] Car il est dit : « Celui qui parle beaucoup devra écouter à son tour ; ou bien le beau parleur pense-t-il être juste ? [5] Béni celui qui, né de la femme, vit peu de temps : ne te répands pas en paroles. » [6] Que notre louange vienne de Dieu et non pas de nous : car Dieu hait ceux qui se louent eux-mêmes. [7] Que le témoignage de nos bonnes œuvres soit rendu par d'autres, ainsi qu'il a été rendu à nos pères, les justes. [8] La témérité, la présomption et l'audace appartiennent à ceux que Dieu a maudits ; la modération, l'humilité et la douceur à ceux que Dieu a bénis.

XXXI. Attachons-nous donc à la bénédiction de Dieu et voyons quelles en sont les voies. Déroulons tous les événements depuis le commencement. [2] Pourquoi Abraham,

XXX, 6 : (ὁ ἔπαινος) ἡμῶν A K L ; ὑμῶν H S. Cf *Rom*, ΙΙ, 29 : οὗ ὁ ἔπαινος οὐκ ἐξ ἀνθρώπων ἀλλ' ἐκ τοῦ Θεοῦ. I *Cor.*, IV, 5 : καὶ τότε ὁ ἔπαινος γενήσεται ἑκάστῳ ἀπὸ τοῦ Θεοῦ. II *Cor.*, X, 17 : « Ce n'est pas celui qui se recommande lui-même qui est un homme éprouvé ; c'est celui que le Seigneur recommande. » — ἐξ αὐτῶν pour ἐξ αὑτῶν. — αὐτεπαινέτους, seul exemple connu du mot.

XXX, 7 : Cf *Prov*, XXVII, 2 : « Qu'un autre te loue, et non ta bouche ; Un étranger, et non tes lèvres. »

Ἀβραάμ, οὐχὶ δικαιοσύνην καὶ ἀλήθειαν διὰ πίστεω-
ποιήσας; [3] Ἰσαὰκ μετὰ πεποιθήσεως γινώσκων τὸ μέλλον ἡδέως προσήγετο θυσία. [4] Ἰακὼβ μετὰ ταπεινοφροσύνης ἐξεχώρησεν τῆς γῆς αὐτοῦ δι' ἀδελφὸν καὶ ἐπορεύθη
πρὸς Λαβὰν καὶ ἐδούλευσεν, καὶ ἐδόθη αὐτῷ τὸ δωδεκάσκηπτρον τοῦ Ἰσραήλ.

XXXII. Ὁ ἐάν τις καθ' ἓν ἕκαστον εἰλικρινῶς κατανοήσῃ
ἐπιγνώσεται μεγαλεῖα τῶν ὑπ' αὐτοῦ δεδομένων δωρεῶν.
[2] Ἐξ αὐτοῦ γὰρ ἱερεῖς καὶ λευῖται πάντες οἱ λειτουρ-
γοῦντες τῷ θυσιαστηρίῳ τοῦ θεοῦ· ἐξ αὐτοῦ ὁ κύριο-
Ἰησοῦς τὸ κατὰ σάρκα· ἐξ αὐτοῦ βασιλεῖς καὶ ἄρχοντε-
καὶ ἡγούμενοι κατὰ τὸν Ἰούδαν· τὰ δὲ λοιπὰ σκῆπτρα αὐτοῦ
οὐκ ἐν μικρᾷ δόξῃ ὑπάρχουσιν, ὡς ἐπαγγειλαμένου το-
θεοῦ, ὅτι « ἔσται τὸ σπέρμα σου ὡς οἱ ἀστέρες τοῦ οὐρανοῦ » (Genèse, xv, 5). [3] Πάντες οὖν ἐδοξάσθησαν κα-
ἐμεγαλύνθησαν οὐ δι' αὐτῶν ἢ τῶν ἔργων αὐτῶν ἢ τῆ-
δικαιοπραγίας ἧς κατειργάσαντο, ἀλλὰ διὰ τοῦ θελήματο-
αὐτοῦ. [4] Καὶ ἡμεῖς οὖν, διὰ θελήματος αὐτοῦ ἐν Χριστῷ
Ἰησοῦ κληθέντες, οὐ δι' ἑαυτῶν δικαιούμεθα οὐδὲ διὰ τῆ-

XXXI, 2 : οὐχὶ δικαιοσύνην. Combinaison de deux passages de
saint PAUL (*Rom*, IV, 1-25 ; *Galates*, III, 6-14) avec ce que di-
saint JACQUES (II, 21-26).

XXXI, 3 : La *Genèse*, XXII, 7, tait la confiance et la joie d'Isaac
Cependant une tradition juive en gardait le souvenir. Cf. JOSÈPHE
Antiq. Jud, I, 14, 4 : « il accueillit avec joie les paroles d'Abraham et s'élança vers l'autel pour y être immolé. » Un fragment
de Méliton de Sardes rapporte la même chose (P. G., V, 1218)

XXXI, 4 : δωδεκάσκηπτρον = δωδεκάφυλον. Cf 1 *Rois*, XI, 31, 32
καὶ δώσω σοι δέκα σκῆπτρα καὶ δύο σκῆπτρα ἔσονται αὐτῷ. Sur les
patriarches mentionnés, cf. *Genèse*, XXI, 17 ; XXII, 7 ss. ;
XXVIII s.

XXXII, 1 : ὑπ' αὐτοῦ, c'est-à-dire par Dieu, et non point par

notre père, fut-il béni ? n'est-ce pas pour avoir pratiqué la justice et la vérité par la foi ? [3] Isaac, connaissant l'avenir, se laissa emmener avec confiance et avec joie en victime. [4] Jacob s'enfuit avec humilité de son pays à cause de son frère ; il alla chez Laban, se mit à son service, et il reçut les douze sceptres d'Israël.

XXXII. A les considérer un par un, avec sincérité, l'on découvre la magnificence des dons accordés par Dieu. [2] De Jacob, en effet, sont sortis tous les prêtres et lévites qui servaient à l'autel de Dieu ; de lui est né selon la chair le Seigneur Jésus ; de lui sont issus par Juda les rois, les princes et les chefs ; quant au reste de ses tribus, elles ne sont pas en petit honneur, suivant la promesse de Dieu : « Ta postérité sera comme les étoiles du ciel. » [3] Tous ont été revêtus de gloire et de puissance, non point par eux-mêmes, ni par leurs œuvres, ni par la justice de leur conduite, mais par la volonté de Dieu. [4] Nous aussi par conséquent qui avons été appelés en Jésus-Christ par cette même volonté, ce n'est point par

Jacob.
XXXII, 2 : ἐξ αὐτοῦ, c'est-à-dire de Jacob. Αὐτοῦ KLS, tandis que les deux mss. originaux ont la lecture fautive αὐτῶν.
XXXII, 2 : ὁ Κύριος Ἰησοῦς. Cf. IGNACE (*Philadelph.*, IX) : καλοὶ καὶ οἱ ἱερεῖς, κρεῖσσων δὲ ὁ ἀρχιερεύς. Prêtre (XXXVI ; LXI, 3 ; LXIV), comme Lévi, et roi de la tribu de Juda, Jésus n'est pas regardé par Clément comme tenant d'une double descendance lévitique et judaïque, le contraire étant formellement affirmé par l'*Épître aux Hébreux* (VII, 14) que Clément vise si souvent.
XXXII, 2 : κατὰ σάρκα. Cf. *Rom.*, IX, 5.
XXXII, 2 : ἔσται. Cf. *Gen.*, XV, 5 ; XXII, 17 ; XXVI, 14. C'est du premier passage que la citation se rapproche le plus
XXXII, 3 : οὐ δι' αὐτῶν. Cf II *Tim.*, I, 9 ; *Tite*, III, 5-7.
XXXII, 4 : διὰ θελήματος. Cf. *Ephés.*, I, 4.
XXXII, 4 : δι' ἑαυτῶν = δι' ἡμῶν αὐτῶν, ce qui est d'usage courant. Cf. *Rom.*, VIII, 23 ; II *Cor.*, I, 9 ; III, 1-5.

ἡμετέρας σοφίας ἢ συνέσεως ἢ εὐσεβείας ἢ ἔργων ὧ
κατειργασάμεθα ἐν ὁσιότητι καρδίας, ἀλλὰ διὰ τῆς πί
στεως, δι' ἧς πάντας τοὺς ἀπ' αἰῶνος ὁ παντοκράτωρ θεὸ
ἐδικαίωσεν· ᾧ ἔστω ἡ δόξα εἰς τοὺς αἰῶνας τῶν αἰώνων
Ἀμήν.

XXXIII. Τί οὖν ποιήσωμεν, ἀδελφοί ; ἀργήσωμεν ἀπ
τῆς ἀγαθοποιίας καὶ ἐγκαταλίπωμεν τὴν ἀγάπην ; Μηθα
μῶς τοῦτο ἐάσαι ὁ δεσπότης ἐφ' ἡμῖν γε γενηθῆναι, ἀλλ
σπεύσωμεν μετὰ ἐκτενείας καὶ προθυμίας « πᾶν ἔργο
ἀγαθὸν » (Tile, III, 1) ἐπιτελεῖν. [2] Αὐτὸς γὰρ ὁ δημιουρ
γὸς καὶ δεσπότης τῶν ἁπάντων ἐπὶ τοῖς ἔργοις αὐτοῦ ἀγαλ
λιᾶται. [3] Τῷ γὰρ παμμεγεθεστάτῳ αὐτοῦ κράτει οὐρανοὺ
ἐστήρισεν καὶ τῇ ἀκαταλήπτῳ αὐτοῦ συνέσει διεκόσμησε
αὐτούς· γῆν τε διεχώρισεν ἀπὸ τοῦ περιέχοντος αὐτὴ
ὕδατος καὶ ἥδρασεν ἐπὶ τὸν ἀσφαλῆ τοῦ ἰδίου βουλήματο
θεμέλιον· τά τε ἐν αὐτῇ ζῶα φοιτῶντα τῇ ἑαυτοῦ διατάξε
ἐκέλευσεν εἶναι· θάλασσαν καὶ τὰ ἐν αὐτῇ ζῶα προετοι
μάσας ἐνέκλεισεν τῇ ἑαυτοῦ δυνάμει. [4] Ἐπὶ πᾶσι τ
ἐξοχώτατον καὶ παμμέγεθες κατὰ διάνοιαν, ἄνθρωπον
ταῖς ἱεραῖς καὶ ἀμώμοις χερσὶν ἔπλασεν τῆς ἑαυτοῦ εἰκό
νος χαρακτῆρα. [5] Οὕτως γὰρ φησιν ὁ θεός· « Ποιήσω
μεν ἄνθρωπον κατ' εἰκόνα καὶ καθ' ὁμοίωσιν ἡμετέραν
καὶ ἐποίησεν ὁ θεὸς τὸν ἄνθρωπον, ἄρσεν καὶ θῆλυ ἐποίη
σεν αὐτούς » (Genèse, I, 26, 27). [6] Ταῦτα οὖν πάντ

XXXII, 4 : σοφίας καὶ συνέσεως. Cf. MATTH., XI, 25 ; LUC, X, 21
σοφοὶ καὶ συνετοί.

XXXII, 4 : διὰ τῆς πίστεως. Clément n'entend point exclure le
œuvres, puisqu'il a consacré les ch. IX-XX à inculquer leu
nécessité et qu'il revient positivement sur ce sujet au ch. XXXIII

nous-mêmes que nous sommes justifiés, ni par notre sagesse ou notre intelligence, ou notre piété, ni par les œuvres accomplies dans la sainteté de notre cœur ; c'est par la foi ; et c'est par elle que le Dieu tout-puissant a justifié tous les hommes depuis le commencement. A lui soit la gloire dans les siècles des siècles. Ainsi soit-il.

XXXIII Que ferons-nous donc, frères ? Allons-nous cesser de faire le bien, délaisser la charité ? Le Maître nous en préserve ! empressons-nous au contraire d'accomplir avec zèle et ardeur toute sorte d'œuvre bonne. [2] Car le Créateur lui-même et Maître de l'univers se plaît à son travail. [3] Il a affermi les cieux par sa souveraine puissance, et les a ornés avec son incompréhensible sagesse ; il a séparé la terre des eaux qui l'entourent, et l'a assise sur le fondement très sûr de sa propre volonté ; les animaux qui vont et viennent à sa surface, il les a par son ordre appelés à l'existence ; par sa puissance il a disposé d'avance la mer et les êtres qui y vivent, et les a enclos dans leurs limites. [4] Ensuite, l'homme dont l'intelligence fait l'excellence et la supériorité, il l'a formé de ses mains sacrées et pures, comme une empreinte de sa propre image. [5] Car Dieu s'exprime de la sorte : « Faisons l'homme à notre image et à notre ressemblance. Et Dieu créa l'homme, mâle et femelle il les créa. » [6] Quand il eut achevé tous ces êtres, Dieu

(Allons-nous cesser de faire le bien ? etc.) ; mais il veut dire que la foi est le fondement de la justice qui vient de Dieu et de la vraie sainteté.

XXXIII, 1 : ποιήσωμεν A K S ; ἐροῦμεν H L, lecture qui provient de *Rom*, VI, 1, le mouvement des idées est le même : « Demeurerons-nous donc dans le péché afin que la grâce abonde ? » etc.

XXXIII, 2 : Le plaisir de Dieu à son ouvrage dépeint dans la *Genèse*, I, 8, 10, 12, etc.

τελειώσας ἐπήνεσεν αὐτὰ καὶ ηὐλόγησεν καὶ εἶπεν
« Αὐξάνεσθε καὶ πληθύνεσθε » (Genèse, ι, 28). [7] Ἴδωμεν, ὅτι ἐν ἔργοις ἀγαθοῖς πάντες ἐκοσμήθησαν οἱ δίκαιοι.
καὶ αὐτὸς δὲ ὁ κύριος ἔργοις ἀγαθοῖς ἑαυτὸν κοσμήσας
ἐχάρη. [8] Ἔχοντες οὖν τοῦτον τὸν ὑπογραμμὸν ἀόκνω-
προσέλθωμεν τῷ θελήματι αὐτοῦ· ἐξ ὅλης τῆς ἰσχύο-
ἡμῶν ἐργασώμεθα ἔργον δικαιοσύνης.

XXXIV. Ὁ ἀγαθὸς ἐργάτης μετὰ παρρησίας λαμβάν
τὸν ἄρτον τοῦ ἔργου αὐτοῦ, ὁ νωθρὸς καὶ παρειμένος οὐ
ἀντοφθαλμεῖ τῷ ἐργοπαρέκτῃ αὐτοῦ. [2] Δέον οὖν ἐστὶ
προθύμους ἡμᾶς εἶναι εἰς ἀγαθοποιΐαν· ἐξ αὐτοῦ γάρ
ἐστιν τὰ πάντα. [3] Προλέγει γὰρ ἡμῖν· « Ἰδοὺ ὁ κύριος
καὶ ὁ μισθὸς αὐτοῦ πρὸ προσώπου αὐτοῦ, ἀποδοῦναι ἑκά
στῳ κατὰ τὸ ἔργον αὐτοῦ » (Isaïe, xl, 10 ; 62, 11 ; Prov.
xxiv, 12 ; Apoc., xxii, 12). [4] Προτρέπεται οὖν ἡμᾶ
πιστεύοντας. ἐξ ὅλης τῆς καρδίας ἐπ' αὐτῷ, μὴ ἀργοὺ
μηδὲ παρειμένους εἶναι ἐπὶ « πᾶν ἔργον ἀγαθόν » (Tite
iii, 1). [5] Τὸ καύχημα ἡμῶν καὶ ἡ παρρησία ἔστω ἐ
αὐτῷ· ὑποτασσώμεθα τῷ θελήματι αὐτοῦ· κατανοήσωμεν τὸ πᾶν πλῆθος τῶν ἀγγέλων αὐτοῦ, πῶς τῷ θελήματι αὐτοῦ λειτουργοῦσιν παρεστῶτες. [6] Λέγει γὰρ ἡ
γραφή· « Μύριαι μυριάδες παρειστήκεισαν αὐτῷ, κα
χίλιαι χιλιάδες ἐλειτούργουν αὐτῷ (Daniel, vii, 10), κα
ἐκέκραγον· Ἅγιος, ἅγιος, ἅγιος κύριος σαβαώθ, πλήρη

XXXIII, 7 : ἴδωμεν A H K L S. Les témoins sont unanimes e
condamnent la conjecture proposée par Lightfoot de εἴδομεν.
XXXIV, 2 : ἐξ αὐτοῦ, c'est-à-dire τοῦ ἐργοπαρέκτου ἡμῶν. C

les loua et les bénit, disant : « Croissez et multipliez-vous. » [7] Remarquons que tous les justes se sont parés de bonnes œuvres, que le Seigneur lui-même s'est paré de bonnes œuvres et s'en est applaudi. [8] Possédant un pareil modèle, appliquons-nous sans hésiter à sa volonté, et pratiquons de toutes nos forces les œuvres de la justice.

XXXIV. Le bon ouvrier prend allègrement le pain (qui est le prix) de son travail ; mais l'ouvrier paresseux et indolent n'ose regarder en face son employeur. [2] Il faut donc nous mettre de bon cœur à faire le bien : car c'est de Dieu que viennent toutes choses. [3] Il nous en a prévenus en effet : « Voici le Seigneur, et devant sa face est le salaire destiné à récompenser chacun selon ses œuvres. » [4] Il nous exhorte donc à croire en lui de tout notre cœur et à ne demeurer ni oisifs ni insouciants à l'endroit d'aucune « bonne œuvre ». [5] Mettons en lui notre gloire et notre assurance, soumettons-nous à sa volonté, considérons avec quel zèle la multitude entière de ses anges se tient près de lui et exécute sa volonté. [6] L'Écriture dit en effet : « Dix mille myriades d'anges se tenaient devant lui, et des milliers de milliers le servaient ; et ils criaient : Saint, saint, saint est le seigneur Sabaoth, toute

pour la pensée *Rom.*, XI, 36 ; I *Cor.*, VIII, 6.

XXXIV, 3 : Combinaison de 3 passages : ISAÏE, XL, 10 : ἰδοὺ κύριος κύριος μετὰ ἰσχύος ἔρχεται, καὶ ὁ βραχίων μετὰ κυρίας : ἰδοὺ ὁ μισθὸς αὐτοῦ μετ' αὐτοῦ, καὶ τὸ ἔργον ἐναντίον αὐτοῦ. ISAÏE, LXII, 11 : ἰδοὺ ὁ σωτήρ σοι παραγέγονεν ἔχων τὸν ἑαυτοῦ μισθόν, καὶ τὸ ἔργον αὐτοῦ πρὸ προσώπου αὐτοῦ. *Prov.*, XXIV, 12 : ὃς ἀποδίδωσιν ἑκάστῳ κατὰ τὰ ἔργα αὐτοῦ. (Cf. *Apocalypse*, XXII, 12 qui paraît à Lightfoot avoir été visé plutôt que les *Proverbes*).

πᾶσα ἡ κτίσις τῆς δόξης αὐτοῦ » (ISAÏE, VI, 3). [7] Καὶ
ἡμεῖς οὖν ἐν ὁμονοίᾳ ἐπὶ τὸ αὐτὸ συναχθέντες τῇ συνειδήσει, ὡς ἐξ ἑνὸς στόματος βοήσωμεν πρὸς αὐτὸν ἐκτενῶς
εἰς τὸ μετόχους ἡμᾶς γενέσθαι τῶν μεγάλων καὶ ἐνδόξων
ἐπαγγελιῶν αὐτοῦ. [8] Λέγει γάρ · « Ὀφθαλμὸς οὐκ εἶδεν
καὶ οὖς οὐκ ἤκουσεν καὶ ἐπὶ καρδίαν ἀνθρώπου οὐκ ἀνέβη,
ὅσα ἡτοίμασεν τοῖς ὑπομένουσιν αὐτόν » (ISAÏE, LXIV, 4).

XXXV. Ὡς μακάρια καὶ θαυμαστὰ τὰ δῶρα τοῦ θεοῦ,
ἀγαπητοί. [2] Ζωὴ ἐν ἀθανασίᾳ, λαμπρότης ἐν δικαιοσύνῃ, ἀλήθεια ἐν παρρησίᾳ, πίστις ἐν πεποιθήσει,
ἐγκράτεια ἐν ἁγιασμῷ · καὶ ταῦτα ὑπέπιπτεν πάντα ὑπὸ
τὴν διάνοιαν ἡμῶν. [3] Τίνα οὖν ἄρα ἐστὶν τὰ ἑτοιμαζό-
μενα τοῖς ὑπομένουσιν; ὁ δημιουργὸς καὶ πατὴρ τῶν
αἰώνων ὁ πανάγιος αὐτὸς γινώσκει τὴν ποσότητα καὶ τὴν
καλλονὴν αὐτῶν. [4] Ἡμεῖς οὖν ἀγωνισώμεθα εὑρεθῆναι

XXXIV, 7 : Comme les textes prophétiques du verset 6 ont
trouvé place dans les anciennes liturgies (notamment *Constitutions apostoliques*, VIII, 12) on a supposé que Clément citait ici
la liturgie de son temps. La conclusion soutenue par PROBST
(*Liturgie der drei ersten christlichen Jahrhunderten*, 1870, p. 41)
est un peu aventurée ; mais ce verset 7, avec l'expression de
συναχθέντες (cf. IGNACE, *Ephes.*, XIII ; *Philad.*, IV ; *Smyrn*, VII,
VIII) et le ton du passage donnent lieu de croire que Clément en
écrivant sa lettre la rédigeait en vue d'une lecture publique
dans la communauté de Corinthe. Cf. *Intr.* p. XXXIV.

XXXIV, 7 : τῇ συνειδήσει. Il ne s'agit pas simplement d'une
union extérieure, mais d'un renoncement intérieur à toute idée
de schisme. Pour le sens de συνείδησις cf. la note sur ἐλέους II, 4,
p. 8.

XXXIV, 8 : ὀφθαλμός. Le même verset est cité par saint PAUL
(*I Cor.*, II, 9) ORIGÈNE (*in Matth*, XXVII, 9) le croit emprunté

la création est remplie de sa gloire. » [7] Et nous aussi, réunis par la communauté de sentiment dans la concorde en un seul corps, crions vers lui avec instance comme d'une seule bouche, afin d'avoir part à ses grandes et magnifiques promesses. [8] Car il est dit : « L'œil n'a pas vu, l'oreille n'a pas entendu, et il n'est pas entré dans le cœur de l'homme quels biens Dieu a préparés pour ceux qui l'attendent. »

XXXV. Qu'ils sont opulents et admirables, les dons de Dieu, mes bien-aimés ! [2] La vie dans l'immortalité, la splendeur dans la justice, la vérité dans la franchise, la foi dans la confiance, la continence dans la sainteté. Et ceux-là, dès maintenant notre intelligence les saisit. [3] Quels sont donc les biens à venir qu'il a préparés à ceux qui demeurent dans l'attente? Le créateur et père des siècles, le Très-Saint en connait seul le nombre et la beauté.

par l'apôtre à l'*Apocalypse d'Élie* aujourd'hui perdue pour nous. Du moins les fragments prétendus de cet écrit, publiés (éd. Steindorff, 1899) dans une version copte, ne le contiennent pas. Il n'est pas prouvé que cet ouvrage apocryphe soit antérieur à saint Paul. Saint Jérôme, qui lisait aussi notre texte dans une version latine de l'*Ascension d'Isaïe*, a peut-être raison de le considérer comme dérivé d'Isaïe. Cf. ISAÏE LXIV, 4 et LXV, 16 et 18. — Les *Actus Petri*, ch. X, qui rapportent le même texte (*Acta apost. apocrypha*, éd. LIPSIUS et BONNET, I, 1891, p. 98, 7) le donnent comme une parole du Seigneur.

XXXV, 2 : ὑπὸ τὴν διάνοιαν, nous en jouissons déjà maintenant, par opposition aux dons que nous prépare le « Père des siècles », verset 3. Cf. I JEAN, III, 2 : νῦν τέκνα θεοῦ ἐσμὲν καὶ οὔπω ἐφανερώθη, τί ἐσόμεθα.

XXXV, 3 : πατὴρ τῶν αἰώνων. Cf. LV, 6 ; LXI, 2 ; I *Tim.*, I, 17.

XXXV, 3 : πανάγιος. Ce mot, qui fit fortune dans l'Église grecque, semble apparaître ici pour la première fois dans les lettres chrétiennes. Cf. IV *Macchabées*, VII, 4 ; XIV, 7.

ἐν τῷ ἀριθμῷ τῶν ὑπομενόντων αὐτόν, ὅπως μεταλάβωμεν τῶν ἐπηγγελμένων δωρεῶν. [5] Πῶς δὲ ἔσται τοῦτο, ἀγαπητοί; ἐὰν ἐστηριγμένη ᾖ ἡ διάνοια ἡμῶν πιστῶς πρὸς τὸν θεόν, ἐὰν ἐκζητῶμεν τὰ εὐάρεστα καὶ εὐπρόσδεκτα αὐτῷ, ἐὰν ἐπιτελέσωμεν τὰ ἀνήκοντα τῇ ἀμώμῳ βουλήσει αὐτοῦ καὶ ἀκολουθήσωμεν τῇ ὁδῷ τῆς ἀληθείας, ἀπορρίψαντες ἀφ' ἑαυτῶν πᾶσαν ἀδικίαν καὶ πονηρίαν, πλεονεξίαν, ἔρεις, κακοηθείας τε καὶ δόλους, ψιθυρισμούς τε καὶ καταλαλιάς, θεοστυγίαν, ὑπερηφανίαν τε καὶ ἀλαζονείαν, κενοδοξίαν τε καὶ ἀφιλοξενίαν. [6] Ταῦτα γὰρ οἱ πράσσοντες στυγητοὶ τῷ θεῷ ὑπάρχουσιν· οὐ μόνον δὲ οἱ πράσσοντες αὐτά, ἀλλὰ καὶ οἱ συνευδοκοῦντες αὐτοῖς. [7] Λέγει γὰρ ἡ γραφή· « Τῷ δὲ ἁμαρτωλῷ εἶπεν ὁ θεός· Ἱνατί σὺ διηγῇ τὰ δικαιώματά μου, καὶ ἀναλαμβάνεις τὴν διαθήκην μου ἐπὶ στόματός σου; [8] Σὺ δὲ ἐμίσησας παιδείαν καὶ ἐξέβαλες τοὺς λόγους μου εἰς τὰ ὀπίσω. Εἰ ἐθεώρεις κλέπτην, συνέτρεχες αὐτῷ, καὶ μετὰ μοιχῶν τὴν μερίδα σου ἐτίθεις. Τὸ στόμα σου ἐπλεόνασεν κακίαν, καὶ ἡ γλῶσσά σου περιέπλεκεν δολιότητα. Καθήμενος κατὰ τοῦ ἀδελφοῦ σου κατελάλεις, καὶ κατὰ τοῦ υἱοῦ τῆς μητρός σου ἐτίθεις σκάνδαλον. [9] Ταῦτα ἐποίησας, καὶ ἐσίγησα· ὑπέλαβες, ἄνομε, ὅτι ἔσομαί σοι ὅμοιος. [10] Ἐλέγξω σε καὶ παραστήσω σε κατὰ πρόσωπόν σου. [11] Σύνετε δὴ ταῦτα, οἱ ἐπιλανθανόμενοι τοῦ θεοῦ, μήποτε ἁρπάσῃ ὡς λέων, καὶ μὴ ᾖ ὁ ῥυόμενος. [12] Θυσία αἰνέσεως δοξάσει με, καὶ ἐκεῖ ὁδός, ἣν δείξω αὐτῷ τὸ σωτήριον τοῦ θεοῦ » (*Psaume* XLIX, 16-23).

XXXV, 5 : πᾶσαν ἀδικίαν. Tout le passage est inspiré de l'Épître aux Romains (I, 29-32).

[4] Efforçons-nous donc, de sorte que nous soyons trouvés au nombre de ceux qui l'attendent, afin d'avoir part aux présents qu'il a promis. [5] Mais comment y réussir, bien-aimés ? C'est en fixant avec foi notre pensée en Dieu, en recherchant soigneusement ce qui lui plaît et lui agrée, en accomplissant tels actes qui conviennent à sa volonté pure, en suivant la voie de la vérité, en rejetant loin de nous toute sorte d'injustice et de méchanceté, d'avarice, de querelles, de malignité et de perfidies, de murmures et de médisances, d'aversion pour Dieu, d'orgueil et de jactance, de vaine gloire et de dureté pour les étrangers. [6] Car ceux qui commettent ces péchés sont détestés de Dieu ; et non seulement ceux qui les commettent, mais encore ceux qui les approuvent. [7] L'Écriture porte en effet : « Dieu a dit au pécheur : Pourquoi dire par le menu mes préceptes et avoir mon pacte à la bouche, [8] alors que tu as eu la discipline en horreur et que tu as rejeté mes paroles derrière toi ? Si tu voyais un voleur, tu courais à lui ; tu avais lié partie avec les adultères. Ta bouche était pleine de méchanceté, ta langue tramait la tromperie. Tu siégeais pour parler contre ton frère, tu plaçais des pièges au fils de ta mère. [9] Tu as fait cela et je me suis tu ; et tu as cru, méchant, que je suis pareil à toi. [10] Je vais te confondre et te mettre face à face avec toi-même. [11] Comprenez ceci, vous qui oubliez Dieu, de peur qu'il ne vous saisisse comme un lion, et que vous n'ayez point de libérateur. [12] Le sacrifice de louange m'honorera : là est la voie où je montrerai à celui (qui l'offre) le salut de Dieu. »

XXXV, 7 : Τῷ δὲ ἁμαρτολῷ. Citation à peu près littérale du *Ps.* XLIX, 16-23.— 11 : ὡς λέων manque dans les Septante et dans l'hébreu.

XXXVI. Αὕτη ἡ ὁδός, ἀγαπητοί, ἐν ᾗ εὕρομεν τὸ σωτήριον ἡμῶν, Ἰησοῦν Χριστόν, τὸν ἀρχιερέα τῶν προσφορῶν ἡμῶν, τὸν προστάτην καὶ βοηθὸν τῆς ἀσθενείας ἡμῶν. [2] Διὰ τούτου ἀτενίζομεν εἰς τὰ ὕψη τῶν οὐρανῶν, διὰ τούτου ἐνοπτριζόμεθα τὴν ἄμωμον καὶ ὑπερτάτην ὄψιν αὐτοῦ, διὰ τούτου ἠνεῴχθησαν ἡμῶν οἱ ὀφθαλμοὶ τῆς καρδίας, διὰ τούτου ἡ ἀσύνετος καὶ ἐσκοτωμένη διάνοια ἡμῶν ἀναθάλλει εἰς τὸ φῶς, διὰ τούτου ἠθέλησεν ὁ δεσπότης τῆς ἀθανάτου γνώσεως ἡμᾶς γεύσασθαι, « ὃς ὢν ἀπαύγασμα τῆς μεγαλωσύνης αὐτοῦ, τοσούτῳ μείζων ἐστὶν ἀγγέλων, ὅσῳ διαφορώτερον ὄνομα κεκληρονόμηκεν » (*Hébreux*, 1, 3, 4). [3] Γέγραπται γὰρ οὕτως· « Ὁ ποιῶν τοὺς ἀγγέλους αὐτοῦ πνεύματα καὶ τοὺς λειτουργοὺς αὐτοῦ πυρὸς φλόγα » (*Psaume* CIII, 4). [4] Ἐπὶ δὲ τῷ υἱῷ αὐτοῦ οὕτως εἶπεν ὁ δεσπότης· « Υἱός μου εἶ σύ, ἐγὼ σήμερον γεγέννηκά σε· αἴτησαι παρ' ἐμοῦ, καὶ δώσω σοι ἔθνη τὴν κληρονομίαν σου καὶ τὴν κατάσχεσίν σου τὰ πέρατα τῆς γῆς » (*Psaume* II,

XXXVI, 1 : τὸν ἀρχιερέα. Cf. *Hébreux*, II, 17 ; III, 1 ; IV, 14, 15 ; V, 1, 5, etc. Le langage de saint Clément n'est qu'un écho de celui de l'épître aux Hébreux. Photius émet pour la troisième fois (cf. XX, 8 et XXV, 2-5) un blâme à l'adresse de Clément, estimant ses paroles peu en rapport avec la sublimité et la divinité du Christ (*Bibl. Cod.*, 126) : ὅτι ἀρχιερέα καὶ προστάτην τὸν κύριον ἡμῶν Ἰησοῦν Χριστὸν ἐξονομάζων οὐδὲ τὰς θεοπρεπεῖς καὶ ὑψηλοτέρας ἀφῆκε περὶ αὐτοῦ φωνάς. Saint Ignace, saint Polycarpe, saint Justin, à la suite de saint Paul, ont cependant appelé Jésus le grand-prêtre par excellence. — Le mot προστάτης évoque chez un Romain l'image du « patronus ». Cf. *Rom.*, XVI, 2 : προστάτις, employé en parlant de Phébé, la bienfaitrice des chrétiens de Corinthe.

XXXVI, 2 : ἐνοπτριζόμεθα. Cf. II *Cor.*, III, 18 : τὴν δόξαν Κυρίου κατοπτριζόμενοι. JEAN, I, 14 : καὶ ἐθεασάμεθα τὴν δόξαν αὐτοῦ.

XXXVI, 2 : ἡ ἀσύνετος... ἡμᾶς γεύσασθαι. Cité par Clément d'Alexandrie comme étant de l'épître aux Corinthiens (ὁ ἐν τῇ

XXXVI. Telle est la voie, mes bien-aimés, où nous trouvons notre salut, Jésus-Christ, le grand-prêtre de nos offrandes, le protecteur et l'aide de notre faiblesse. [2] Par lui nous tendons nos regards vers les hauteurs des cieux ; par lui nous voyons comme dans un miroir le visage immaculé, plein de noblesse de Dieu ; par lui les yeux de notre cœur se sont ouverts ; par lui notre intelligence (précédemment) incapable et enténébrée s'épanouit dans la lumière ; par lui le Maître a voulu nous faire goûter à la science immortelle : « rayonnement de la majesté divine, il est aussi élevé au-dessus des anges que le nom qu'il a hérité l'emporte sur le leur. » [3] Il est écrit en effet (de Dieu) : que « des vents il fait ses messagers, et des flammes brûlantes ses serviteurs. » [4] Mais au sujet de son Fils, le Maître s'exprime ainsi : « Tu es mon Fils, je t'ai engendré aujourd'hui ; demande-moi, et je te donnerai en héritage les nations, et en propriété jusqu'aux

πρὸς Κορινθίους ἐπιστολῇ γέγραπται, *Stromates*, IV, 17, 112). — ὀφθαλμοὶ τῆς καρδίας, cf. LIX, 3. *Éphés.*, I, 18 ; *Martyre de Polycarpe*, II, 3. — L'idée des ténèbres dissipées par le Christ dans l'âme est familière à l'ancienne littérature chrétienne : *Rom.*, I, 21 ; *Éphés.*, IV, 18, surtout I PIERRE, II, 9 qui a peut-être inspiré ici Clément de Rome : τοῦ ἐκ σκότους ὑμᾶς καλέσαντος εἰς τὸ θαυμαστὸν αὐτοῦ φῶς. C'est sans doute ce texte qui a influencé les copistes et donné lieu aux leçons : εἰς τὸ θαυμαστὸν αὐτοῦ φῶς (A), et εἰς τὸ θαυμαστὸν φῶς (H) Les versions LS et Clément d'Alexandrie sont témoins du vrai texte.

XXXVI, 2 : ὅς ὤν. Le premier verset pris de l'épître aux Hébreux est quelque peu réduit et fondu. L'épître aux Hébreux a évidemment suggéré à Clément les citations suivantes des *Psaumes*, mais l'auteur s'est reporté aux psaumes eux-mêmes.

XXXVI, 3 : ὁ ποιῶν. *Ps.* CIII, 4, cité lui-même dans *Héb.*, I, 7.

XXXVI, 4 : υἱός μου. Emprunté littéralement à *Ps.* II, 7, à l'imitation de *Hébr.*, I, 5, et devenu l'un des thèmes de la prédication chrétienne. Cf. *Actes*, XIII, 33. Mais Clément cite d'original car il a ajouté le verset 8 du psaume.

7, 8). [5] Καὶ πάλιν λέγει πρὸς αὐτόν· « Κάθου ἐκ δεξιῶν μου, ἕως ἂν θῶ τοὺς ἐχθρούς σου ὑποπόδιον τῶν ποδῶν σου » (*Psaume* CIX, 1). [6]· Τίνες οὖν οἱ ἐχθροί; οἱ φαῦλοι καὶ ἀντιτασσόμενοι τῷ θελήματι αὐτοῦ.

XXXVII. Στρατευσώμεθα οὖν, ἄνδρες ἀδελφοί, μετὰ πάσης ἐκτενείας ἐν τοῖς ἀμώμοις προστάγμασιν αὐτοῦ. [2] Κατανοήσωμεν τοὺς στρατευομένους τοῖς ἡγουμένοις ἡμῶν, πῶς εὐτάκτως, πῶς εἰκτικῶς, πῶς ὑποτεταγμένως ἐπιτελοῦσιν τὰ διατασσόμενα. [3] Οὐ πάντες εἰσὶν ἔπαρχοι οὐδὲ χιλίαρχοι οὐδὲ ἑκατόνταρχοι οὐδὲ πεντηκόνταρχοι οὐδὲ τὸ καθεξῆς, ἀλλ' ἕκαστος ἐν τῷ ἰδίῳ τάγματι τὰ ἐπιτασσόμενα ὑπὸ τοῦ βασιλέως καὶ τῶν ἡγουμένων ἐπιτελεῖ. [4] Οἱ μεγάλοι δίχα τῶν μικρῶν οὐ δύνανται εἶναι οὔτε οἱ μικροὶ δίχα τῶν μεγάλων· σύγκρασίς τίς ἐστιν ἐν πᾶσιν, καὶ ἐν τούτοις χρῆσις. [5] Λάβωμεν τὸ σῶμα ἡμῶν· ἡ κεφαλὴ δίχα τῶν ποδῶν οὐδέν ἐστιν, οὕτως οὐδὲ οἱ πόδες δίχα τῆς κεφαλῆς·

XXXVI, 5 : κάθου. Citation littérale de *Ps.* CIX, 1 à la suite de *Hébr.*, I, 13; la seconde partie du verset utilisée dans 1 *Cor.*, XV, 25.

XXXVII, 1 : στρατευσώμεθα. Cf. II *Cor.*, X, 3; I *Tim.*, I, 18; II *Tim.*, II, 3.

XXXVII,2 : εἰκτικῶς éd. Funk, et Lightfoot, qui corrigent A en raison de l'altération vraisemblable du début du mot par suite du voisinage avec le mot précédent εὐτάκτως; εὐείκτως A très probablement, et peut-être S, Knopf; ἰκτικῶς H; leniter L. Le copte fait défaut.

XXXVII, 2 : ἡγουμένοις. Cf. V, 7. — 3 : οὐ πάντες. Cf. I *Cor.*, XII, 29, 30. — ἕκαστος. Cf. XLI, 1. — 1 *Cor.*, XV, 23 : ἕκαστος δὲ ἐν τῷ ἰδίῳ τάγματι.

XXXVII, 3 : βασιλέως. Le titre officiel de l'empereur en grec

extrémités de la terre. » [5] Il lui dit également : « Assieds-toi à ma droite jusqu'à ce que je fasse de tes ennemis l'escabeau de tes pieds. » [6] Quels sont ces ennemis ? Les pervers, et ceux qui s'opposent à la volonté de Dieu.

XXXVII. Faisons campagne, ô hommes mes frères, avec toute l'application possible sous son commandement irréprochable. [2] Considérons les soldats qui servent sous nos chefs : quelle discipline ! quelle docilité ! quelle soumission pour exécuter les ordres ! [3] Tous ne sont pas préfets, ni tribuns, ni centurions, ni cinquanteniers, et ainsi de suite ; mais chacun en son rang exécute les ordres de l'empereur ou des chefs. [4] Les grands ne peuvent être sans les petits, ni les petits sans les grands ; il y a en toute espèce de chose un certain mélange, en quoi réside son utilité. [5] Prenons (exemple de) notre corps : la tête sans les pieds n'est rien ; de même les pieds, rien sans la tête. Les moindres membres de notre corps sont

est αὐτοκράτωρ, mais le langage courant se sert du mot βασιλεύς. Cf. JEAN, XIX, 15 ; *Actes*, XVII, 7 ; 1 PIERRE, II, 13, 17 ; ARISTIDE, *Apol.*, 1.

XXXVII, 4 : οἱ μεγάλοι. Cf. SOPHOCLE, *Ajax*, 156 : καίτοι σμικροὶ μεγάλων χωρὶς σφαλερὸν πύργου ῥῦμα πέλονται. — PLATON, *Lois*, X, 902, E : οὐδὲ γὰρ ἄνευ σμικρῶν τοὺς μεγάλους φασὶν οἱ λιθολόγοι λίθους εὖ κεῖσθαι. — Lightfoot met entre guillemets, comme empruntée aux auteurs profanes, la sentence sur les petits et les grands. Elle semble du moins en être inspirée.

XXXVII, 4 : σύγκρασις. Lightfoot en signale un emploi dans EURIPIDE (*Fragm. Aeol.*, II) : ἀλλ' ἔστι τις σύγκρασις ὥστ' ἔχειν καλῶς. Saint Paul dit d'ailleurs (I *Cor.*, XII, 24) : ἀλλὰ ὁ Θεὸς συνεκέρασεν τὸ σῶμα.

— ἐν τούτοις A HS. Knopf adopte la lecture ἐν ἀλλήλοις à cause de L : aliud alio opus est. Le copte fait défaut ici.

XXXVII, 5 : λάβωμεν. Cf. 1 *Cor.*, XII, 12-31 (surtout le verset 22 : τὰ δοκοῦντα μέλη τοῦ σώματος ἀσθενέστερα ὑπάρχειν ἀναγκαῖά ἐστιν) et *Rom.*, XII, 4.

τὰ δὲ ἐλάχιστα μέλη τοῦ σώματος ἡμῶν ἀναγκαῖα καὶ εὔχρηστά εἰσιν ὅλῳ τῷ σώματι· ἀλλὰ πάντα συνπνεῖ καὶ ὑποταγῇ μιᾷ χρῆται εἰς τὸ σώζεσθαι ὅλον τὸ σῶμα.

XXXVIII. Σωζέσθω οὖν ἡμῶν ὅλον τὸ σῶμα ἐν Χριστῷ Ἰησοῦ, καὶ ὑποτασσέσθω ἕκαστος τῷ πλησίον αὐτοῦ, καθὼς ἐτέθη ἐν τῷ χαρίσματι αὐτοῦ. [2] Ὁ ἰσχυρὸς τημελείτω τὸν ἀσθενῆ, ὁ δὲ ἀσθενὴς ἐντρεπέσθω τὸν ἰσχυρόν· ὁ πλούσιος ἐπιχορηγείτω τῷ πτωχῷ, ὁ δὲ πτωχὸς εὐχαριστείτω τῷ θεῷ, ὅτι ἔδωκεν αὐτῷ, δι' οὗ ἀναπληρωθῇ αὐτοῦ τὸ ὑστέρημα· ὁ σοφὸς ἐνδεικνύσθω τὴν σοφίαν αὐτοῦ μὴ ἐν λόγοις, ἀλλ' ἐν ἔργοις ἀγαθοῖς· ὁ ταπεινοφρονῶν μὴ ἑαυτῷ μαρτυρείτω, ἀλλ' ἐάτω ὑφ' ἑτέρου ἑαυτὸν μαρτυρεῖσθαι· ὁ ἁγνὸς ἐν τῇ σαρκὶ μὴ ἀλαζονευέσθω, γινώσκων, ὅτι ἕτερός ἐστιν ὁ ἐπιχορηγῶν αὐτῷ τὴν ἐγκράτειαν. [3] Ἀναλογισώμεθα οὖν, ἀδελφοί, ἐκ ποίας ὕλης ἐγενήθημεν, ποῖοι καὶ τίνες εἰσήλθαμεν εἰς τὸν κόσμον, ἐκ ποίου τάφου καὶ σκότους ὁ πλάσας ἡμᾶς καὶ δημιουργήσας εἰσήγαγεν εἰς τὸν κόσμον αὐτοῦ, προετοιμάσας τὰς εὐεργεσίας αὐτοῦ, πρὶν ἡμᾶς γεννηθῆναι. [4] Ταῦτα οὖν πάντα ἐξ αὐτοῦ ἔχοντες ὀφείλομεν κατὰ πάντα εὐχαριστεῖν αὐτῷ· ᾧ ἡ δόξα εἰς τοὺς αἰῶνας τῶν αἰώνων. Ἀμήν.

XXXIX. Ἄφρονες καὶ ἀσύνετοι καὶ μωροὶ καὶ ἀπαίδευτοι χλευάζουσιν ἡμᾶς καὶ μυκτηρίζουσιν, ἑαυτοὺς βουλόμενοι ἐπαίρεσθαι ταῖς διανοίαις αὐτῶν. [2] Τί γὰρ

XXXVIII, 1 : ὑποτασσέσθω. Cf. *Éphés.*, v, 21 ; — IGNACE, *Magn.*, XIII, 2; — POLYCARPE, *Phil.*, x, 2.
XXXVIII, 1 : καθώς. Cf. 1 PETRI, IV, 10 : ἕκαστος καθὼς ἔλαβεν χάρισμα. — 1 Cor., VII, 7 : ἕκαστος ἴδιον ἔχει χάρισμα ἐκ θεοῦ. — Rom.,

nécessaires et utiles au corps entier ; ou plutôt tous cons-
pirent et servent, par une subordination unanime, au
salut du corps entier.

XXXVIII. Qu'il soit donc conservé en son intégrité le
corps que nous formons en Jésus-Christ ; que chacun
se subordonne à son voisin, selon le charisme dont il
a été investi. [2] Que le fort prenne soin du faible, que
le faible respecte le fort ; que le riche fournisse aide au
pauvre, que le pauvre remercie Dieu de lui avoir donné
quelqu'un pour suppléer à son indigence. Que le sage
manifeste sa sagesse, non par des paroles mais par de
bonnes actions ; que l'homme humble ne témoigne pas
en sa propre faveur, mais qu'il laisse à un autre le soin
de lui rendre témoignage. Que celui qui est chaste dans
sa chair ne s'en vante pas, sachant que c'est un autre qui
lui accorde (le don de) la continence. [3] Calculons donc,
frères, de quelle matière nous avons été formés, quels
nous étions et qui nous étions en entrant dans le monde,
de quelle tombe, de quelles ténèbres, notre auteur et
créateur nous a fait passer dans le monde qui est le sien,
où il nous avait préparé ses bienfaits dès avant notre
naissance. [4] Puisque nous tenons tout de lui, nous
avons le devoir de lui rendre grâces de toutes choses.
A lui la gloire dans les siècles des siècles. Ainsi-soit-il.

XXXIX. Ce sont des sots, des insensés, des fous,
des ignorants qui nous raillent et nous bafouent, avec
le désir de s'enfler de leurs propres pensées. [2] Car

XII, 6 : ἔχοντες χαρίσματα κατὰ τὴν χάριν τὴν δοθεῖσαν ἡμῖν διάφορα.

XXXVIII, 2 : ὁ πλούσιος. Cf. EURIPIDE (*Fragm. Aeol.*, 11) : ἃ μὴ
γάρ ἐστι τῷ πένητι, πλούσιος δίδωσ'· ἃ δ' οἱ πλουτοῦντες οὐ κεκτήμεθα,
τοῖσιν πένησι χρώμενοι θηρώμεθα.

XXXVIII, 3 : ἐκ ποίου τάφου. Cf. *Ps.* cxxxviii, 15 (Harnack).

δύναται θνητός; ἢ τίς ἰσχὺς γηγενοῦς; [3] Γέγραπται γάρ· « Οὐκ ἦν μορφὴ πρὸ ὀφθαλμῶν μου, ἀλλ' ἢ αὔραν καὶ φωνὴν ἤκουον· [4] Τί γάρ; μὴ καθαρὸς ἔσται βροτὸς ἔναντι κυρίου; ἢ ἀπὸ τῶν ἔργων αὐτοῦ ἄμεμπτος ἀνήρ, εἰ κατὰ παίδων αὐτοῦ οὐ πιστεύει, κατὰ δὲ ἀγγέλων αὐτοῦ σκολιόν τι ἐπενόησεν; [5] Οὐρανὸς δὲ οὐ καθαρὸς ἐνώπιον αὐτοῦ· ἔα δέ, οἱ κατοικοῦντες οἰκίας πηλίνας, ἐξ ὧν καὶ αὐτοὶ ἐκ τοῦ αὐτοῦ πηλοῦ ἐσμέν. Ἔπαισεν αὐτοὺς σητὸς τρόπον, καὶ ἀπὸ πρωΐθεν ἕως ἑσπέρας οὐκ ἔτι εἰσίν· παρὰ τὸ μὴ δύνασθαι αὐτοὺς ἑαυτοῖς βοηθῆσαι ἀπώλοντο. [6] Ἐνεφύσησεν αὐτοῖς, καὶ ἐτελεύτησαν παρὰ τὸ μὴ ἔχειν αὐτοὺς σοφίαν. [7] Ἐπικάλεσαι δέ, εἴ τίς σοι ὑπακούσεται, ἢ εἴ τινα ἁγίων ἀγγέλων ὄψῃ· καὶ γὰρ ἄφρονα ἀναιρεῖ ὀργή, πεπλανημένον δὲ θανατοῖ ζῆλος. [8] Ἐγὼ δὲ ἑώρακα ἄφρονας ῥίζας βαλόντας, ἀλλ' εὐθέως ἐβρώθη αὐτῶν ἡ δίαιτα. [9] Πόρρω γένοιντο οἱ υἱοὶ αὐτῶν ἀπὸ σωτηρίας· κολαβρισθείησαν ἐπὶ θύραις ἡσσόνων, καὶ οὐκ ἔσται ὁ ἐξαιρούμενος· ἃ γὰρ ἐκείνοις ἡτοίμασται, δίκαιοι ἔδονται, αὐτοὶ δὲ ἐκ κακῶν οὐκ ἐξαίρετοι ἔσονται » (*Job*, IV, 16-V, 5).

XL. Προδήλων οὖν ἡμῖν ὄντων τούτων, καὶ ἐγκεκυφότες εἰς τὰ βάθη τῆς θείας γνώσεως, πάντα τάξει ποιεῖν ὀφεί-

XXXIX, 3 : Dans la citation de Job (IV, 16-V, 5) les mots οὐρανὸς δὲ οὐ καθαρὸς ἐνώπιον αὐτοῦ sont tirés du chapitre XV, 15 et insérés entre les versets 18 et 19. Les divergences d'avec les Septante sont pour la plupart peu importantes.

XL : Dans ce chapitre Clément proclame le caractère divin du culte juif, les anciens auteurs chrétiens s'expliquent rarement sur le culte juif et ils le font généralement dominés par l'idée de son abrogation. Voir *Intr.*, p. XI, XLIII.

XL, 1 : τὰ βάθη τῆς θείας γνώσεως. Cf. *Rom.*, XI, 33; 1 *Cor.*, II

quel est le pouvoir d'un mortel ? quelle est la force d'un enfant de la terre ? [3] Il est écrit : « Mes yeux n'apercevaient aucune figure, mais j'entendais un souffle et une voix (qui disait) : [4] Eh quoi ! un mortel sera-t-il pur devant le Seigneur ? ou l'homme irréprochable dans ses œuvres, quand il se défie de ses serviteurs et qu'il remarque des travers dans ses anges ? [5] Le ciel même n'est pas pur devant lui. Combien moins ceux qui habitent des maisons d'argile, du nombre desquels nous sommes, et (faits) de la même boue ? Il les a écrasés comme un ver ; du matin au soir ils ont passé ; ils ont péri parce qu'ils n'avaient pas en eux la force de se secourir. [6] Il a soufflé sur eux et ils sont morts parce qu'ils n'avaient pas de sagesse. [7] Pour toi, appelle au secours, peut-être quelqu'un t'entendra, ou tu apercevras quelqu'un des saints anges. Car, en vérité, la colère fait périr l'insensé, la jalousie fait périr l'égaré. [8] J'ai bien vu des insensés pousser des racines ; mais soudain leur prospérité a été dévorée. [9] Puissent leurs enfants être loin du salut ! puissent-ils être moqués à la porte des petits ! et il n'y aura personne qui les délivre. Les biens préparés pour eux, les justes les consommeront ; mais eux, ils ne se dépêtreront pas de leurs maux. »

XL. Puisque ce sont là des choses évidentes pour nous, puisque nous avons pénétré du regard les profondeurs

---

10, surtout *Apoc.*, II, 24 : οἵτινες οὐκ ἔγνωσαν τὰ βαθέα τοῦ Σατανᾶ, ὡς λέγουσιν. Les gnostiques plus tard ont amplement usé de ces expressions prêtant au mystère. Irénée dit à leur propos : « profunda Dei adinvenisse se dicentes » (*Hær.*, II, 22, 3), et encore : « aliquis eorum qui altitudines Dei exquisisse se dicunt » (*Hær.*, II, 28, 9). Hippolyte : ἐπεκάλεσαν ἑαυτοὺς γνωστικούς, φάσκοντες μόνοι τὰ βάθη γινώσκειν (*Hær.*, V, 6).

XL, 1 : τάξει. Cf. 1 *Cor.*, XIV, 40.

λομεν, ὅσα ὁ δεσπότης ἐπιτελεῖν ἐκέλευσεν κατὰ καιροὺς τεταγμένους. [2] Τάς τε προσφορὰς καὶ λειτουργίας ἐπιτελεῖσθαι, καὶ οὐκ εἰκῇ ἢ ἀτάκτως ἐκέλευσεν γίνεσθαι, ἀλλ' ὡρισμένοις καιροῖς καὶ ὥραις. [3] Ποῦ τε καὶ διὰ τίνων ἐπιτελεῖσθαι θέλει, αὐτὸς ὥρισεν τῇ ὑπερτάτῃ αὐτοῦ βουλήσει, ἵν' ὁσίως πάντα γινόμενα ἐν εὐδοκήσει εὐπρόσδεκτα εἴη τῷ θελήματι αὐτοῦ. [4] Οἱ οὖν τοῖς προστεταγμένοις καιροῖς ποιοῦντες τὰς προσφορὰς αὐτῶν εὐπρόσδεκτοί τε καὶ μακάριοι· τοῖς γὰρ νομίμοις τοῦ δεσπότου ἀκολουθοῦντες οὐ διαμαρτάνουσιν. [5] Τῷ γὰρ ἀρχιερεῖ ἴδιαι λειτουργίαι δεδομέναι εἰσίν, καὶ τοῖς ἱερεῦσιν ἴδιος ὁ τόπος προστέτακται, καὶ λευΐταις ἴδιαι διακονίαι ἐπίκεινται· ὁ λαϊκὸς ἄνθρωπος τοῖς λαϊκοῖς προστάγμασιν δέδεται.

XLI. Ἕκαστος ἡμῶν, ἀδελφοί, ἐν τῷ ἰδίῳ τάγματι εὐαρεστείτω τῷ θεῷ ἐν ἀγαθῇ συνειδήσει ὑπάρχων, μὴ παρεκβαίνων τὸν ὡρισμένον τῆς λειτουργίας αὐτοῦ κανόνα, ἐν σεμνότητι. [2] Οὐ πανταχοῦ, ἀδελφοί, προσφέρονται θυσίαι ἐνδελεχισμοῦ ἢ εὐχῶν ἢ περὶ ἁμαρτίας καὶ πλημ-

XL, 2 : ἐπιτελεῖσθαι καὶ A H, omis chez L S et Knopf. Lightfoot propose de lire ἐπιμελῶς qui serait tombé entre λειτουργίας et ἐπιτελεῖσθαι. Le copte fait défaut

XL, 5 : ἴδιος ὁ τόπος. Cf. XLIV, 5. La place assignée est devenue l'emblème de l'office lui-même et de la charge ; cf. IGNACE, *Polyc.*, 1, 2 ; *Smyrn.*, VI, 1 ; — POLYCARPE, *Phil.*, XI, 1 ; — EUSÈBE, H. E., V, 5, 2 ; *Constitutions apostoliques*, II, 11, 18.

XL, 5 : λαϊκός. Cf. JÉRÉMIE, XXXIV, 10 : τοὺς ἄρχοντας Ἰούδα καὶ τοὺς δυνάστας καὶ τοὺς ἱερεῖς καὶ τὸν λαόν. La même opposition est rendue par le mot λαϊκός : un homme qui n'a aucun ministère sacré à remplir. Les juifs hellénistes employaient peut-être le mot et l'auront naturalisé dans l'ancienne langue chrétienne. Cf. TERTULLIEN, *De præscr.*, 41 ; CLÉM. ALEX., *Strom.*, III, 12, 90.

XLI, 1 : εὐαρεστείτω H L S ; εὐχαριστείτω A.

de la connaissance divine, nous devons faire avec ordre tout ce que le Maître nous a prescrit d'accomplir en des temps déterminés. [2] Or il nous a prescrit de nous acquitter des offrandes et du service divin non pas au hasard et sans ordre, mais en des temps et à des heures fixés. [3] Il a déterminé lui-même par sa décision souveraine à quels endroits et par quels ministres ils doivent s'accomplir, afin que toute chose se fasse saintement selon son bon plaisir, et soit agréable à sa volonté. [4] Donc, ceux qui présentent leurs offrandes aux temps marqués sont bien accueillis et bienheureux ; car, à suivre les ordonnances du Maître, ils ne font pas fausse route. [6] Au grand-prêtre des fonctions particulières ont été conférées ; aux prêtres, on a marqué des places spéciales ; aux lévites incombent des services propres ; les laïques sont liés par des préceptes particuliers aux laïques.

XLI. Frères, que chacun d'entre nous, à son rang, plaise à Dieu, par une bonne conscience, sans transgresser les règles imposées à son office, (agissant) avec gravité. [2] Ce n'est point partout, mes frères, qu'on offre les sacrifices, soit le sacrifice perpétuel, soit le votif,

XLI, 1 : κανόνα. Cf. II *Cor.*, x, 13, 14. Cf. plus haut, vii, 2 (note).

XLI, 2 : προσφέρονται. Clément de Rome emploie le présent pour décrire une institution demeurée dans son souvenir ; mais il ne trace de parallèle entre les deux sacerdoces que parce que la disparition de l'un fait valoir l'autre. On retrouve la même manière de parler dans Josèphe (*Antiq. jud.*, iii. 7-11. Cf. BARNABÉ, vii-ix, l'*Épître à Diognète*, iii ; S. JUSTIN (*Dialogue*, ch. CXVII).

XLI, 2 : ἐνδελεχισμοῦ. Au sacrifice perpétuel, obligatoire, quotidien (*Exode*, XXIX, 42), s'opposent les sacrifices libres, volontaires, pour prier, expier, réparer (*Nombres*, vi ; *Lévit.*, iv-v). Philon donne une division analogue : τὸ ὁλόκαυτον, τὸ σωτήριον, τὸ περὶ ἁμαρτίας (*De Vict.*, iv). Cf. JOSÈPHE (*Antiq. jud.*, iii, 9).

μελείας, ἀλλ᾽ ἢ ἐν Ἱερουσαλὴμ μόνῃ· κἀκεῖ δὲ οὐκ ἐν παντὶ τόπῳ προσφέρεται, ἀλλ᾽ ἔμπροσθεν τοῦ ναοῦ πρὸς τὸ θυσιαστήριον, μωμοσκοπηθὲν τὸ προσφερόμενον διὰ τοῦ ἀρχιερέως καὶ τῶν προειρημένων λειτουργῶν. [3] Οἱ οὖν παρὰ τὸ καθῆκον τῆς βουλήσεως αὐτοῦ ποιοῦντές τι θάνατον τὸ πρόστιμον ἔχουσιν. [4] Ὁρᾶτε, ἀδελφοί· ὅσῳ πλείονος κατηξιώθημεν γνώσεως, τοσούτῳ μᾶλλον ὑποκείμεθα κινδύνῳ.

XLII. Οἱ ἀπόστολοι ἡμῖν εὐηγγελίσθησαν ἀπὸ τοῦ κυρίου Ἰησοῦ Χριστοῦ, Ἰησοῦς ὁ Χριστὸς ἀπὸ τοῦ θεοῦ ἐξεπέμφθη. [2] Ὁ Χριστὸς οὖν ἀπὸ τοῦ θεοῦ καὶ οἱ ἀπόστολοι ἀπὸ τοῦ Χριστοῦ· ἐγένοντο οὖν ἀμφότερα εὐτάκτως ἐκ θελήματος θεοῦ. [3] Παραγγελίας οὖν λαβόντες καὶ πληροφορηθέντες διὰ τῆς ἀναστάσεως τοῦ κυρίου ἡμῶν Ἰησοῦ Χριστοῦ καὶ πιστωθέντες ἐν τῷ λόγῳ τοῦ θεοῦ, μετὰ πληροφορίας πνεύματος ἁγίου ἐξῆλθον εὐαγγελιζόμενοι, τὴν βασιλείαν τοῦ θεοῦ μέλλειν ἔρχεσθαι. [4] Κατὰ χώρας οὖν καὶ πόλεις κηρύσσοντες καθίστανον τὰς ἀπαρχὰς αὐτῶν, δοκιμάσαντες τῷ πνεύματι, εἰς ἐπι-

XLI, 4 : κινδύνῳ. Si dans l'ancien culte les infractions étaient punies de mort, quel sera le châtiment des chrétiens, mieux instruits que les Juifs.

XLII, 1 : εὐηγγελίσθησαν. Cf. MATTH., XI, 5 ; LUC, VII, 22 ; *Hébreux*, IV, 2, 6.

XLII, 1 : ἐξεπέμφθη. Cf. 1 *Cor.*, III, 23 ; JEAN, XVII, 18 ; XX, 21. TERTULLIEN, *de Præscript.*, XXXVII : in ea regula incedimus quam ecclesia ab apostolis, apostoli a Christo, Christus a Deo tradidit (cité par Harnack).

XLII, 2 : L'absence du verbe est à noter comme dans *Rom.*, X, 17 ; 1 *Cor.*, III, 23.

ou celui pour les péchés et les fautes, c'est seulement à Jérusalem ; même en cette ville, ce n'est pas en tout lieu qu'on offre, mais en face du sanctuaire, sur l'autel, après que l'offrande a été soigneusement inspectée par le grand-prêtre et les ministres mentionnés plus haut. [3] Ceux qui agissent à l'encontre de l'ordre conforme à la volonté de Dieu sont punis de mort. [4] Vous le voyez, frères ; plus haute est la connaissance dont nous avons été jugés dignes, plus grave est le risque que nous encourons.

XLII. Les apôtres nous ont été dépêchés comme messagers de bonne nouvelle par le Seigneur Jésus-Christ. Jésus-Christ a été envoyé par Dieu. [2] Le Christ vient donc de Dieu, et les apôtres viennent du Christ : ces deux choses découlent en bel ordre de la volonté de Dieu. [3] Munis des instructions de Notre-Seigneur Jésus-Christ et pleinement convaincus par sa résurrection, les apôtres, affermis par la parole de Dieu, allèrent, avec l'assurance du Saint-Esprit, annoncer la bonne nouvelle, l'approche du royaume de Dieu. [4] Prêchant à travers les villes et les campagnes, ils éprouvèrent dans le Saint-Esprit leurs

XLII, 3 : πληροφορηθέντες. Cf. *Rom.*, IV, 21 ; XIV, 5. --- πιστωθέντες. Cf. II *Tim.*, III, 14. — μετὰ πληροφορίας. Cf. I *Thessal.*, I, 15. *Col.*, II, 2 ; *Hébr.*, VI, 11 ; X, 22.

XLII, 4 : κηρύσσοντες. Après ce mot, L introduit le membre de phrase : *eos qui obaudiebant voluntati Dei baptizantes.* Knopf adopte la leçon, et la rend par les mots : καὶ τοὺς ὑπακούοντας τῇ βουλήσει τοῦ θεοῦ βαπτίζοντες = baptisant ceux qui obéissaient à la volonté de Dieu. Le membre de phrase a pu tomber par suite d'une similitude de finale avec κηρύσσοντες, mais il est à remarquer qu'il manque non seulement dans A H S mais encore dans le texte copte.

σκόπους καὶ διακόνους τῶν μελλόντων πιστεύειν. [5] Καὶ τοῦτο οὐ καινῶς· ἐκ γὰρ δὴ πολλῶν χρόνων ἐγέγραπτο περὶ ἐπισκόπων καὶ διακόνων. Οὕτως γάρ που λέγει ἡ γραφή· « Καταστήσω τοὺς ἐπισκόπους αὐτῶν ἐν δικαιοσύνῃ καὶ τοὺς διακόνους αὐτῶν ἐν πίστει » (ISAÏE, LX, 17).

XLIII. Καὶ τί θαυμαστόν, εἰ οἱ ἐν Χριστῷ πιστευθέντες παρὰ θεοῦ ἔργον τοιοῦτο κατέστησαν τοὺς προειρημένους; ὅπου καὶ ὁ μακάριος· « πιστὸς θεράπων ἐν ὅλῳ τῷ οἴκῳ » (Nombres, XII, 7) Μωϋσῆς τὰ διατεταγμένα αὐτῷ πάντα ἐσημειώσατο ἐν ταῖς ἱεραῖς βίβλοις, ᾧ καὶ ἐπηκολούθησαν οἱ λοιποὶ προφῆται, συνεπιμαρτυροῦντες τοῖς ὑπ' αὐτοῦ νενομοθετημένοις. [2] Ἐκεῖνος γάρ, ζήλου ἐμπεσόντος περὶ τῆς ἱερωσύνης καὶ στασιαζουσῶν τῶν φυλῶν, ὁποία αὐτῶν εἴη, τῷ ἐνδόξῳ ὀνόματι κεκοσμημένη, ἐκέλευσεν τοὺς δώδεκα φυλάρχους προσενεγκεῖν αὐτῷ ῥάβδους ἐπιγεγραμμένας ἑκάστης φυλῆς κατ' ὄνομα· καὶ λαβὼν αὐτὰς ἔδησεν καὶ ἐσφράγισεν τοῖς δακτυλίοις τῶν φυλάρχων, καὶ ἀπέθετο αὐτὰς εἰς τὴν σκηνὴν τοῦ μαρτυρίου ἐπὶ τὴν τράπεζαν τοῦ θεοῦ. [3] Καὶ κλείσας τὴν σκηνὴν ἐσφράγισεν τὰς κλεῖδας ὡσαύτως καὶ τὰς ῥάβδους, [4] καὶ εἶπεν αὐτοῖς· Ἄνδρες ἀδελφοί, ἧς ἂν φυλῆς ἡ ῥάβδος βλαστήσῃ, ταύτην ἐκλέλεκται ὁ θεὸς εἰς τὸ ἱερατεύειν καὶ λειτουργεῖν αὐτῷ. [5] Πρωΐας δὲ γενομένης συνεκά-

---

XLII, 5 : Le texte d'Isaïe est déformé par l'introduction forcée du mot διακόνους. Le texte des Septante porte : δώσω τοὺς ἄρχοντάς σου ἐν εἰρήνῃ καὶ τοὺς ἐπισκόπους σου ἐν δικαιοσύνῃ. Hébreu : « et je te donnerai pour gouverneurs, la paix, Pour magistrats, la justice ».

XLIII, 1 : πιστευθέντες. Construction fréquente dans saint

prémices, et les instituèrent comme évêques et comme diacres des futurs croyants. [5] Ce n'était point là une nouveauté : il y avait longtemps que l'Écriture parlait des évêques et des diacres, puisqu'elle dit quelque part : « J'établirai leurs évêques dans la justice et leurs diacres dans la foi. »

XLIII. Quoi d'étonnant si ceux à qui Dieu confia cette grande œuvre par le Christ, ont établi les ministres mentionnés précédemment, quand on voit le bienheureux Moïse, « fidèle serviteur établi sur toute la maison de Dieu », consigner dans les livres saints tous les ordres qu'il avait reçus ; les autres prophètes l'ont suivi et ont pareillement rendu témoignage aux institutions de sa loi. [2] Or, dès qu'une rivalité surgit au sujet du sacerdoce, et que les tribus disputèrent entre elles pour savoir qui obtiendrait l'honneur de ce titre glorieux, Moïse ordonna aux douze chefs de tribu de lui apporter chacun une verge sur laquelle fût inscrit le nom de sa tribu. Les ayant reçues, il les lia en faisceau, les scella avec les anneaux des chefs, puis les déposa dans le tabernacle du témoignage, sur la table de Dieu. [3] Il ferma ensuite le tabernacle, il en scella les clefs, comme il avait scellé les verges. [4] Alors il dit aux chefs : Frères, la tribu dont la verge germera est celle que Dieu a choisie pour exercer le sacerdoce et le ministère [5] Le

Paul : *Rom.*, III, 2 ; *Galates*, II, 7 ; 1 *Cor.*, IX, 17.
XLIII, 1 : πιστός. Cf. XVII, 5 ; *Héb.*, III, 5. Clément tire sans doute le texte des *Nombres*, auxquels il emprunte aussi le récit qui suit, au sujet de la verge fleurie (*Nombres*, XVII). Clément ajoute au récit biblique des circonstances (ἔθηκεν et ἐσφράγισεν τὰς κλεῖδας) qu'il a dû emprunter aux traditions juives. Cf. JOSÈPHE (*Antiq. jud.*, IV, 4, 2) et PHILON (*Vita Mosis*, III, 21).

λεσεν πάντα τὸν Ἰσραήλ, τὰς ἑξακοσίας χιλιάδας τῶν ἀνδρῶν, καὶ ἐπεδείξατο τοῖς φυλάρχοις τὰς σφραγῖδας καὶ ἤνοιξεν τὴν σκηνὴν τοῦ μαρτυρίου καὶ προεῖλεν τὰς ῥάβδους· καὶ εὑρέθη ἡ ῥάβδος Ἀαρὼν οὐ μόνον βεβλαστηκυῖα, ἀλλὰ καὶ καρπὸν ἔχουσα. [6] Τί δοκεῖτε, ἀγαπητοί; οὐ προῄδει Μωϋσῆς τοῦτο μέλλειν ἔσεσθαι; μάλιστα ᾔδει· ἀλλ' ἵνα μὴ ἀκαταστασία γένηται ἐν τῷ Ἰσραήλ, οὕτως ἐποίησεν, εἰς τὸ δοξασθῆναι τὸ ὄνομα τοῦ ἀληθινοῦ καὶ μόνου θεοῦ· ᾧ ἡ δόξα εἰς τοὺς αἰῶνας τῶν αἰώνων. Ἀμήν.

XLIV. Καὶ οἱ ἀπόστολοι ἡμῶν ἔγνωσαν διὰ τοῦ κυρίου ἡμῶν Ἰησοῦ Χριστοῦ, ὅτι ἔρις ἔσται ἐπὶ τοῦ ὀνόματος τῆς ἐπισκοπῆς. [2] Διὰ ταύτην οὖν τὴν αἰτίαν πρόγνωσιν εἰληφότες τελείαν κατέστησαν τοὺς προειρημένους καὶ μεταξὺ ἐπινομὴν δεδώκασιν, ὅπως, ἐὰν κοιμηθῶσιν, διαδέξωνται ἕτεροι δεδοκιμασμένοι ἄνδρες τὴν λειτουργίαν αὐτῶν. [3] Τοὺς οὖν κατασταθέντας ὑπ' ἐκείνων ἢ μεταξὺ

XLIII, 6 : θεοῦ manque dans L, suivi par Knopf ; mais il se trouve dans les deux versions copte et syriaque dont le texte est ainsi conforme à JEAN, XVII, 3 : τοῦ μόνου ἀληθινοῦ θεοῦ. Le mot θεοῦ manque dans A mais à sa place est un espace vide ; H porte la leçon κυρίου. Harnack entend du sacerdoce les mots τὸ ὄνομα τοῦ ἀληθινοῦ καὶ μόνου et tient la doxologie pour interpolée (*Texte und Untersuchungen*, XX, 3, p. 72 (1900). Le rapprochement de XLIII, 6 avec Jean XVII, 3, comme aussi de XLII, 1 (cf. note) avec Jean XVII, 18 est des plus intéressants pour l'histoire du 4ᵉ évangile et pour la détermination de sa date.

XLIV, 1 : Cf. TERTULLIEN, *De Baptismo*, XVII : « episcopatus aemulatio schismatum mater est. EUSÈBE, H. E., IV, 22, 5 ; VI, 43, 5 ; CYPRIEN, Lettre XIX, 5.

— ὀνόματος. Cf. XXXVI, 2 et XLIII, 2.

matin venu, il convoqua tout Israël, les six cent mille hommes, montra les sceaux aux chefs des tribus, ouvrit le tabernacle du témoignage et en retira les verges. Or il se trouva que la verge d'Aaron non seulement avait germé, mais portait fruit. [6] Qu'en pensez-vous, mes bien-aimés ? Moïse ne l'avait-il pas prévu ? Assurément, il l'avait prévu ; mais il agit ainsi afin de prévenir l'agitation dans Israël, et de glorifier le nom du Dieu véritable et unique. A celui-ci soit la gloire dans les siècles des siècles. Ainsi soit-il.

XLIV. Nos apôtres aussi ont su par Notre-Seigneur Jésus-Christ qu'il y aurait querelle au sujet de la dignité de l'épiscopat. [2] C'est bien pourquoi, dans leur prescience parfaite de l'avenir, ils instituèrent ceux que nous avons dits, et ensuite posèrent cette règle qu'après leur mort, d'autres hommes éprouvés succéderaient à leur ministère. [3] Ceux qui ont été ainsi mis en charge par les

XLIV, 2 : προειρημένους = les évêques et les diacres. Cf. XLII, 4. — μεταξύ = μετέπειτα. Cf. *Actes*, XIII, 42 ; BARNABÉ, XIII, 5 ; EUSÈBE, H. E., V, 16, 18. — ἐπινομήν A L (legem), ἐπιδομήν H, ἐπὶ δοκιμήν ou ἐπὶ δοκιμῇ, S. K traduit : « ils donnèrent à ceux qui après eux » (le sens paraît n'avoir pas été compris). Le mot est difficile et prête aux conjectures. Lightfoot propose ἐπιμονήν. Le sens de « distribution » accueilli par Sohm, *Kirchenrecht*, p. 82, ne cadre pas avec l'ensemble du contexte. La version latine donne un sens très plausible de « disposition, loi » et qu'on peut justifier par un rapprochement de la racine avec νόμος.

— κοιμηθῶσιν. Il est plus naturel de donner comme sujet à ce verbe les évêques et les diacres, que les apôtres.

XLIV, 3 : ὑπ' ἐκείνων, c'est-à-dire par les Apôtres ; — ἐλλογίμων ἀνδρῶν sont les évêques ou presbytres que les Apôtres ont établis et qui en établissent d'autres à leur tour.

ὑφ' ἑτέρων ἐλλογίμων ἀνδρῶν συνευδοκησάσης τῆς ἐκκλησίας πάσης, καὶ λειτουργήσαντας ἀμέμπτως τῷ ποιμνίῳ
τοῦ Χριστοῦ μετὰ ταπεινοφροσύνης, ἡσύχως καὶ ἀβαναύ-
σως, μεμαρτυρημένους τε πολλοῖς χρόνοις ὑπὸ πάντων,
τούτους οὐ δικαίως νομίζομεν ἀποβάλλεσθαι τῆς λειτουργίας. [4] Ἁμαρτία γὰρ οὐ μικρὰ ἡμῖν ἔσται, ἐὰν τοὺς
ἀμέμπτως καὶ ὁσίως προσενεγκόντας τὰ δῶρα τῆς ἐπισκοπῆς ἀποβάλωμεν. [5] Μακάριοι οἱ προοδοιπορήσαντες
πρεσβύτεροι, οἵτινες ἔγκαρπον καὶ τελείαν ἔσχον τὴν
ἀνάλυσιν· οὐ γὰρ εὐλαβοῦνται, μή τις αὐτοὺς μεταστήσῃ
ἀπὸ τοῦ ἱδρυμένου αὐτοῖς τόπου. [6] Ὁρῶμεν γάρ, ὅτι
ἐνίους ὑμεῖς μετηγάγετε καλῶς πολιτευομένους ἐκ τῆς
ἀμέμπτως αὐτοῖς τετιμημένης λειτουργίας.

XLV. Φιλόνεικοί ἐστε, ἀδελφοί, καὶ ζηλωταὶ περὶ τῶν
ἀνηκόντων εἰς σωτηρίαν. [2] Ἐγκεκύφατε εἰς τὰς ἱερὰς

XLIV, 3 : συνευδοκησάσης. L'élection et l'ordination des évêques
ou presbytres est réservée par Clément aux apôtres ou aux
évêques, et l'approbation ou le consentement est laissé à l'Église.
La physionomie des élections sera un peu différente plus tard
quand le peuple interviendra de façon plus active. Cf. Funk,
Kirchengeschichtliche Abhandlungen und Untersuchungen, 1,
(1897), 23 et suiv.

XLIV, 4 : ἀμέμπτως. Cf. 1 *Thess.*, ii, 10. — δῶρα : mot très
compréhensif qui s'applique à tout ce qui ressortit au ministère de l'épiscopat : les θυσίαι de la nouvelle alliance sont les
prières (θυσία αἰνέσεως, XXXV, 12 à XXXVI, 1 ; LII, 3) et les sentiments du repentir (LII, 4), les offrandes apportées par les
fidèles aux prêtres, les aumônes, les actions de grâces, les
éléments eucharistiques. A rapprocher des θυσίαι, δῶρα, et
προσφοραί de Clément, l'épître aux *Hébreux*, XIII, 15, 16, et les
Constitutions apostoliques, ii, 25, 27, 34, 35, 53. Celles-ci font une
transposition de l'A. T. au Nouveau. Les θυσίαι du premier ont
pour équivalent les εὐχαὶ καὶ δεήσεις καὶ εὐχαριστίαι du second ;
aux ἀπαρχαὶ καὶ δεκάται et aux δῶρα de l'A. T. correspondent les

apôtres, ou plus tard par d'autres personnages éminents, avec l'approbation de toute l'Église, qui ont servi d'une façon irréprochable le troupeau du Christ avec humilité, tranquillité et distinction, à qui tous ont rendu bon témoignage depuis longtemps, nous ne croyons pas juste de les rejeter du ministère. [4] Et ce ne serait pas une faute légère pour nous de démettre de l'épiscopat des hommes qui ont présenté les oblations d'une façon pieuse et irréprochable. [5] Heureux les presbytres qui ont parcouru auparavant leur carrière et dont la fin s'est trouvée pleine de fruit et de perfection ; ils n'ont plus à craindre que l'on vienne les expulser de la place qui leur est assignée. [6] Car nous en voyons quelques-uns qui vivaient dignement, et que vous avez destitués du ministère qu'ils exerçaient sans reproche et avec honneur.

XLV. Vous rivalisez, frères, et avez de l'ardeur dans les choses qui concernent le salut. [2] Vous avez pâli

offrandes καρποὺς ὑμῶν καὶ τὰ ἔργα τῶν χειρῶν ὑμῶν, qui sont présentés à l'évêque ὡς ἀρχιερεῖ et qui passant par ses mains deviennent les προσφοραί et les δῶρα de la Loi nouvelle. Ailleurs (XL) Clément a parlé du temps et du lieu convenable pour le sacrifice.

XLIV, 6 : τετιμημένης A H S ; facto (πεποιημένης ?) L (Morin propose de lire : functo. Cf. TERT., De præscr, 29 : tot ministeria perperam functa) ; Lightfoot propose la lecture τετηρημένης.

La construction τιμᾶν τινί τι est rare. Les exemples apportés par Gebhardt sont empruntés aux poètes. Pindare, Pyth., IV, 270 : παιάν τί σοι τιμᾷ φάος ; Sophocle, Antiq., 514 : ἐκείνῳ δυσσεβῆ, τιμᾶς χάριν. Funk rappelle cependant les Constitutions apostoliques, II, 26 : ὁ ἐπίσκοπος... Θεοῦ ἀξίᾳ τετιμημένος.

XLV, 1 : ἀνηκόντων. Cf. BARNABÉ, XVII, 1. — ἔστε serait un impératif et contiendrait une exhortation à rivaliser, mais dans le bien. C'est la lecture que suivent H L, Lightfoot, Knopf.

γραφάς, τὰς ἀληθεῖς, τὰς διὰ τοῦ πνεύματος τοῦ ἁγίου. [3] Ἐπίστασθε, ὅτι οὐδὲν ἄδικον οὐδὲ παραπεποιημένον γέγραπται ἐν αὐταῖς. Οὐχ εὑρήσετε δικαίους ἀποβεβλημένους ἀπὸ ὁσίων ἀνδρῶν. [4] Ἐδιώχθησαν δίκαιοι, ἀλλ' ὑπὸ ἀνόμων· ἐφυλακίσθησαν, ἀλλ' ὑπὸ ἀνοσίων· ἐλιθάσθησαν ὑπὸ παρανόμων· ἀπεκτάνθησαν ἀπὸ τῶν μιαρὸν καὶ ἄδικον ζῆλον ἀνειληφότων. [5] Ταῦτα πάσχοντες εὐκλεῶς ἤνεγκαν. [6] Τί γὰρ εἴπωμεν, ἀδελφοί; Δανιὴλ ὑπὸ τῶν φοβουμένων τὸν θεὸν ἐβλήθη εἰς λάκκον λεόντων; [7] Ἢ Ἀνανίας καὶ Ἀζαρίας καὶ Μισαὴλ ὑπὸ τῶν θρησκευόντων τὴν μεγαλοπρεπῆ καὶ ἔνδοξον θρησκείαν τοῦ ὑψίστου κατείρχθησαν εἰς κάμινον πυρός; μηδαμῶς τοῦτο γένοιτο. Τίνες οὖν οἱ ταῦτα δράσαντες; οἱ στυγητοὶ καὶ πάσης κακίας πλήρεις εἰς τοσοῦτο ἐξήρισαν θυμοῦ, ὥστε τοὺς ἐν ὁσίᾳ καὶ ἀμώμῳ προθέσει δουλεύοντας τῷ θεῷ εἰς αἰκίαν περιβαλεῖν, μὴ εἰδότες, ὅτι ὁ ὕψιστος ὑπέρμαχος καὶ ὑπερασπιστής ἐστιν τῶν ἐν καθαρᾷ συνειδήσει λατρευόντων τῷ παναρέτῳ ὀνόματι αὐτοῦ· ᾧ ἡ δόξα εἰς τοὺς αἰῶνας τῶν αἰώνων. Ἀμήν. [8] Οἱ δὲ ὑπομένοντες ἐν πεποιθήσει δόξαν καὶ τιμὴν ἐκληρονόμησαν, ἐπήρθησάν τε καὶ ἔγγραφοι ἐγένοντο ἀπὸ τοῦ θεοῦ ἐν τῷ μνημοσύνῳ αὐτῶν εἰς τοὺς αἰῶνας τῶν αἰώνων. Ἀμήν.

XLVI. Τοιούτοις οὖν ὑποδείγμασιν κολληθῆναι καὶ ἡμᾶς δεῖ, ἀδελφοί. [2] Γέγραπται γάρ· « Κολλᾶσθε τοῖς

XLV, 4 : ζῆλον. Cf. III, 4. Les exemples suivants sont empruntés à Daniel, VI, 16 ; III, 19 ss.

XLV, 7 : ἐν καθαρᾷ συνειδήσει. 1 *Tim.*, III, 9 ; II *Tim*, I, 3. IGNACE, *Trall.*, VII, 2.

XLV, 8 : αὐτῶν A ; αὐτοῦ H. S.

sur les Écritures sacrées, véridiques, dues au Saint-Esprit. [3] Vous savez que rien de ce qui y est écrit n'est injuste, ni falsifié : Or vous n'y trouverez pas que des justes aient été chassés par des saints. [4] Il y a eu des justes persécutés, mais par des pécheurs ; ils ont été emprisonnés, mais par des impies ; lapidés, mais par des criminels ; tués, mais par des hommes ayant conçu une jalousie détestable et inique. [5] Ces souffrances, ils les ont endurées glorieusement. [6] Eh quoi ! mes frères, dirons-nous que Daniel fut jeté dans la fosse aux lions par des hommes qui craignaient Dieu ? [7] qu'Ananias, Azarias et Misaël ont été enfermés dans la fournaise ardente par des hommes qui pratiquaient le culte magnifique et glorieux du Très-Haut ? En aucune façon ! Quels étaient donc les auteurs de ces actes ? Des hommes exécrés, pleins de toute espèce de malice, attisèrent leur rage au point de livrer aux tortures ceux qui servent Dieu avec une intention sainte et irréprochable, ignorant que le Très-Haut protège et défend ceux qui servent son saint Nom avec une conscience pure. A lui soit la gloire dans les siècles des siècles. Amen. [8] Quant à ceux qui ont tout enduré avec confiance, ils ont obtenu la gloire et l'honneur en héritage ; Dieu les a exaltés et inscrits dans le livre qui conserve leur mémoire pour les siècles des siècles. Ainsi soit-il.

XLVI. C'est à ces modèles, frères, que nous devons nous tenir. [2] Car il est écrit : « Attachez-vous aux

XLVI, 2 : κολλᾶσθε. Ce texte n'a que des analogues dans la Bible. Cf. *Ps.* XVII, 26 : μετὰ ὁσίου ὁσιωθήσῃ. — ECCLI., VI, 34 τίς σοφός; αὐτῷ προσκολλήθητι.

ἁγίοις ὅτι οἱ κολλώμενοι αὐτοῖς ἁγιασθήσονται » (Aut.
ing.). [3] Καὶ πάλιν ἐν ἑτέρῳ τόπῳ λέγει · « Μετὰ ἀνδρὸς
ἀθῴου ἀθῷος ἔσῃ καὶ μετὰ ἐκλεκτοῦ ἐκλεκτὸς ἔσῃ, καὶ
μετὰ στρεβλοῦ διαστρέψεις » (Psaume xvii, 26, 27).
[4] Κολληθῶμεν οὖν τοῖς ἀθῴοις καὶ δικαίοις · εἰσὶν δὲ
οὗτοι ἐκλεκτοὶ τοῦ θεοῦ. [5] Ἱνατί ἔρεις καὶ θυμοὶ καὶ
διχοστασίαι καὶ σχίσματα πόλεμός τε ἐν ὑμῖν ; [6] Ἢ οὐχὶ
ἕνα θεὸν ἔχομεν καὶ ἕνα Χριστὸν καὶ ἓν πνεῦμα τῆς χάριτος
τὸ ἐκχυθὲν ἐφ' ἡμᾶς, καὶ μία κλῆσις ἐν Χριστῷ ; [7] Ἱνατί
διέλκομεν καὶ διασπῶμεν τὰ μέλη τοῦ Χριστοῦ καὶ στα-
σιάζομεν πρὸς τὸ σῶμα τὸ ἴδιον, καὶ εἰς τοσαύτην ἀπόνοιαν
ἐρχόμεθα, ὥστε ἐπιλαθέσθαι ἡμᾶς, ὅτι μέλη ἐσμὲν ἀλλήλων ; μνήσθητε τῶν λόγων Ἰησοῦ τοῦ κυρίου ἡμῶν.
[8] Εἶπεν γάρ · « Οὐαὶ τῷ ἀνθρώπῳ ἐκείνῳ · καλὸν ἦν
αὐτῷ, εἰ οὐκ ἐγεννήθη, ἢ ἕνα τῶν ἐκλεκτῶν μου σκανδαλίσαι · κρεῖττον ἦν αὐτῷ περιτεθῆναι μύλον καὶ καταπον-
τισθῆναι εἰς τὴν θάλασσαν, ἢ ἕνα τῶν ἐκλεκτῶν μου
διαστρέψαι » (Matth., xxvi, 24 ; Luc, xvii, 2). [9] Τὸ
σχίσμα ὑμῶν πολλοὺς διέστρεψεν, πολλοὺς εἰς ἀθυμίαν
ἔβαλεν, πολλοὺς εἰς δισταγμόν, τοὺς πάντας ἡμᾶς εἰς
λύπην · καὶ ἐπίμονος ὑμῶν ἐστὶν ἡ στάσις.

XLVII. Ἀναλάβετε τὴν ἐπιστολὴν τοῦ μακαρίου Παύλου

XLVI, 3 : μετὰ ἀνδρός : Le Psaume original caractérisait la
conduite de Jéhovah envers ceux qui le servent, non l'effet sur
l'homme des sociétés qu'il fréquente.
XLVI, 6 : Cf. lviii, 2. *Eph.*, iv, 4-6 et I *Cor.*, viii, 6 ; xii,
12-26.
XLVI, 7 : μέλη. Cf. *Rom.*, xii, 5 : οἱ πολλοὶ ἓν σῶμά ἐσμεν ἐν
Χριστῷ, τὸ δὲ καθ' εἷς ἀλλήλων μέλη.
XLVI, 8 : Deux textes du Nouveau Testament sont ici combinés : Matthieu, xxvi, 24 (Marc, xiv, 21 ; Luc, xxii, 22) et

saints, parce que ceux qui s'attachent à eux deviendront saints ». [3] Et dans un autre endroit : « Tu seras innocent avec l'innocent, élu avec l'élu, pervers avec le pervers. » [4] Attachons-nous donc aux innocents et aux justes, ils sont les élus de Dieu. [5] Pourquoi parmi vous des querelles, des emportements, des dissensions, des schismes et la guerre ? [6] N'avons-nous pas un même Dieu, un même Christ, un même esprit de grâce répandu sur nous, une même vocation dans le Christ ? [7] Pourquoi déchirer et écarteler les membres du Christ ? pourquoi être en révolte contre notre propre corps ? pourquoi en venir à cette folie d'oublier que nous sommes membres les uns des autres ? Rappelez-vous les paroles de Jésus, Notre-Seigneur, [8] qui a dit : « Malheur à cet homme ! Mieux vaudrait pour lui n'être pas né que de scandaliser un seul de mes élus ; mieux vaudrait pour lui avoir une meule passée au cou et être jeté à la mer que de pervertir un seul de mes élus ». [9] Votre schisme a dévoyé bien des âmes : il en a jeté beaucoup dans l'abattement, beaucoup dans le doute, et nous tous dans la tristesse. Et vos dissensions se prolongent !

XLVII. Reprenez l'épître du bienheureux Paul apôtre.

Luc, xvii, 2 Matth., xviii, 6; Marc, ix, 42. La lecture ἐκλεκτῶν μου διαστρέψαι, que nous conservons à la fin du verset avec Clément d'Alexandrie (*Strom.*, iii, 18, 107) et les trois versions K L S, a contre elle les deux manuscrits originaux A H qui portent : μικρῶν μου σκανδαλίσαι (semble retouché d'après l'évangile).

XLVII : Sur l'origine du schisme de Corinthe, cf. *Intr.*, p. xxxii-xxxiii.

XLVII, 1 : τὴν ἐπιστολήν : Il s'agit ici de la première épître de S. Paul aux Corinthiens où se trouvent mentionnés (i-iv) les partis qui agitaient leur Église. Il ne s'ensuit pas que Clément n'ait connu qu'une des deux épîtres de l'Apôtre aux Corin-

τοῦ ἀποστόλου. [2] Τί πρῶτον ὑμῖν ἐν ἀρχῇ τοῦ εὐαγγελίου ἔγραψεν; [3] Ἐπ' ἀληθείας πνευματικῶς ἐπέστειλεν
ὑμῖν περὶ ἑαυτοῦ τε καὶ Κηφᾶ τε καὶ Ἀπολλώ, διὰ τὸ καὶ
τότε προσκλίσεις ὑμᾶς πεποιῆσθαι. [4] Ἀλλ' ἡ πρόσκλισις
ἐκείνη ἥττονα ἁμαρτίαν ὑμῖν προσήνεγκεν· προσεκλίθητε
γὰρ ἀποστόλοις μεμαρτυρημένοις καὶ ἀνδρὶ δεδοκιμασ-
μένῳ παρ' αὐτοῖς. [5] Νυνὶ δὲ κατανοήσατε, τίνες ὑμᾶς
διέστρεψαν καὶ τὸ σεμνὸν τῆς περιβοήτου φιλαδελφίας
ὑμῶν ἐμείωσαν. [6] Αἰσχρά, ἀγαπητοί, καὶ λίαν αἰσχρὰ
καὶ ἀνάξια τῆς ἐν Χριστῷ ἀγωγῆς ἀκούεσθαι, τὴν βεβαιο-
τάτην καὶ ἀρχαίαν Κορινθίων ἐκκλησίαν δι' ἓν ἢ δύο
πρόσωπα στασιάζειν πρὸς τοὺς πρεσβυτέρους. [7] Καὶ αὕτη
ἡ ἀκοὴ οὐ μόνον εἰς ἡμᾶς ἐχώρησεν, ἀλλὰ καὶ εἰς τοὺς
ἑτεροκλινεῖς ὑπάρχοντας ἀφ' ἡμῶν, ὥστε καὶ βλασφημίας ἐπιφέρεσθαι τῷ ὀνόματι κυρίου διὰ τὴν ὑμετέραν
ἀφροσύνην, ἑαυτοῖς δὲ κίνδυνον ἐπεξεργάζεσθαι.

XLVIII. Ἐξάρωμεν οὖν τοῦτο ἐν τάχει καὶ προσπέσωμεν τῷ δεσπότῃ καὶ κλαύσωμεν ἱκετεύοντες αὐτόν, ὅπως
ἵλεως γενόμενος ἐπικαταλλαγῇ ἡμῖν καὶ ἐπὶ τὴν σεμνὴν
τῆς φιλαδελφίας ἡμῶν ἁγνὴν ἀγωγὴν ἀποκαταστήσῃ
ἡμᾶς. [2] Πύλη γὰρ δικαιοσύνης ἀνεῳγυῖα εἰς ζωὴν

---

thiens. — Apollos n'est apôtre que dans un sens secondaire.
C'est pourquoi ici, où il est confronté avec Céphas et Paul, il
est qualifié d'ἀνήρ (verset 4).

XLVII, 2 : τί πρῶτον A H K S. La lecture *quemadmodum* de L
(τίνα τρόπον), acceptée de Knopf, donne un fort bon sens mais
l'attestation manuscrite en est faible. — ἐν ἀρχῇ etc. Saint Paul
(*Philipp.*, IV, 15) qualifie ainsi les commencements de la prédication chrétienne.

XLVII, 5 : τὸ σεμνόν. Cf. I, 1.

XLVII, 6 : αἰσχρὰ ἀκούεσθαι = αἰσχρόν ἐστιν ἀκούεσθαι. Construc-

[2] Que vous a-t-il écrit tout d'abord dans les commencements de l'Évangile ? [3] En vérité, c'est sous l'inspiration de l'Esprit qu'il vous a écrit une lettre touchant Céphas, Apollos et lui-même, parce que dès lors vous formiez des cabales. [4] Mais une cabale était alors une moindre faute, car vous vous rangiez au parti d'apôtres autorisés et d'un homme éprouvé par eux. [5] Aujourd'hui, au contraire, considérez quels hommes ont mis le désordre chez vous, ont amoindri le lustre de votre charité fraternelle si renommée. [6] Il est honteux, mes bien-aimés, très honteux et indigne d'une conduite chrétienne d'entendre dire que l'église de Corinthe, si antique et si ferme, s'est soulevée contre ses presbytres à cause d'un ou deux personnages. [7] Et le bruit en est venu, non seulement jusqu'à nous, mais encore à ceux qui ont d'autres sentiments que les nôtres : si bien que votre folie provoque le blasphème contre le nom du Seigneur et vous crée à vous-mêmes un péril.

XLVIII. Hâtons-nous donc de faire disparaître ce mal : jetons-nous aux pieds du Maître, supplions-le avec larmes de nous redevenir propice, de se réconcilier avec nous, de nous rétablir dans la religieuse et sainte pratique de la charité fraternelle. [2] C'est là une porte de

tion pour laquelle Bryennios renvoie à *Thucydide*, I, 125 ; *Hérodote*, I, 91 ; IX, 2 ; *Euripide*, *Hécube*, 1241, et *Funk* à *Prov.*, XXI, 3. — ἀρχαίαν. Cf. *Intr.*, p. XXX.

XLVII, 7 : ἐπιροκλωσίς. Cf. XI, 1 : les gentils sans doute, mais aussi les Juifs.

XLVII, 7 : βλασφημίας. Cf. I, 1 ; *Rom.* II, 24 ; — I *Tim.* VI, 1.

XLVIII : Tout ce chapitre a été utilisé de différentes façons dans les *Stromates* de Clément d'Alexandrie : les versets 1 et 6 dans IV, 18, 113 ; les versets 2-5 dans I, 7, 38 ; le verset 4 dans VI, 8, 64 ; les versets 5-6 dans VI, 8, 65. Cf. *Intr.*, p. XXIV.

αὕτη, καθὼς γέγραπται· « Ἀνοίξατέ μοι πύλας ὁ καιοσύ-
νης· εἰσελθὼν ἐν αὐταῖς ἐξομολογήσομαι τῷ κυρίῳ·
[3] αὕτη ἡ πύλη τοῦ κυρίου· δίκαιοι εἰσελεύσονται ἐν
αὐτῇ » (Psaume CXVII, 19-20). [4] Πολλῶν οὖν πυλῶν
ἀνεῳγυιῶν ἡ ἐν δικαιοσύνῃ αὕτη ἐστὶν ἡ ἐν Χριστῷ, ἐν
ᾗ μακάριοι πάντες οἱ εἰσελθόντες καὶ κατευθύνοντες τὴν
πορείαν αὐτῶν « ἐν ὁσιότητι καὶ δικαιοσύνῃ » (LUC, I,
75), ἀταράχως πάντα ἐπιτελοῦντες. [5] Ἥτω τις πιστός,
ἥτω δυνατὸς γνῶσιν ἐξειπεῖν, ἥτω σοφὸς ἐν διακρίσει
λόγων, ἥτω ἁγνὸς ἐν ἔργοις· [6] τοσούτῳ γὰρ μᾶλλον
ταπεινοφρονεῖν ὀφείλει, ὅσῳ δοκεῖ μᾶλλον μείζων εἶναι,
καὶ ζητεῖν τὸ κοινωφελὲς πᾶσιν, καὶ μὴ τὸ ἑαυτοῦ.

XLIX. Ὁ ἔχων ἀγάπην ἐν Χριστῷ ποιησάτω τὰ τοῦ
Χριστοῦ παραγγέλματα. [2] Τὸν δεσμὸν τῆς ἀγάπης τοῦ
θεοῦ τίς δύναται ἐξηγήσασθαι; [3] Τὸ μεγαλεῖον τῆς
καλλονῆς αὐτοῦ τίς ἀρκετὸς ἐξειπεῖν; [4] Τὸ ὕψος, εἰς
ὃ ἀνάγει ἡ ἀγάπη, ἀνεκδιήγητόν ἐστιν. [5] Ἀγάπη κολλᾷ
ἡμᾶς τῷ θεῷ, « ἀγάπη καλύπτει πλῆθος ἁμαρτιῶν »
(I PIERRE, IV, 8), ἀγάπη πάντα ἀνέχεται, πάντα μακρο-
θυμεῖ· οὐδὲν βάναυσον ἐν ἀγάπῃ, οὐδὲν ὑπερήφανον·
ἀγάπη σχίσμα οὐκ ἔχει, ἀγάπη οὐ στασιάζει, ἀγάπη

XLVIII, 4 : πολλῶν πυλῶν. Cf. MATTHIEU, VII, 13, 14. — ἡ ἐν
Χριστῷ. Cf. JEAN, X, 7, 9; — HERMAS, Sim., IX, 12, 1 et 6 : ἡ
πύλη ὁ υἱὸς τοῦ θεοῦ ἐστί. — IGNACE, Philad., IX, 1 : αὐτὸς ὢν θύρα
τοῦ πατρός. — HÉGÉSIPPE, dans EUSÈBE, H. E., II, 23, 8.
XLVIII, 5 : A rapprocher de l'énumération des charismes
dans I Cor., XII, 8-10. Les charismes doivent tourner à l'avantage de la communauté, non à l'exaltation de quelques frères. —
γνῶσιν. Cf. I Cor., VIII, 1, 10, 11 et XIII, 2, 8; BARNABÉ, VI, 9. —
διακρίσει. Cf. Rom., XIV, 1; I Cor., XII, 10.
XLVIII, 6 : μείζων. Cf. MATTH., XXIII, 11. — ζητεῖν. Cf., I Cor.

justice qui s'ouvre vers la vie, selon qu'il est écrit :
« Ouvrez-moi les portes de la justice, j'y entrerai pour
louer le Seigneur. [3] Celle-ci est la porte du Seigneur,
c'est par elle que les justes entreront. » [4] Des nombreuses portes qui sont ouvertes, c'est celle de la justice
qui est celle du Christ ; bien heureux tous ceux qui y sont
entrés, qui dirigent leur marche « dans la sainteté et la
justice » et qui accomplissent toutes choses sans trouble !
[5] Quelqu'un est-il fidèle, capable d'exposer une (parole
de) connaissance, sage dans le discernement des discours,
chaste dans les œuvres ? [6] Il doit être d'autant plus
humble qu'il paraît plus grand, il doit chercher l'utilité
commune de tous et non la sienne propre.

XLIX. Que celui qui a la charité du Christ accomplisse
les commandements du Christ. [2] Qui peut expliquer le
lien de la charité divine ? [3] Qui est capable d'exprimer son
extrême beauté ? [4] La hauteur où la charité nous élève
est ineffable. [5] La charité nous unit étroitement à Dieu,
« la charité couvre la multitude des péchés », la charité
souffre tout, supporte tout ; rien de bas dans la charité,
rien de superbe ; la charité ne fait pas de schisme, la
charité ne fomente pas de sédition, la charité opère tout

x, 24, 33 ; xiii, 5 ; *Philipp.*, ii, 21.
 XLIX, 1 : Cf. Jean, xiv, 15 ; I Jean, v, 1-3.
 XLIX, 2 : δεσμόν. Cf. *Coloss.*, iii, 14 et saint Jérôme (*In Ephes.*,
iv, 1) : « Cujus rei et Clemens ad Corinthios testis est, scribens
Vinculum charitatis Dei quis poterit enarrare ? »
 XLIX, 5 : καλύπτει. Cf. L, 5 ; la citation semble prise de
I Pierre, iv, 8 plutôt que de quelque apocryphe perdu. Tout le
développement suivant a pour thème le célèbre morceau de
saint Paul sur la charité : I *Cor.*, xiii.— ἐτελειώθησαν. Cf. I Jean,
iv, 18.

πάντα ποιεῖ ἐν ὁμονοίᾳ· ἐν τῇ ἀγάπῃ ἐτελειώθησαν πάντες οἱ ἐκλεκτοὶ τοῦ θεοῦ, δίχα ἀγάπης οὐδὲν εὐάρεστόν ἐστιν τῷ θεῷ. [6] Ἐν ἀγάπῃ προσελάβετο ἡμᾶς ὁ δεσπότης· διὰ τὴν ἀγάπην, ἣν ἔσχεν πρὸς ἡμᾶς, τὸ αἷμα αὐτοῦ ἔδωκεν ὑπὲρ ἡμῶν Ἰησοῦς Χριστὸς ὁ κύριος ἡμῶν ἐν θελήματι θεοῦ, καὶ τὴν σάρκα ὑπὲρ τῆς σαρκὸς ἡμῶν καὶ τὴν ψυχὴν ὑπὲρ τῶν ψυχῶν ἡμῶν.

L. Ὁρᾶτε, ἀγαπητοί, πῶς μέγα καὶ θαυμαστόν ἐστιν ἡ ἀγάπη, καὶ τῆς τελειότητος αὐτῆς οὐκ ἔστιν ἐξήγησις. [2] Τίς ἱκανὸς ἐν αὐτῇ εὑρεθῆναι, εἰ μὴ οὓς ἂν καταξιώσῃ ὁ θεός; δεώμεθα οὖν καὶ αἰτώμεθα ἀπὸ τοῦ ἐλέους αὐτοῦ, ἵνα ἐν ἀγάπῃ εὑρεθῶμεν δίχα προσκλίσεως ἀνθρωπίνης, ἄμωμοι. [3] Αἱ γενεαὶ πᾶσαι ἀπὸ Ἀδὰμ ἕως τῆσδε τῆς ἡμέρας παρῆλθον, ἀλλ' οἱ ἐν ἀγάπῃ τελειωθέντες κατὰ τὴν τοῦ θεοῦ χάριν ἔχουσιν χῶρον εὐσεβῶν, οἳ φανερωθήσονται ἐν τῇ ἐπισκοπῇ τῆς βασιλείας τοῦ Χριστοῦ. [4] Γέγραπται γάρ· « Εἰσέλθετε εἰς τὸ

XLIX, 6 : δεσπότης, se rapporte à Dieu qui a voulu nous sauver. Cf. JEAN, III, 16; I JEAN, IV, 9, 10. — διὰ τὴν ἀγάπην. JEAN, XV, 12-13; *Galates*, I, 4; II, 20; *Éphésiens*, V, 2. — τὴν σάρκα Cf. IRÉNÉE, V, 1, 1 : τῷ ἰδίῳ αἵματι λυτρωσαμένου ἡμᾶς τοῦ κυρίου καὶ δόντος τὴν ψυχὴν ὑπὲρ τῶν ἡμετέρων ψυχῶν καὶ τὴν σάρκα τὴν ἑαυτοῦ ἀντὶ τῶν ἡμετέρων σαρκῶν.

L, 3 : L'idée d'un lieu assigné aux justes a déjà été émise Cf. V, 4, 7; XLIV, 5. — IRÉNÉE, V, 31, 2. Elle est précisée dans le sens de chambres (de l'Hadès).

ἐπισκοπῇ : cf. LUC, XIX, 44; I PIERRE, II, 12, 25.

L, 3 : βασιλείας τοῦ Χριστοῦ A (?) L K Clem. Alex. Le témoignage de la version copte vient confirmer la préférence donnée à la lecture Χριστοῦ sur la lecture θεοῦ de H S. L'idée du règne du Christ n'est pas sans rapport avec la citation qui suit où se trouvent combinés un texte d'Isaïe et un texte d'Ézéchiel, de

dans la concorde ; la charité consomme la perfection
de tous les élus de Dieu ; sans la charité rien ne plaît à
Dieu. [6] C'est par la charité que le Maître nous a élevés
à lui ; c'est à cause de la charité qu'il a eue pour nous que
Jésus-Christ, Notre-Seigneur, docile à la volonté de Dieu,
a donné son sang pour nous, sa chair pour notre chair,
son âme pour nos âmes.

L. Vous voyez, bien-aimés, combien la charité est une
grande et admirable chose, et qu'il n'y a pas (de mots)
pour expliquer sa perfection. [2] Qui est (de mérite) suffi-
sant pour être trouvé dans la charité, sinon celui que Dieu
a voulu être digne ? Prions-le donc ; demandons à sa
miséricorde d'être trouvés dans la charité, éloignés de
toutes les cabales humaines et irréprochables. [3] Toutes
les générations depuis Adam jusqu'à ce jour, ont passé ;
mais ceux qui par la grâce de Dieu ont été consommés
dans la charité, demeurent au séjour des saints, lesquels
seront manifestés quand apparaîtra le royaume du Christ.
[4] Car il est écrit : « Entrez dans vos celliers pour un

façon à évoquer la résurrection à venir.
L, 4 : ISAÏE, XXVI, 20 : εἴσελθε εἰς τὰ ταμεῖά σου, ἀπόκλεισον τὴν
θύραν σου, ἀποκρύβηθι μικρὸν ὅσον ὅσον, ἕως ἂν παρέλθῃ ἡ ὀργὴ κυρίου.
Hébreu : « Entre dans tes chambres, Et ferme tes portes sur
toi ; Cache-toi pour quelques instants jusqu'à ce que la colère
ait passé. » ÉZÉCHIEL, XXXVII, 12 : ἀνάξω ὑμᾶς ἐκ τῶν μνημάτων
ὑμῶν. *Hébreu* : « Je vous ferai remonter hors de vos tombeaux. »
La jointure μνησθήσομαι ne se trouve nulle part. Au IVᵉ livre
d'ESDRAS, VII, 79 et 80, il est dit que « les âmes qui n'ont pas
gardé les voies du Très-Haut, qui ont méprisé sa loi et haï les
hommes craignant Dieu, n'entrent pas dans les chambres du
repos mais commencent tout de suite d'errer au milieu de peines
et de gémissements sans trève. » Les sept joies des âmes
justes sont décrites aux versets 88-99.

ταμεῖα μικρὸν ὅσον ὅσον, ἕως οὗ παρέλθῃ ἡ ὀργὴ καὶ ὁ θυμός μου, καὶ μνησθήσομαι ἡμέρας ἀγαθῆς, καὶ ἀναστήσω ὑμᾶς ἐκ τῶν θηκῶν ὑμῶν » (ISAÏE, XXVI, 20; EZÉCHIEL, XXXVII, 12). [5] Μακάριοί ἐσμεν, ἀγαπητοί, εἰ τὰ προστάγματα τοῦ θεοῦ ἐποιοῦμεν ἐν ὁμονοίᾳ ἀγάπης, εἰς τὸ ἀφεθῆναι ἡμῖν δι' ἀγάπης τὰς ἁμαρτίας. [6] Γέγραπται γάρ· « Μακάριοι, ὧν ἀφέθησαν αἱ ἀνομίαι καὶ ὧν ἐπεκαλύφθησαν αἱ ἁμαρτίαι· μακάριος ἀνήρ, οὗ οὐ μὴ λογίσηται κύριος ἁμαρτίαν, οὐδέ ἐστιν ἐν τῷ στόματι αὐτοῦ δόλος » (Psaume XXXI, 1, 2). [7] Οὗτος ὁ μακαρισμὸς ἐγένετο ἐπὶ τοὺς ἐκλελεγμένους ὑπὸ τοῦ θεοῦ διὰ Ἰησοῦ Χριστοῦ τοῦ κυρίου ἡμῶν, ᾧ ἡ δόξα εἰς τοὺς αἰῶνας τῶν αἰώνων. Ἀμήν.

LI. Ὅσα οὖν παρεπέσαμεν καὶ ἐποιήσαμεν διά τινος τῶν τοῦ ἀντικειμένου, ἀξιώσωμεν ἀφεθῆναι ἡμῖν· καὶ ἐκεῖνοι δέ, οἵτινες ἀρχηγοὶ στάσεως καὶ διχοστασίας ἐγενήθησαν, ὀφείλουσιν τὸ κοινὸν τῆς ἐλπίδος σκοπεῖν. [2] Οἱ γὰρ μετὰ φόβου καὶ ἀγάπης πολιτευόμενοι ἑαυτοὺς θέλουσιν μᾶλλον αἰκίαις περιπίπτειν ἢ τοὺς πλησίον· μᾶλλον δὲ ἑαυτῶν κατάγνωσιν φέρουσιν ἢ τῆς παραδεδο-

L, 4 : μικρὸν ὅσον ὅσον. Cf. *Hébr.*, x, 37.

L, 5 : ἐν ὁμονοίᾳ ἀγάπης. Cf. XLIX, 5. — I PIERRE, IV, 8.

L, 6 : Μακάριοι : citation littérale d'après les Septante. — οὔ A ; ὅ H L S Knopf. — 6-7. Cf. *Romains*, IV, 7-9.

LI : ἀντικειμένου, c'est l'« adversaire », l'Ennemi, le diable étant souvent désigné par des qualificatifs : *Mart. Polyc.*, XVII, 1 ; II *Thess.*, II, 4 ; 1 *Timoth.*, V, 14 ; I PIERRE, V, 8 (ὁ ἀντίδικος) ; BARNABÉ, II, 1 (ὁ ἐνεργῶν) ; *Constit. Apost.*, III, 7. 12. La constitution du texte souffre difficulté : A H S portent διά τινος τῶν τοῦ ἀντικειμένου qui est pénible. Mais la version latine dit : *propter quasdam incursiones adversarii*, ce qui donne en grec:

petit moment, jusqu'à ce que soient passées ma colère et ma fureur ; et je me ressouviendrai d'un jour favorable et je vous ferai sortir de vos tombeaux ». [5] Heureux sommes-nous, mes bien-aimés, si nous observons les commandements de Dieu dans la concorde de la charité afin que nos péchés nous soient pardonnés à cause de la charité. [6] Car il est écrit : « Heureux ceux dont les iniquités ont été remises et les péchés couverts ! Heureux l'homme à qui le Seigneur n'imputera pas sa faute, et dans la bouche duquel il n'y a point de fraude ! » [7] Cette béatitude a été articulée pour ceux que Dieu a élus par Jésus-Christ Notre-Seigneur, à qui soit la gloire dans les siècles des siècles. Amen.

LI. Toutes les fautes que nous a fait commettre un des partisans de l'Ennemi, implorons-en le pardon. Quant à ceux qui ont été les instigateurs de la sédition et du schisme, ils ont le devoir de prendre en considération notre commune espérance. [2] Ceux qui se conduisent avec crainte et charité, souhaitent de tomber eux-mêmes dans les peines plutôt que d'y voir leur prochain, et acceptent pour eux-mêmes le blâme plutôt que d'y exposer l'harmonie qui a été si magnifiquement et si

---

διά τινας παρεμπτώσεις τοῦ ἀντικειμένου. Cette lecture adoptée par Knopf a pour soutien Clément d'Alex., *Stromates*, IV, 18 (Migne, P. G., t. VIII, col. 1321), qui ne serre pas de près le texte, mais fournit le mot caractéristique διά τὰς παρεμπτώσεις τοῦ ἀντ. et la version copte qui traduit : *à cause des agressions de quelques-uns de la part de notre adversaire.* Le traducteur copte a rapporté par erreur τινας à des personnes, mais lisait certainement dans son original le mot παρεμπτώσεις ce qui rend à peu près certaine la lecture de Knopf conformément à la version latine. Ce texte rectifié se traduirait : *Toutes les fautes que nous avons commises par suite des attaques insidieuses de l'Ennemi, implorons-en le pardon.*

μένης ἡμῖν καλῶς καὶ δικαίως ὁμοφωνίας. [3] Καλὸν γὰρ ἀνθρώπῳ ἐξομολογεῖσθαι περὶ τῶν παραπτωμάτων ἢ σκληρῦναι τὴν καρδίαν αὐτοῦ, καθὼς ἐσκληρύνθη ἡ καρδία τῶν στασιαζόντων πρὸς τὸν θεράποντα τοῦ θεοῦ Μωϋσῆν, ὧν τὸ κρίμα πρόδηλον ἐγενήθη. [4] « Κατέβησαν γὰρ εἰς ᾅδου ζῶντες » (Nombres, XVI, 33), καὶ θάνατος ποιμανεῖ αὐτούς. [5] Φαραὼ καὶ ἡ στρατιὰ αὐτοῦ καὶ πάντες οἱ ἡγούμενοι Αἰγύπτου, τά τε ἅρματα καὶ οἱ ἀναβάται αὐτῶν οὐ δι' ἄλλην τινὰ αἰτίαν ἐβυθίσθησαν εἰς θάλασσαν ἐρυθρὰν καὶ ἀπώλοντο, ἀλλὰ διὰ τὸ σκληρυνθῆναι αὐτῶν τὰς ἀσυνέτους καρδίας μετὰ τὸ γενέσθαι τὰ σημεῖα καὶ τὰ τέρατα ἐν γῇ Αἰγύπτου διὰ τοῦ θεράποντος τοῦ θεοῦ Μωϋσέως.

LII. Ἀπροσδεής, ἀδελφοί, ὁ δεσπότης ὑπάρχει τῶν ἁπάντων· οὐδὲν οὐδενὸς χρῄζει εἰ μὴ τὸ ἐξομολογεῖσθαι αὐτῷ. [2] Φησὶν γὰρ ὁ ἐκλεκτὸς Δαυίδ· « Ἐξομολογήσομαι τῷ κυρίῳ, καὶ ἀρέσει αὐτῷ ὑπὲρ μόσχον νέον κέρατα ἐκφέροντα καὶ ὁπλάς· ἰδέτωσαν πτωχοὶ καὶ εὐφρανθήτωσαν » (Psaume LXVIII, 31-33). [3] Καὶ πάλιν λέγει· « Θῦσον τῷ θεῷ θυσίαν αἰνέσεως καὶ ἀπόδος τῷ ὑψίστῳ τὰς εὐχάς σου· καὶ ἐπικάλεσαί με ἐν ἡμέρᾳ θλίψεώς σου, καὶ ἐξελοῦμαί σε, καὶ δοξάσεις με (Ps. XLIX, 14, 15). [4] Θυσία γὰρ τῷ θεῷ πνεῦμα συντετριμμένον » (Ps. L, 19).

LIII. Ἐπίστασθε γὰρ καὶ καλῶς ἐπίστασθε τὰς ἱερὰς γραφάς, ἀγαπητοί, καὶ ἐνκεκύφατε εἰς τὰ λόγια τοῦ θεοῦ.

LI, 3 : στασιαζόντων, cf. Nombres, XVI.
LI, 4 : κατέβησαν. Nombres, XVI, 32, 33 : ἠνοίχθη ἡ γῆ καὶ κατέ-

justement transmise jusqu'à nous. [3] Il vaut mieux pour un homme faire l'exomologèse de ses péchés que d'endurcir son cœur, comme l'ont endurci ceux qui se révoltèrent contre le serviteur de Dieu, Moïse, et dont le châtiment fut si éclatant ; [4] car « ils descendirent vivants dans l'enfer », et la mort sera leur berger. [5] Pharaon, son armée et tous les chefs de l'Égypte ne furent submergés dans la mer Rouge et n'y périrent, avec les chars et ceux qui les montaient, que pour avoir endurci leurs cœurs insensés, après les miracles et les prodiges opérés en Égypte par Moïse, le serviteur de Dieu.

LII. Le Maître de l'univers, frères, est exempt de besoin ; il ne désire rien de personne, sinon qu'on lui fasse l'exomologèse. [2] David son élu dit en effet : « Je ferai l'exomologèse à Dieu, et cela lui plaira plus qu'un jeune veau à qui poussent les cornes et les ongles. Que les pauvres le voient et se réjouissent ». [3] Il dit également : « Offre à Dieu un sacrifice de louange, acquitte les vœux que tu as faits au Très-Haut. Invoque-moi au jour de l'oppression, je te délivrerai et tu me glorifieras. [4] Car le sacrifice (convenable) pour Dieu, c'est un esprit contrit ».

LIII. Vous connaissez, vous connaissez même très bien les saintes Écritures, mes bien-aimés, vous avez

πιεν αὐτούς... καὶ κατέβησαν αὐτοὶ καὶ ὅσα ἐστὶν αὐτῶν ζῶντα εἰς ᾅδου. Cf. *Constit. Apost.*, ii, 27 ; vi, 3. — ποιμανεῖ. Cf. *Ps.* xlviii, 14 : ὡς πρόβατα ἐν ᾅδῃ ἔθεντο, θάνατος ποιμανεῖ αὐτούς.

LI, 5 : τὰς ἀσυνέτους καρδίας. Cf. *Romains*, i, 21.

LII, 1 : ἀπροσδεής. Cf. *Actes*, xvii, 25. L'idée était familière aux Stoïciens.

LII, 2 : ἐξομολογήσομαι. Texte des Septante, *Ps.* lxviii, 31 : αἰνέτω τὸ ὄνομα τοῦ θεοῦ μετ' ᾠδῆς, μεγαλυνῶ αὐτὸν ἐν αἰνέσει, καὶ...

LIII, 1 : τὰς ἱερὰς γραφάς. Cf. 2 *Tim.*, iii, 15 (ἱερὰ γράμματα) ; POLYCARPE, *Phil.*, xii ; II *Macchabées*, viii, 23 (ἱερὰν βίβλον).

Πρὸς ἀνάμνησιν οὖν ταῦτα γράφομεν. [2] Μωϋσέως γὰρ ἀναβάντος εἰς τὸ ὄρος καὶ ποιήσαντος τεσσαράκοντα ἡμέρας καὶ τεσσαράκοντα νύκτας ἐν νηστείᾳ καὶ ταπεινώσει, εἶπεν πρὸς αὐτὸν ὁ θεός· « Μωϋσῆ Μωϋσῆ, κατάβηθι τὸ τάχος ἐντεῦθεν, ὅτι ἠνόμησεν ὁ λαός σου, οὓς ἐξήγαγες ἐκ γῆς Αἰγύπτου· παρέβησαν ταχὺ ἐκ τῆς ὁδοῦ ἧς ἐνετείλω αὐτοῖς, ἐποίησαν ἑαυτοῖς χωνεύματα » (Deut., IX, 12). [3] Καὶ εἶπεν κύριος πρὸς αὐτόν· « Λελάληκα πρός σε ἅπαξ καὶ δὶς λέγων· Ἑώρακα τὸν λαὸν τοῦτον, καὶ ἰδού ἐστιν σκληροτράχηλος· ἔασόν με ἐξολεθρεῦσαι αὐτούς, καὶ ἐξαλείψω τὸ ὄνομα αὐτῶν ὑποκάτωθεν τοῦ οὐρανοῦ, καὶ ποιήσω σε εἰς ἔθνος μέγα καὶ θαυμαστὸν καὶ πολὺ μᾶλλον ἢ τοῦτο » (Deut., IX, 13-14). [4] Καὶ εἶπεν Μωϋσῆς· « Μηθαμῶς, κύριε· ἄφες τὴν ἁμαρτίαν τῷ λαῷ τούτῳ, ἢ κἀμὲ ἐξάλειψον ἐκ βίβλου ζώντων » (Exod., XXXII, 32). [5] Ὦ μεγάλης ἀγάπης, ὦ τελειότητος ἀνυπερβλήτου. Παρρησιάζεται θεράπων πρὸς κύριον, αἰτεῖται ἄφεσιν τῷ πλήθει, ἢ καὶ ἑαυτὸν ἐξαλειφθῆναι μετ᾽ αὐτῶν ἀξιοῖ.

LIV. Τίς οὖν ἐν ὑμῖν γενναῖος, τίς εὔσπλαγχνος, τίς πεπληροφορημένος ἀγάπης; [2] Εἰπάτω· Εἰ δι᾽ ἐμὲ

LIII, 2 : ποιήσαντος avec le sens de διατρίψαντος passer (un temps de). Cf. *Actes*, XV, 33 ; XVIII, 23 ; XX, 3 ; II *Cor.*, XI, 25 ; JACQUES, IV, 13 ; *Testament des douze patriarches*, IV, 10.

LIII, 2-3 : Μωϋσῆ Μωϋσῆ ajouté par Clément et par Barnabé (IV, 8 ; XIV, 3) à l'original. Manque dans L et S et K. Le dévouement de Moïse préférant périr avec les siens plutôt que de s'élever à leur détriment est discrètement proposé en exemple aux séditieux.

LIII, 4 : *Exode* XXXII, 32 ; καὶ νῦν εἰ μὲν ἀφεῖς αὐτοῖς τὴν ἁμαρτίαν αὐτῶν, ἄφες· εἰ δὲ μή, ἐξάλειψόν με ἐκ τῆς βίβλου σου ἧς ἔγραψας.

scruté les paroles de Dieu ; ce n'est donc que pour mémoire que nous écrivons ceci. [2] Quand Moïse fut monté sur la montagne et qu'il y eut passé quarante jours et quarante nuits dans le jeûne et l'humiliation, Dieu lui dit : « Moïse, Moïse, descends vite d'ici, car ton peuple, ceux que tu as tirés de la terre d'Égypte ont péché : ils ont bien vite quitté la voie que tu leur avais prescrite, ils se sont fondu des idoles ». Et le Seigneur lui dit : « Une fois déjà et même deux fois, je t'ai parlé en ces termes : J'ai considéré ce peuple et je vois qu'il a le cou raide ; laisse-moi les exterminer, j'effacerai leur nom de dessous le ciel, et je ferai sortir de toi-même une nation grande, merveilleuse, plus nombreuse que la leur ». [4] Et Moïse répondit : « Non pas, Seigneur, remets à ce peuple son péché, ou efface-moi aussi du livre des vivants ». [5] O la grande charité ! ô perfection qui ne se peut surpasser ! Un serviteur s'exprime en toute liberté au Seigneur : il implore le pardon de la multitude, ou prétend être supprimé avec elle.

LIV. Est-il parmi vous quelqu'un de généreux, de compatissant, et rempli de charité ? [2] Que celui-là dise : Si

LIV, 1-2 : Cité dans un manuscrit syriaque anonyme du VIIIe ou du IXe siècle. Texte syriaque dans LIGHTFOOT, *Clement of Rome*, 1, p. 183.

LIV, 2 : Cf. S. ÉPIPHANE (*Hæreses*, XXVII, 6 . Le même mouvement se retrouve dans le *Pro Milone* de Cicéron : « Tranquilla republica cives mei (quoniam mihi cum illis non licet) sine me ipsi, sed per me tamen, perfruantur : ego cedam atque abibo ». Il n'y a rien d'improbable à admettre ici une réminiscence après tant d'autres qui ont déjà permis d'apprécier la culture intellectuelle de Clément. — Sur l'exil imposé aux meneurs de la sédition, cf. *Intr.*, p. III, XXXII, XXXVIII.

στάσις καὶ ἔρις καὶ σχίσματα, ἐκχωρῶ, ἄπειμι, οὗ ἐὰν βούλησθε, καὶ ποιῶ τὰ προστασσόμενα ὑπὸ τοῦ πλήθους· μόνον τὸ ποίμνιον τοῦ Χριστοῦ εἰρηνευέτω μετὰ τῶν καθεσταμένων πρεσβυτέρων. [3] Τοῦτο ὁ ποιήσας ἑαυτῷ μέγα κλέος ἐν Χριστῷ περιποιήσεται, καὶ πᾶς τόπος δέξεται αὐτόν. « Τοῦ γὰρ κυρίου ἡ γῆ καὶ τὸ πλήρωμα αὐτῆς » (*Psaume* XXIII, 1). [4] Ταῦτα οἱ πολιτευόμενοι τὴν ἀμεταμέλητον πολιτείαν τοῦ θεοῦ ἐποίησαν καὶ ποιήσουσιν.

LV. Ἵνα δὲ καὶ ὑποδείγματα ἐθνῶν ἐνέγκωμεν· πολλοὶ βασιλεῖς καὶ ἡγούμενοι, λοιμικοῦ τινος ἐνστάντος καιροῦ, χρησμοδοτηθέντες παρέδωκαν ἑαυτοὺς εἰς θάνατον, ἵνα ῥύσωνται διὰ τοῦ ἑαυτῶν αἵματος τοὺς πολίτας· πολλοὶ ἐξεχώρησαν ἰδίων πόλεων, ἵνα μὴ στασιάζωσιν ἐπὶ πλεῖον. [2] Ἐπιστάμεθα πολλοὺς ἐν ἡμῖν παραδεδωκότας ἑαυτοὺς εἰς δεσμά, ὅπως ἑτέρους λυτρώσονται· πολλοὶ ἑαυτοὺς παρέδωκαν εἰς δουλείαν, καὶ λαβόντες τὰς τιμὰς αὐτῶν ἑτέρους ἐψώμισαν. [3] Πολλαὶ γυναῖκες ἐνδυναμωθεῖσαι διὰ τῆς χάριτος τοῦ θεοῦ ἐπετελέσαντο πολλὰ ἀνδρεῖα. [4] Ἰουδὶθ ἡ μακαρία, ἐν συγκλεισμῷ οὔσης τῆς πόλεως, ἠτήσατο παρὰ τῶν πρεσβυτέρων ἐαθῆναι αὐτὴν ἐξελθεῖν εἰς τὴν παρεμβολὴν τῶν ἀλλοφύλων. [5] Παραδοῦσα οὖν ἑαυτὴν τῷ κινδύνῳ ἐξῆλθεν δι' ἀγάπην τῆς πατρίδος καὶ τοῦ λαοῦ τοῦ ὄντος ἐν συγκλεισμῷ, καὶ παρέδωκεν κύριος Ὀλοφέρνην ἐν χειρὶ

LV, 1 : Cf. ORIGÈNE, *In Joannem*, VI, 36 (se réfère explicitement à Clément'. — Souffle d'humanité qui inspire Clément et lui fait rendre justice au dévouement des Codros, des Lycurgue, des Décius, et autres héros païens. Cependant l'expression à

je suis cause de la sédition, de la discorde, des divisions, je quitte le pays, je m'en vais où l'on voudra, j'exécute les décisions de la multitude ; seulement que le troupeau du Christ vive en paix avec les presbytres constitués ! [3] Celui qui agira ainsi, s'acquerra une grande gloire dans le Christ, et tout lieu lui fera bon accueil : « car la terre est au Seigneur avec tout ce qu'elle renferme ». [4] Ainsi ont fait, ainsi feront dans l'avenir ceux qui tiennent la conduite (qui est digne) de Dieu et exempte de remords.

LV. Mais, pour prendre des exemples chez les païens : en temps de peste, bien des rois et des chefs, avertis par des oracles, se sont livrés à la mort pour sauver les citoyens au prix de leur sang ; beaucoup d'autres se sont exilés de leurs propres cités pour mettre fin aux séditions. [2] Nous savons que beaucoup des nôtres se sont mis volontairement dans les fers pour en racheter d'autres ; un grand nombre aussi se sont vendus comme esclaves pour en nourrir d'autres avec le prix. [3] Bien des femmes, rendues fortes par la grâce divine, ont accompli mainte action virile. [4] La bienheureuse Judith, voyant sa ville assiégée, demanda aux anciens de lui permettre d'aller dans le camp des étrangers. [5] Elle s'exposa au péril, sortit de la ville pour l'amour de sa patrie et de son peuple étroitement enserrés ; et le Seigneur livra Holopherne

ἡμῶν du v. 2 ne se rapporte pas à tous les Romains contemporains de Clément, mais sans aucun doute aux frères du groupe chrétien. Sur la charité des chrétiens entre eux cf. *Rom.*, XVI, 4 ; *Phil.*, II, 30 ; *Const. Apost.*, V, 1 ; HERMAS, *Mandata*, VIII, 10 et *Simil.*, I, 8 ; EUSÈBE, H. E., IV, 23, 10.

LV, 4 : Renferme la plus ancienne référence de la littérature chrétienne à l'histoire de Judith. Cf. *Judith*, VIII, et s.

θηλείας. [6] Οὐχ ἧττον καὶ ἡ τελεία κατὰ πίστιν
Ἐσθὴρ κινδύνῳ ἑαυτὴν παρέβαλεν, ἵνα τὸ δωδεκάφυλον
τοῦ Ἰσραὴλ μέλλον ἀπολέσθαι ῥύσηται· διὰ γὰρ τῆ
νηστείας καὶ τῆς ταπεινώσεως αὐτῆς ἠξίωσεν τὸν παντε-
πόπτην δεσπότην, θεὸν τῶν αἰώνων· ὃς ἰδὼν τὸ ταπεινὸ
τῆς ψυχῆς αὐτῆς ἐρύσατο τὸν λαόν, ὧν χάριν ἐκινδύ-
νευσεν.

LVI. Καὶ ἡμεῖς οὖν ἐντύχωμεν περὶ τῶν ἔν τιν
παραπτώματι ὑπαρχόντων, ὅπως δοθῇ αὐτοῖς ἐπιείκεια
καὶ ταπεινοφροσύνη, εἰς τὸ εἶξαι αὐτοὺς μὴ ἡμῖν, ἀλλὰ
τῷ θελήματι τοῦ θεοῦ· οὕτως γὰρ ἔσται αὐτοῖς ἔγκαρπο
καὶ τελεία ἡ πρὸς τὸν θεὸν καὶ τοὺς ἁγίους μετ' οἰκτιρμῶν
μνεία. [2] Ἀναλάβωμεν παιδείαν, ἐφ' ᾗ οὐδεὶς ὀφείλει
ἀγανακτεῖν, ἀγαπητοί. Ἡ νουθέτησις, ἣν ποιούμεθα εἰς
ἀλλήλους, καλή ἐστιν καὶ ὑπεράγαν ὠφέλιμος· κολλᾶ
γὰρ ἡμᾶς τῷ θελήματι τοῦ θεοῦ. [3] Οὕτως γὰρ φησιν
ὁ ἅγιος λόγος· « Παιδεύων ἐπαίδευσέν με ὁ κύριος, καὶ
τῷ θανάτῳ οὐ παρέδωκέν με (Psaume CXVII, 18)·
[4] ὃν γὰρ ἀγαπᾷ κύριος, παιδεύει, μαστιγοῖ δὲ πάντα
υἱόν, ὃν παραδέχεται (Prov., III, 12). [5] Παιδεύσει
με γάρ, φησίν, δίκαιος ἐν ἐλέει καὶ ἐλέγξει με, ἔλαιον
δὲ ἁμαρτωλῶν μὴ λιπανάτω τὴν κεφαλήν μου »
(Psaume CXL, 5). [6] Καὶ πάλιν λέγει· « Μάκαριος

LV, 6 : *Esther*, VII, 8; IV, 16. — δωδεκάφυλον manque dans L
(gentem) S (tribum) et K (ἔθνος). L'accord des trois traductions
indépendantes donne lieu de penser que δωδεκάφυλον manquait
dans l'original et que son introduction dans A H est due à
l'influence des *Actes*, XXVI, 7.

— θεὸν τῶν αἰώνων. Cf. XXXV, 3. 1 *Tim*, I, 17 et *Ps.* CXLV, 13.

LVI, 1 : ἐντυγχάνειν. Cf. *Rom.*, VIII, 27, 34; XI, 2; *Hébreux*, VII,

dans la main d'une femme. [6] Esther, si parfaite dans la foi, ne s'exposa pas à un moindre danger, pour sauver d'une mort menaçante les douze tribus d'Israël. Elle supplia, dans le jeûne et dans l'humiliation, le Maître qui voit tout, le Dieu des siècles, et celui-ci, voyant l'humilité de son âme, sauva le peuple pour l'amour de qui elle s'était mise en péril.

LVI. Intercédons, nous aussi, pour ceux qui sont coupables de quelque faute, que la douceur et l'humilité leur soient accordées, afin qu'ils cèdent, non pas à nous certes, mais à la volonté de Dieu. De la sorte le souvenir compatissant que nous avons d'eux devant Dieu et les saints, sera plein de fruit pour eux et de perfection.[2] Acceptons les corrections dont personne, mes bien-aimés, ne doit s'indigner. La réprimande que nous nous adressons mutuellement est bonne et très utile : elle nous attache à la volonté de Dieu. [3] En effet la Parole sacrée s'exprime ainsi : « Le Seigneur m'a châtié avec rigueur et il ne m'a pas livré à la mort. [4] Car celui qu'il aime, le Seigneur le châtie, il corrige tous les fils qu'il agrée. » [5] « Le juste, est-il dit, me corrigera avec miséricorde et me reprendra, mais pour l'huile des pécheurs, que jamais elle n'oigne ma tête. » [6] Et dans un autre endroit :

---

25. — παραπτώματι. Cf. *Gal.*, VI, 1; BARNABÉ, XIX. 4. — μνεία. Cf. *Rom.*, I, 9; *Ephés.*, I, 16; *Philipp.*, I, 3; I *Thessal.*, III, 6; II *Tim.*, I, 3 Ce souvenir est presque l'équivalent de ce que l'Ancien Testament appelait μνημόσυνον ἔναντι κυρίου : *Exode* XXVIII, 23, XXX, 16; ISAÏE, XXIII, 18. Cf. *Actes*, X, 4. — τοὺς ἁγίους : les fidèles et non les anges (I *Thess.*, III, 13) d'après l'usage ordinaire du siècle apostolique. Cf. II *Cor.*, VIII, 21.

LVI, 2. Cf. *Héb.* XII, 7, et *Ephés.*, VI, 4.

LVI, 4 : ὃν γάρ. *Prov.*, III, 12 est également cité par *Hébreux*, XII, 6 et *Apocalypse*, III, 19 (ἐγὼ ὅσους ἐὰν φιλῶ ἐλέγχω καὶ παιδεύω).

ἄνθρωπος, ὃν ἤλεγξεν ὁ κύριος · νουθέτημα δὲ παντο
κράτορος μὴ ἀπαναίνου · αὐτὸς γὰρ ἀλγεῖν ποιεῖ, κα
πάλιν ἀποκαθίστησιν · [7] ἔπαισεν, καὶ αἱ χεῖρες αὐτο
ἰάσαντο. [8] Ἑξάκις ἐξ ἀναγκῶν ἐξελεῖταί σε, ἐν δὲ τ
ἑβδόμῳ οὐχ ἅψεταί σου κακόν. [9] Ἐν λιμῷ ῥύσετα
σε ἐκ θανάτου, ἐν πολέμῳ δὲ ἐκ χειρὸς σιδήρου λύσε
σε · [10] καὶ ἀπὸ μάστιγος γλώσσης σε κρύψει, κα
οὐ μὴ φοβηθῇς κακῶν ἐπερχομένων. [11] Ἀδίκων κα
ἀνόμων καταγελάσῃ, ἀπὸ δὲ θηρίων ἀγρίων οὐ μὴ φοβη
θῇς. [12] Θῆρες γὰρ ἄγριοι εἰρηνεύσουσίν σοι. [13] Εἶτ
γνώσῃ, ὅτι εἰρηνεύσει σου ὁ οἶκος, ἡ δὲ δίαιτα τῆ
σκηνῆς σου οὐ μὴ ἁμάρτῃ. [14] Γνώσῃ δέ, ὅτι πολ
τὸ σπέρμα σου, τὰ δὲ τέκνα σου ὥσπερ τὸ παμβότανο
τοῦ ἀγροῦ. [15] Ἐλεύσῃ δὲ ἐν τάφῳ ὥσπερ σῖτος ὥριμο
κατὰ καιρὸν θεριζόμενος, ἢ ὥσπερ θημωνιὰ ἅλωνός καὶ
ὥραν συγκομισθεῖσα » (Job, v, 17-26). [16] Βλέπετε
ἀγαπητοί, πόσος ὑπερασπισμός ἐστιν τοῖς παιδευομένοι
ὑπὸ τοῦ δεσπότου · πατὴρ γὰρ ἀγαθὸς ὢν παιδεύει εἰ
τὸ ἐλεηθῆναι ἡμᾶς διὰ τῆς ὁσίας παιδείας αὐτοῦ.

LVII. Ὑμεῖς οὖν οἱ τὴν καταβολὴν τῆς στάσεω
ποιήσαντες ὑποτάγητε τοῖς πρεσβυτέροις καὶ παιδεύθητ
εἰς μετάνοιαν, κάμψαντες τὰ γόνατα τῆς καρδίας ὑμῶν
[2] Μάθετε ὑποτάσσεσθαι, ἀποθέμενοι τὴν ἀλαζόνα κα
ὑπερήφανον τῆς γλώσσης ὑμῶν αὐθάδειαν · ἄμεινον γά
ἐστιν ὑμῖν, ἐν τῷ ποιμνίῳ τοῦ Χριστοῦ μικροὺς κα
ἐλλογίμους εὑρεθῆναι, ἢ καθ' ὑπεροχὴν δοκοῦντας ἐκρ

« Heureux l'homme que Dieu reprend ! ne repousse pas la réprimande du Tout-Puissant ; car il fait souffrir et ensuite il remet en état. [7] Il a frappé et ses mains ont guéri. [8] Six fois il t'arrachera aux souffrances ; la septième fois le mal ne te touchera plus. [9] Dans la famine il te sauvera de la mort, et dans le combat de l'atteinte de l'épée. [10] Il te mettra à l'abri des coups de langue, et tu ne craindras pas les maux quand ils fondront sur toi. [11] Tu te riras des hommes injustes et méchants, tu ne redouteras point les bêtes sauvages. [12] Car les bêtes sauvages vivront en paix avec toi. [13] Ensuite tu verras la paix régner dans ta maison ; la prospérité de ta tente ne subira pas de revers. [14] Mais tu verras ta race se multiplier, et tes enfants semblables à l'herbe des champs. [15] Tu descendras au tombeau, pareil au blé mûr qu'on moissonne en la saison, ou tel que le monceau sur l'aire qu'on rentre au temps voulu. » [16] Vous voyez, bien-aimés, quelle puissante protection s'étend sur ceux que le Maître châtie : en bon père, il ne nous corrige que pour nous faire éprouver sa miséricorde par le moyen de sa punition sainte.

LVII. Vous donc qui avez causé le principe de la discorde, soumettez-vous aux presbytres, laissez-vous corriger en esprit de pénitence, fléchissez ' genoux de vos cœurs. [2] Apprenez à obéir, déposez votre superbe et orgueilleuse arrogance de langage : mieux vaut pour vous être petits mais comptés dans le troupeau du Christ, que d'être, avec une réputation d'excellence, exclus de l'espé-

quente chez les Pères et parait empruntée à la prière de Manassès, que reproduisent les *Constitutions apostoliques*, II, 22 : νῦν κλίνω γόνυ καρδίας.

φῆναι ἐκ τῆς ἐλπίδος αὐτοῦ. [3] Οὕτως γὰρ λέγει ἡ
πανάρετος σοφία· « Ἰδού, προήσομαι ὑμῖν ἐμῆς πνοῆς
ῥῆσιν, διδάξω δὲ ὑμᾶς τὸν ἐμὸν λόγον. [4] Ἐπειδὴ
ἐκάλουν καὶ οὐχ ὑπηκούσατε, καὶ ἐξέτεινον λόγους καὶ
οὐ προσείχετε, ἀλλὰ ἀκύρους ἐποεῖτε τὰς ἐμὰς βουλάς,
τοῖς δὲ ἐμοῖς ἐλέγχοις ἠπειθήσατε· τοιγαροῦν κἀγὼ
τῇ ὑμετέρᾳ ἀπωλείᾳ ἐπιγελάσομαι, καταχαροῦμαι δέ,
ἡνίκα ἂν ἔρχηται ὑμῖν ὄλεθρος καὶ ὡς ἂν ἀφίκηται ὑμῖν
ἄφνω θόρυβος, ἡ δὲ καταστροφὴ ὁμοία καταιγίδι παρῇ,
ἢ ὅταν ἔρχηται ὑμῖν θλίψις καὶ πολιορκία. [5] Ἔσται
γάρ, ὅταν ἐπικαλέσησθέ με, ἐγὼ δὲ οὐκ εἰσακούσομαι
ὑμῶν· ζητήσουσίν με κακοὶ καὶ οὐχ εὑρήσουσιν. Ἐμίση-
σαν γὰρ σοφίαν, τὸν δὲ φόβον τοῦ κυρίου οὐ προείλαντο,
οὐδὲ ἤθελον ἐμαῖς προσέχειν βουλαῖς, ἐμυκτήριζον δὲ
ἐμοὺς ἐλέγχους. [6] Τοιγαροῦν ἔδονται τῆς ἑαυτῶν ὁδοῦ
τοὺς καρποὺς καὶ τῆς ἑαυτῶν ἀσεβείας πλησθήσονται.
[7] Ἀνθ᾽ ὧν γὰρ ἠδίκουν νηπίους φονευθήσονται, καὶ
ἐξετασμὸς ἀσεβεῖς ὀλεῖ· ὁ δὲ ἐμοῦ ἀκούων κατασκηνώσει
ἐπ᾽ ἐλπίδι πεποιθὼς καὶ ἡσυχάσει ἀφόβως ἀπὸ παντὸς
κακοῦ » (*Prov.*, 1, 23-33).

LVIII. Ὑπακούσωμεν οὖν τῷ παναγίῳ καὶ ἐνδόξῳ
ὀνόματι αὐτοῦ φυγόντες τὰς προειρημένας διὰ τῆς σοφίας

LVII, 3 : ἡ πανάρετος σοφία. Le livre des *Proverbes*, les παροιμίαι
ou παροιμίαι Σαλομῶντος des Septante, est souvent présenté par
les anciens auteurs chrétiens sous la désignation de ἡ πανάρετος
σοφία. Cf. EUSÈBE, H. E , IV, 22, 8 ; CLÉMENT D'ALEX., *Stromates*,
II, 22, 136 ; *Pédagogue*, II, 2, 27, etc. Peut-être est-ce Clément de
Rome qui applique le premier l'épithète de πανάρετος à ce livre
canonique. Méliton de Sardes et Hégésippe ont pu emprunter
aussi cette expression à une source juive. Le nom de Sagesse
a été donné également à l'*Ecclésiastique*, à l'*Ecclésiaste* et au

rance chrétienne. [3] Car la toute-vertueuse Sagesse s'exprime ainsi : « Voici que j'émettrai pour vous une parole de mon souffle et que je vous enseignerai mes paroles. [4] Je vous ai appelés, et vous n'avez pas obéi, j'ai développé longuement mes discours et vous n'y avez pas fait attention ; mais au contraire vous avez rendu mes conseils inutiles, vous n'avez pas cédé à mes reproches ; c'est pourquoi, à mon tour, je rirai de votre perte ; je me réjouirai quand viendra votre ruine, quand le trouble soudain fondra sur vous, quand surviendra la catastrophe pareille à l'ouragan, quand vous serez opprimés, cernés de toute part. [5] Car il viendra un temps où vous m'invoquerez et où je ne vous écouterai pas : les méchants me chercheront et ne me trouveront pas, parce qu'ils ont haï la sagesse, ils n'ont pas choisi la crainte du Seigneur ; ils n'ont pas voulu prêter attention à mes conseils et ils narguaient mes réprimandes. [6] Ils goûteront donc les fruits de leur conduite, ils seront rassasiés de leur propre impiété. [7] Pour avoir violenté les petits enfants, ils seront mis à mort ; la recherche (qui en sera faite) détruira les impies. Celui au contraire qui m'écoute, se reposera confiant dans l'espérance, il vivra tranquille sans crainte d'aucun mal. »

LVIII. Obéissons donc à son nom très saint et glorieux, afin d'échapper aux menaces proférées par la

---

Cantique des Cantiques ; on peut donc croire qu'il s'est appliqué d'une manière générale aux livres hagiographes qui forment la troisième partie de la bible hébraïque.

LVII, 5 : φόβον. Septante : λόγον.

De LVII, 7-LXIII, le ms. Alexandrin, à cause d'une lacune, fait défaut pour la constitution du texte ; c'est le ms. H qui est le seul témoin original.

τοῖς ἀπειθοῦσιν ἀπειλάς, ἵνα κατασκηνώσωμεν πεποιθότες
ἐπὶ τὸ ὁσιώτατον τῆς μεγαλωσύνης αὐτοῦ ὄνομα. [2] Δέ-
ξασθε τὴν συμβουλὴν ἡμῶν, καὶ ἔσται ἀμεταμέλητα
ὑμῖν. Ζῇ γὰρ ὁ θεὸς καὶ ζῇ ὁ κύριος Ἰησοῦς Χριστὸς
καὶ τὸ πνεῦμα τὸ ἅγιον, ἥ τε πίστις καὶ ἡ ἐλπὶς τῶ
ἐκλεκτῶν, ὅτι ὁ ποιήσας ἐν ταπεινοφροσύνῃ μετ' ἐκτενοῦ
ἐπιεικείας ἀμεταμελήτως τὰ ὑπὸ τοῦ θεοῦ δεδομέν
δικαιώματα καὶ προστάγματα, οὗτος ἐντεταγμένος κα
ἐλλόγιμος ἔσται εἰς τὸν ἀριθμὸν τῶν σωζομένων διὰ Ἰησο
Χριστοῦ, δι' οὗ ἐστὶν αὐτῷ ἡ δόξα εἰς τοὺς αἰῶνας τῶ
αἰώνων. Ἀμήν.

LIX. Ἐὰν δέ τινες ἀπειθήσωσιν τοῖς ὑπ' αὐτοῦ δ
ἡμῶν εἰρημένοις, γινωσκέτωσαν, ὅτι παραπτώσει καὶ κι
δύνῳ οὐ μικρῷ ἑαυτοὺς ἐνδήσουσιν· [2] ἡμεῖς δὲ ἀθῷο
ἐσόμεθα ἀπὸ ταύτης τῆς ἁμαρτίας καὶ αἰτησόμεθα ἐκτε
τὴν δέησιν καὶ ἱκεσίαν ποιούμενοι, ὅπως τὸν ἀριθμὸν τ
κατηριθμημένον τῶν ἐκλεκτῶν αὐτοῦ ἐν ὅλῳ τῷ κόσμ
διαφυλάξῃ ἄθραυστον ὁ δημιουργὸς τῶν ἁπάντων διὰ το
ἠγαπημένου παιδὸς αὐτοῦ Ἰησοῦ Χριστοῦ, δι' οὗ ἐκάλεσ
ἡμᾶς ἀπὸ σκότους εἰς φῶς, ἀπὸ ἀγνωσίας εἰς ἐπίγνωσ
δόξης ὀνόματος αὐτοῦ,

LVIII, 2 : ζῇ γὰρ — ἅγιον, cité par saint Basile, *De Spiri*
Sancto, XXIX. Clément fait ici de la Trinité une mention enco
plus explicite que XLVI, 6. Cf. *Ascension d'Isaïe*, III, 13. Le déb
rappelle les formules de serment de l'Ancien Testament (1 S
muel, XIV, 39; XX, 3; XXVI, 16; XXIX, 6, etc.). L'apposition, q
suit, montre que les trois termes sont objet de foi et d'espéran
— μετ' ἐκτενοῦς ἐπιεικείας. Alliance de mots un peu cherchée et co
forme au goût. Sur la répétition fréquente de ἐπιείκεια, cf. *Int*
p. XXXVII s. — τῶν σωζομένων, on tient pour sauvés par anticipati
ceux qui marchent dans la voie du salut. Cf. Luc, XIII, 23; *Act*

sagesse contre les désobéissants et de nous reposer en toute confiance sur le nom très saint de sa majesté. [2] Acceptez notre conseil et vous n'en aurez pas de repentir. Car aussi vrai que Dieu vit, et que vit le Seigneur Jésus-Christ et le Saint-Esprit, la foi et l'espérance des élus : celui qui accomplit les volontés et les commandements donnés par Dieu, avec humilité, avec douceur soutenue, sans négligence, sera rangé et compté au nombre de ceux qui sont sauvés par Jésus-Christ, par lequel gloire soit à Dieu dans les siècles des siècles. Amen.

LIX. S'il y en a qui résistent aux paroles que Dieu leur adresse par notre intermédiaire, qu'ils sachent bien qu'ils se fourvoient dans une faute et un danger graves. [2] Pour nous, nous serons innocents de ce péché ; mais par nos prières et nos supplications assidues, nous demanderons :

Que le Créateur de l'univers conserve intact le nombre compté de ses élus dans le monde entier, par son fils bien-aimé Jésus-Christ, par qui il nous a appelés des ténèbres à la lumière, de l'ignorance à la pleine connaissance de la gloire de son nom,

---

II, 47 ; I *Cor.*, I, 18 ; II *Cor.*, II, 15. L'expression contraire est οἱ ἀπολλύμενοι : I *Cor.*, I, 18 ; II *Cor.*, II, 15 ; IV, 3 ; II *Thessal.*, II, 10.

LIX, 1 : ὑπ' αὐτοῦ pour ὑπὸ τοῦ θεοῦ. Cf. LVI, 1 ; LXIII, 2.

LIX, 2 : τὸν ἀριθμόν. Les *Constit. apost.*, VIII, 22 transcrivent en les réunissant LX, 1 et LIX, 2. Cf. *Apocalypse*, VII, 4, 5. — τοῦ ἠγαπημένου παιδός. Cf. ISAÏE. XLII, 1 ; MATTH., XII, 18 qui cite Isaïe ; *Martyre de Polycarpe*, XIV, 1-3 dont l'auteur connaît l'épître de Clément ; *Constitutions apostoliques*, VIII, 5, 39, 41. L'expression de παῖς était ambiguë. L'ancienne litt. chrét. le détermine dans le sens de υἱός, notamment par des adjectifs : ἠγαπημένος, μονογενής, *Const. ap.*, VIII, 40.

— ἐκάλεσεν. Cf. I PIERRE, II, 9.

— εἰς ἐπίγνωσιν δόξης. Cf. *Éphés.*, I, 5, 6.

[3] ἐλπίζειν ἐπὶ τὸ ἀρχέγονον πάσης κτίσεως ὄνομά σου,

ἀνοίξας τοὺς ὀφθαλμοὺς τῆς καρδίας ἡμῶν εἰς τὸ γινώσκειν σε

τὸν μόνον « ὕψιστον ἐν ὑψίστοις,
ἅγιον ἐν ἁγίοις ἀναπαυόμενον » (ISAÏE, LVII, 15) ·
« τὸν ταπεινοῦντα ὕβριν ὑπερηφάνων » (Is., XIII, 11),
« τὸν διαλύοντα λογισμοὺς ἐθνῶν » (Ps. XXXII, 10),
« τὸν ποιοῦντα ταπεινοὺς εἰς ὕψος
« καὶ τοὺς ὑψηλοὺς ταπεινοῦντα » (Job,, V, 11),
τὸν « πλουτίζοντα καὶ πτωχίζοντα » (I Samuel, II, 7),
τὸν « ἀποκτείνοντα καὶ σώζοντα καὶ ζῆν ποιοῦντα
                 [(Deut., XXXII, 39)

μόνον εὐεργέτην « πνευμάτων
καὶ θεὸν πάσης σαρκός » (Nomb., XVI, 22 ; XXVII, 16)
τὸν « ἐπιβλέποντα ἐν τοῖς ἀβύσσοις » (DANIEL, III, 55)
τὸν ἐπόπτην ἀνθρωπίνων ἔργων,
τὸν τῶν κινδυνευόντων βοηθόν,
τὸν τῶν « ἀπηλπισμένων σωτῆρα » (Judith, IX, 11)
τὸν παντὸς πνεύματος κτίστην καὶ ἐπίσκοπον ·
τὸν πληθύνοντα ἔθνη ἐπὶ γῆς
καὶ ἐκ πάντων ἐκλεξάμενον τοὺς ἀγαπῶντάς σε

LIX, 3 : ἐλπίζειν. Il y a quelque chose d'insolite dans le tour de phrase et qui donne lieu d'hésiter. Lightfoot restitue par conjecture les premiers mots de la prière : Δὸς ἡμῖν, κύριε, qu'il suppose être tombés accidentellement. Knopf dit simplement que le début de la prière n'a pas été conservé. L'accord des témoins du texte serait dans les deux cas bien étrange ; la découverte des versions latine et copte qui viennent corroborer la tradition de l'unique ms. grec (H) et de la version syriaque, ne lais-

[3] à l'espérance en ton nom, principe d'où procède
toute créature.

Tu as ouvert les yeux de nos cœurs afin qu'ils te con-
naissent,

Toi « le seul Très-haut au plus haut des cieux,

« Le Saint qui reposes au milieu des Saints,

« Toi qui abaisses l'insolence des orgueilleux,

« Qui déroutes les calculs des peuples,

« Qui exaltes les humbles

« Et qui abaisses les grands ;

« Toi qui enrichis et qui appauvris,

« Qui tues, et qui sauves, et qui vivifies, »

Unique Bienfaiteur « des esprits,

« Et Dieu de toute chair ;

« Contemplateur des abîmes, »

Scrutateur des œuvres des hommes,

Secours des hommes dans les dangers

« Et leur Sauveur dans le désespoir, »

Créateur et Surveillant (évêque) de tous les esprits !

Toi qui multiplies les peuples sur la terre

Et qui as choisi au milieu d'eux ceux qui t'aiment

guère de doute qu'il faut accepter notre texte si déconcertant
qu'il nous paraisse ; ἐλπίζειν dépend de ἐκάλεσεν. La transition est
brusque de la troisième personne à la deuxième et de l'exhortation à la prière ; mais la tonalité des phrases précédentes
(LIX, 1-2) est déjà dans le mode liturgique et dans le style de la
grande prière publique. Des tours de phrases analogues se
trouvent dans *Actes*, I, 4 ; XVII, 3 ; XXIII, 22 ; Luc, V, 14. Le
traducteur syriaque déconcerté par la brusque transition au
mot ἐλπίζειν a employé la seconde personne dans toute la
phrase.

— γινώσκειν. Cf. JEAN, XVII, 3.

— τὸν πλουτίζοντα. Cf. Luc, I, 53. — τὸν ἀποκτείνοντα. Cf. I Samuel, II, 6 ; II *Rois*, V, 7.

— ἐπίσκοπον. Cf. *Job*, X, 12 ; *Sag.*, I, 6.

διὰ Ἰησοῦ Χριστοῦ τοῦ ἠγαπημένου παιδός σου,
δι᾽ οὗ ἡμᾶς ἐπαίδευσας, ἡγίασας, ἐτίμησας.

[4] Ἀξιοῦμέν σε, δέσποτα,   [CXVIII, 114]
« βοηθὸν γενέσθαι καὶ ἀντιλήπτορα ἡμῶν » (*Psaume*
Τοὺς ἐν θλίψει ἡμῶν σῶσον,
τοὺς ταπεινοὺς ἐλέησον,
τοὺς πεπτωκότας ἔγειρον,
τοῖς δεομένοις ἐπιφάνηθι,
τοὺς ἀσθενεῖς ἴασαι,
τοὺς πλανωμένους τοῦ λαοῦ σου ἐπίστρεψον ·
χόρτασον τοὺς πεινῶντας,
λύτρωσαι τοὺς δεσμίους ἡμῶν,
ἐξανάστησον τοὺς ἀσθενοῦντας,
παρακάλεσον τοὺς ὀλιγοψυχοῦντας ·
« γνώτωσάν τε ἅπαντα τὰ ἔθνη,
« ὅτι σὺ εἶ ὁ θεὸς μόνος » (I *Rois*, VIII, 60)
καὶ Ἰησοῦς Χριστὸς ὁ παῖς σου
καὶ « ἡμεῖς λαός σου καὶ πρόβατα τῆς νομῆς σου »
          [(*Psaume* LXXVIII, 13)

LX. Σὺ γὰρ τὴν ἀέναον τοῦ κόσμου σύστασιν

διὰ τῶν ἐνεργουμένων ἐφανεροποίησας ·
σύ, κύριε, τὴν οἰκουμένην ἔκτισας,
ὁ πιστὸς ἐν πάσαις ταῖς γενεαῖς,
δίκαιος ἐν τοῖς κρίμασιν,

LIX, 4 : ἀσθενεῖς K L S, ἀσεβεῖς H. Le contexte donne raison
aux versions.
— ἐξανάστησον. Cf. 1 *Thessal.*, v, 14 : « Consolez les pusillanimes, soutenez les faibles. » — θεὸς μόνος : Cf. II *Rois*, XIX

Par Jésus-Christ ton Fils bien-aimé
Par qui tu nous as instruits, sanctifiés, honorés.
[4] Nous t'en prions, ô Maître !
« Sois notre secours et notre soutien. »
Sois le salut de nos opprimés,
Prends pitié des humbles,
Relève ceux qui sont tombés,
Montre-toi à ceux qui sont dans le besoin,
Guéris les malades,
Ramène les égarés de ton peuple,
Rassasie ceux qui ont faim,
Délivre nos prisonniers,
Fais lever ceux qui languissent,
Console les pusillanimes,
Que tous « les peuples reconnaissent
« Que tu es le seul Dieu, »
Que Jésus-Christ est ton fils,
Que « nous sommes ton peuple et les brebis de tes
                                        [pâturages. »

LX. Toi qui par tes œuvres

As manifesté l'immortelle ordonnance du monde,
Toi, Seigneur, qui as créé la terre,
Toi qui demeures fidèle dans toutes les générations,
Juste dans tes jugements,

10; Ezéchiel, xxxvi, 23 ; Jean, xvii, 3.
— λαὸς καὶ πρόβατα. Cf. *Psaumes* xciv, 7; xcix, 3.
LX, 1 : σύστασιν. Cf. *Sagesse*, vii, 17 : citation de Clément dans
les *Constit. apost.*, viii, 22. — ἐφανεροποίησας. Cf. *Rom.*, 1, 20. —
ὁ ἀγαθός. Cf. xxxv, 2; *Sagesse*, xiii, 1. — A rapprocher ces
invocations de xxxv, 2.

θαυμαστὸς ἐν ἰσχύϊ καὶ μεγαλοπρεπείᾳ,
ὁ σοφὸς ἐν τῷ κτίζειν
καὶ συνετὸς ἐν τῷ τὰ γενόμενα ἑδράσαι,
ὁ ἀγαθὸς ἐν τοῖς ὁρωμένοις
καὶ πιστὸς ἐν τοῖς πεποιθόσιν ἐπὶ σέ,
« ἐλεῆμον καὶ οἰκτίρμον » (JOEL, II, 13),
ἄφες ἡμῖν τὰς ἀνομίας ἡμῶν καὶ τὰς ἀδικίας
καὶ τὰ παραπτώματα καὶ πλημμελείας.

[2] Μὴ λογίσῃ πᾶσαν ἁμαρτίαν δούλων σου καὶ παιδι-
[σκῶν,
ἀλλὰ καθάρισον ἡμᾶς τὸν καθαρισμὸν τῆς σῆς ἀλη-
[θείας,
καὶ « κατεύθυνον τὰ διαβήματα ἡμῶν (Ps. CXVIII, 133)
« ἐν ὁσιότητι καρδίας πορεύεσθαι » (I Rois, IX, 4)
καὶ « ποιεῖν τὰ καλὰ καὶ εὐάρεστα ἐνώπιόν σου »
(Deut., XIII, 18)
καὶ ἐνώπιον τῶν ἀρχόντων ἡμῶν.

[3] Ναί, δέσποτα, « ἐπίφανον τὸ πρόσωπόν σου ἐφ'
[ἡμᾶς » (Psaume LXVI, 2)
« εἰς ἀγαθὰ » (JÉR., XXI, 10) ἐν εἰρήνῃ,
εἰς « τὸ σκεπασθῆναι ἡμᾶς τῇ χειρί σου τῇ κραταιᾷ »
[(cf. ISAÏE, LI, 16)
καὶ ῥυσθῆναι ἀπὸ πάσης ἁμαρτίας « τῷ βραχίονί
[σου τῷ ὑψηλῷ » (cf. Deut., IV, 34),
καὶ ῥῦσαι ἡμᾶς ἀπὸ τῶν μισούντων ἡμᾶς ἀδίκως.

[4] Δὸς ὁμόνοιαν καὶ εἰρήνην
ἡμῖν τε καὶ πᾶσιν τοῖς κατοικοῦσιν τὴν γῆν,

— ἐλεῆμον καὶ οἰκτίρμον. Outre Joël, cf. *Ecclésiastique*, II, 11.
LX, 2 : ἀληθείας. Cf. JEAN, XVII, 17.

Admirable dans ta force et ta magnificence,
Sage dans la création,
Avisé à affermir les choses créées,
Bon dans les choses visibles,
Fidèle envers ceux qui ont confiance en toi,
« Miséricordieux et compatissant, »
Remets-nous nos fautes et nos injustices,
Nos chutes et nos aberrations.

[2] Ne compte pas les péchés de tes serviteurs et de tes servantes,
Mais purifie-nous par ta vérité
Et « dirige nos pas
« Pour que nous marchions dans la sainteté du cœur
« Et que nous fassions ce qui est bon et agréable
« A tes yeux » et aux yeux de nos princes.

[3] Oui, Maître, « fais luire sur nous ton visage, ».
Pour (nous faire jouir) des biens en paix,
Nous protéger de ta « main puissante, »
Nous libérer de tout péché par « ton bras très fort, »
Nous sauver de ceux qui nous haïssent injustement.

[4] Donne la concorde et la paix,
A nous et à tous les habitants de la terre,

LX, 3 : ἐπίφανον. Cf. en outre *Ps.* LXXIX, 4, 8, 20; *Nombres,* VI, 25, 26; *Constit. apost.,* VIII, 18, 37. — εἰς ἀγαθά : expression d'ailleurs fréquente : *Genèse,* L, 20; JÉRÉMIE, XXIV, 6; AMOS, IX, 4; *Deutér.,* XXX, 9. Sur χειρί et βραχίονί rapprochés en une locution devenue consacrée à l'égard de Dieu : cf. *Exode,* VI, 1; *Deut.,* IV, 34; V, 15; JÉRÉMIE, XXXIX, 21 ; EZÉCHIEL, XX, 33, 34. — ῥῦσαι. Cf. *Ps.* XVII, 18. XXXVII, 20. — τῶν μισούντων. Cf. JUSTIN, I *Apol.,* XIV, 3.

καθὼς ἔδωκας τοῖς πατράσιν ἡμῶν,

« ἐπικαλουμένων » (*Ps.* CXLIV, 18) σε αὐτῶν ὁσίως

« ἐν πίστει καὶ ἀληθείᾳ » (I *Tim.*, ιι, 7),

ὑπηκόους γινομένους

τῷ παντοκράτορι καὶ παναρέτῳ ὀνόματί σου,

τοῖς τε ἄρχουσιν καὶ ἡγουμένοις ἡμῶν ἐπὶ τῆς γῆς.

LXI. Σύ, δέσποτα, ἔδωκας τὴν ἐξουσίαν τῆς βασιλείας αὐτοῖς

διὰ τοῦ μεγαλοπρεποῦς καὶ ἀνεκδιηγήτου κράτους σου,

εἰς τὸ γινώσκοντας ἡμᾶς τὴν ὑπὸ σοῦ αὐτοῖς δεδο-

|μένην δόξαν

καὶ τιμὴν ὑποτάσσεσθαι αὐτοῖς,

μηδὲν ἐναντιουμένους τῷ θελήματί σου ·

οἷς δός, κύριε, ὑγίειαν, εἰρήνην, ὁμόνοιαν, εὐστάθειαν,

εἰς τὸ διέπειν αὐτοὺς τὴν ὑπὸ σοῦ δεδομένην αὐτοῖς

[ἡγεμονίαν ἀπροσκόπως.

[2] Σὺ γάρ, δέσποτα, ἐπουράνιε βασιλεῦ τῶν αἰώνων,

δίδως τοῖς υἱοῖς τῶν ἀνθρώπων

δόξαν καὶ τιμὴν καὶ ἐξουσίαν τῶν ἐπὶ τῆς γῆς

[ὑπαρχόντων ·

σύ, κύριε, διεύθυνον τὴν βουλὴν αὐτῶν

LX, 4 : πατράσιν, c'est-à-dire les patriarches et les prophètes.
Cf. ιν, 8; XXX, 7; XXXI, 2; LXII, 2. — ἐπικαλουμένων. Cf. *Ps.* CXIV,
18; CXLVI, 9. — ὁσίως K L S, manque dans H
LX, 4 : ὑπηκόους. La construction est difficile à expliquer ;
l'anacoluthe est violente surtout après la succession de πατράσιν
et d'ἐπικαλουμένων. Lightfoot estime que plusieurs mots sont
tombés accidentellement et propose de lire : ὥστε σώζεσθαι ἡμᾶς
ὑπηκόους. Bryennios lit : σῶσον ἡμᾶς. Mais le manuscrit H et les

Comme tu l'as donnée à nos pères
Lorsqu'ils t'invoquaient saintement dans la foi et la
Rends-nous soumis   [vérité.
A ton Nom très puissant et très excellent,
A nos princes et à ceux qui nous gouvernent sur la
                                                     [terre.

LXI. C'est toi, maître, qui leur as donné le pouvoir de
la royauté,
    Par ta magnifique et indicible puissance,
    Afin que, connaissant la gloire et l'honneur que tu
    Nous leur soyons soumis   [leur as départis,
    Et ne contredisions pas ta volonté.
    Accorde-leur, Seigneur, la santé, la paix, la concorde,
                       [la stabilité,
    Pour qu'ils exercent sans heurt la souveraineté que tu
                     [leur as remise.
[2] Car c'est toi, Maître, céleste roi des siècles,
    Qui donnes aux fils des hommes
    Gloire, honneur, pouvoir sur les choses de la terre.
    Dirige, Seigneur, leur conseil, suivant ce qui est bien,

versions K L S étant d'accord, il semble téméraire de procéder
à une modification du texte. Lightfoot a lui-même rapproché
de notre texte, d'autres textes semblables comme *Éphésiens*, I,
17-18; *Actes*, XXVI, 3.

— τοῖς τε ἄρχουσιν... τῆς γῆς rattaché par H et par la version
copte K au chapitre suivant LXI, 1. Lightfoot et Hort en ont fait
avec raison, semble-t-il, la terminaison de LX, 4; c'est aussi ce
que fait la version latine L.

LXI : Sur les prières des chrétiens pour leurs princes, cf.
Intr., p. LII.

LXI, 2 : βασιλεῦ τῶν αἰώνων. Cf. *Tobie*, XIII, 6, 10; 1 *Tim.*, I, 17;
Apoc., XV, 3 (ἐθνῶν, variante : αἰώνων).

κατὰ « τὸ καλὸν καὶ εὐάρεστον ἐνώπιόν σου »

[(*Deut.*, xiii, 18),

ὅπως διέποντες

ἐν εἰρήνῃ καὶ πραΰτητι

εὐσεβῶς τὴν ὑπὸ σοῦ αὐτοῖς δεδομένην ἐξουσίαν

ἵλεώ σου τυγχάνωσιν.

[3] Ὁ μόνος δυνατὸς ποιῆσαι ταῦτα

καὶ περισσότερα ἀγαθὰ μεθ᾽ ἡμῶν,

σοὶ ἐξομολογούμεθα διὰ τοῦ ἀρχιερέως

καὶ προστάτου τῶν ψυχῶν ἡμῶν Ἰησοῦ Χριστοῦ,

δι᾽ οὗ σοι ἡ δόξα καὶ ἡ μεγαλωσύνη

καὶ νῦν

καὶ εἰς γενεὰν γενεῶν

καὶ εἰς τοὺς αἰῶνας τῶν αἰώνων. Ἀμήν.

LXII. Περὶ μὲν τῶν ἀνηκόντων τῇ θρησκείᾳ ἡμῶν καὶ τῶν ὠφελιμωτάτων εἰς ἐνάρετον βίον τοῖς θέλουσιν εὐσεβῶς καὶ δικαίως διευθύνειν, ἱκανῶς ἐπεστείλαμεν ὑμῖν, ἄνδρες ἀδελφοί. [2] Περὶ γὰρ πίστεως καὶ μετανοίας καὶ γνησίας ἀγάπης καὶ ἐγκρατείας καὶ σωφροσύνης καὶ ὑπομονῆς πάντα τόπον ἐψηλαφήσαμεν, ὑπομιμνήσκοντες δεῖ ὑμᾶς ἐν δικαιοσύνῃ καὶ ἀληθείᾳ καὶ μακροθυμίᾳ τῷ παντο-κράτορι θεῷ ὁσίως εὐαρεστεῖν, ὁμονοοῦντας ἀμνησικάκως

LXI, 3 : μεθ᾽ ἡμῶν. C'est un hébraïsme. Cf. Luc, i, 72 ; x, 37 ; *Ps.* cxviii, 65. — ἀρχιερέως. Cf. xxxvi, 1 ; lxiv. I Pierre, ii, 25. — καὶ νῦν. Cf. lxiv ; *Ps.* cxviii, 44 ; cxliv, 1, 2, 21.

LXII, 1 : εἰς ἐνάρετον βίον τοῖς θέλουσιν H K. — Knopf se fonde sur L et S ;?) pour lire : τοῖς θέλουσιν ἐνάρετον βίον. Lecture impro-bable et démentie par K.

LXII, 1 : διευθύνειν H K L S. Le mot est rare et n'appartient pas au grec biblique. Bryennios et Lightfoot estimant impos-sible de construire ce verbe absolument ont suppléé après

Suivant « ce qui est agréable à tes yeux, »
Afin qu'en exerçant avec piété
Dans la paix et la mansuétude,
Le pouvoir que tu leur as donné,
Ils te trouvent propice.
[3] Toi seul as la puissance de faire cela
Et de nous procurer de plus grands biens encore.
Nous te remercions par le grand-prêtre
Et le patron de nos âmes, Jésus-Christ,
Par qui soit à toi la gloire et la grandeur,
Et maintenant
Et de génération en génération
Et dans les siècles des siècles. Amen.

LXII. Nous avons traité suffisamment dans cette lettre, avec vous, frères, des dispositions convenables à notre religion et les plus utiles, pour la vie vertueuse, à ceux qui veulent vivre dans la piété et la justice. [2] Nous avons traité à fond de la foi, de la pénitence, de la charité de bon aloi, de la continence, de la chasteté, de la patience; nous vous avons rappelé la nécessité de plaire à Dieu tout-puissant par une vie sainte dans la justice, la vérité et la longanimité, de maintenir

---

διευθύνειν, le premier τὴν βουλὴν αὐτῶν (d'après LXI, 2), le second τὴν πορείαν αὐτῶν (d'après XLVIII, 4). Funk pense que ce verbe peut s'employer intransitivement comme κατευθύνειν dans *Ps.* LXXVII, 8; c, 7; *Prov.*, XV, 8; XXIX, 27; MALACHIE, II, 6. — ἱκανῶς : est peut-être le mot qui amène saint Irénée à qualifier l'épître aux Corinthiens de ἱκανωτάτη γραφή (*Adv. hær.*, III, 3, 3).

LXII, 2: τόπον H L; mais K S ajoutent τῆς γραφῆς qui donnerait à τόπος son sens ordinaire et qui rend bien compte du contenu de l'épître. Lightfoot défend l'emploi absolu de τόπος avec le sens d'argument et renvoie à ÉPICTÈTE, *Diss.*, I, 7, 4. — πατέρες, patriarches et prophètes, XVII-XIX, XXX, XXXI.

ἐν ἀγάπῃ καὶ εἰρήνῃ μετὰ ἐκτενοῦς ἐπιεικείας, καθὼς καὶ
οἱ προδεδηλωμένοι πατέρες ἡμῶν εὐηρέστησαν ταπεινοφρονοῦντες τὰ πρὸς τὸν πατέρα καὶ θεὸν καὶ κτίστην καὶ
πάντας ἀνθρώπους. [3] Καὶ ταῦτα τοσούτῳ ἥδιον ὑπεμνή-
σαμεν, ἐπειδὴ σαφῶς ᾔδειμεν γράφειν ἡμᾶς ἀνδράσιν
πιστοῖς καὶ ἐλλογιμωτάτοις καὶ ἐνκεκυφόσιν εἰς τὰ λόγια
τῆς παιδείας τοῦ θεοῦ.

LXIII. Θεμιτὸν οὖν ἐστιν τοῖς τοιούτοις καὶ τοσούτοις
ὑποδείγμασιν προσελθόντας ὑποθεῖναι τὸν τράχηλον καὶ
τὸν τῆς ὑπακοῆς τόπον ἀναπληρῶσαι, ὅπως ἡσυχάσαντες
τῆς ματαίας στάσεως ἐπὶ τὸν προκείμενον ἡμῖν ἐν ἀληθείᾳ
σκοπὸν δίχα παντὸς μώμου καταντήσωμεν. [2] Χαρὰν
γὰρ καὶ ἀγαλλίασιν ἡμῖν παρέξετε, ἐὰν ὑπήκοοι γενόμενοι
τοῖς ὑφ' ἡμῶν γεγραμμένοις διὰ τοῦ ἁγίου πνεύματος
ἐκκόψητε τὴν ἀθέμιτον τοῦ ζήλους ὑμῶν ὀργὴν κατὰ τὴν
ἔντευξιν, ἣν ἐποιησάμεθα περὶ εἰρήνης καὶ ὁμονοίας ἐν
τῇδε τῇ ἐπιστολῇ. [3] Ἐπέμψαμεν δὲ ἄνδρας πιστοὺς καὶ
σώφρονας ἀπὸ νεότητος ἀναστραφέντας ἕως γήρους ἀμέμπτως ἐν ἡμῖν, οἵτινες καὶ μάρτυρες ἔσονται μεταξὺ ὑμῶν
καὶ ἡμῶν. [4] Τοῦτο δὲ ἐποιήσαμεν, ἵνα εἰδῆτε, ὅτι
πᾶσα ἡμῖν φροντὶς καὶ γέγονεν καὶ ἔστιν εἰς τὸ ἐν τάχει
ὑμᾶς εἰρηνεῦσαι.

LXIV. Λοιπὸν ὁ παντεπόπτης θεὸς καὶ δεσπότης « τῶν
πνευμάτων καὶ κύριος πάσης σαρκός » (*Nombres*, XVI, 22 ;

LXIII, 1 : τόπον peut s'entendre d'une *place* à occuper et d'une
fonction dont la place assignée est le signe. Cf. I Cor., XIV, 16.
— ἀναπληρῶσαι H K L ; Lightfoot a accepté le syriaque : *implen-*

la concorde en pratiquant l'oubli des injures, la charité, la paix et une constante équité, à l'exemple de nos pères que nous avons cités et qui ont plu par leur humilité envers le Père, Dieu et créateur, et envers les hommes. [3] Et nous vous avons rappelé ces choses d'autant plus volontiers que nous savions bien que nous écrivions à des hommes fidèles, très considérés et qui ont approfondi les maximes de la science divine.

LXIII. Il est donc juste de nous appliquer tant de grands exemples, de courber la tête, de garder la place assignée par l'obéissance, afin de cesser une vaine discorde et de parvenir sans reproche au but qui nous est proposé dans la vérité. [2] Vous nous causerez en effet joie et allégresse, si vous obéissez aux conseils que nous vous avons donnés par le Saint-Esprit ; si vous coupez court à l'emportement coupable de votre rivalité, selon l'invitation à la paix et à la concorde que nous vous faisons dans cette lettre. [3] Nous vous avons envoyé des hommes fidèles et sages qui ont vécu sans reproche au milieu de nous depuis la jeunesse jusqu'à la vieillesse : ils seront témoins entre vous et nous. [4] Nous avons fait cela pour que vous sachiez que toute notre préoccupation a été et est encore de vous amener promptement à la paix.

LXIV. Du reste, que Dieu qui voit tout, qui est « maître des esprits et seigneur de toute chair », qui a

tes, inclinemur illis qui sunt duces animarum nostrarum, qu'il a incorporé au grec en rétablissant par conjecture : ἀναπληρώσαντας προσκληθῆναι τοῖς ὑπάρχουσιν ἀρχηγοῖς τῶν ψυχῶν ἡμῶν.

LXIII, 2 : χαρίν. Cf. Luc. I, 14 ; Matth., v, 22 ; Apoc., xix, 7. — Les dépositaires de l'autorité parlent au nom du Saint-Esprit : LVI, 1 ; LIX, 1 ; Act., xv, 28.

XXVII, 16), ὁ ἐκλεξάμενος τὸν κύριον Ἰησοῦν Χριστὸν καὶ ἡμᾶς δι' αὐτοῦ εἰς λαὸν περιούσιον, δῴη πάσῃ ψυχῇ ἐπικεκλημένῃ τὸ μεγαλοπρεπὲς καὶ ἅγιον ὄνομα αὐτοῦ πίστιν, φόβον, εἰρήνην, ὑπομονὴν καὶ μακροθυμίαν, ἐγκράτειαν, ἁγνείαν καὶ σωφροσύνην, εἰς εὐαρέστησιν τῷ ὀνόματι αὐτοῦ διὰ τοῦ ἀρχιερέως καὶ προστάτου ἡμῶν Ἰησοῦ Χριστοῦ, δι' οὗ αὐτῷ δόξα καὶ μεγαλωσύνη, κράτος καὶ τιμή, καὶ νῦν καὶ εἰς πάντας τοὺς αἰῶνας τῶν αἰώνων. Ἀμήν.

LXV. Τοὺς δὲ ἀπεσταλμένους ἀφ' ἡμῶν Κλαύδιον Ἔφηβον καὶ Οὐαλέριον Βίτωνα σὺν καὶ Φορτουνάτῳ ἐν εἰρήνῃ μετὰ χαρᾶς ἐν τάχει ἀναπέμψατε πρὸς ἡμᾶς, ὅπως θᾶττον τὴν εὐκταίαν καὶ ἐπιπόθητην ἡμῖν εἰρήνην καὶ ὁμόνοιαν ἀπαγγέλλωσιν, εἰς τὸ τάχιον καὶ ἡμᾶς χαρῆναι περὶ τῆς εὐσταθείας ὑμῶν.

2. Ἡ χάρις τοῦ κυρίου ἡμῶν Ἰησοῦ Χριστοῦ μεθ' ὑμῶν καὶ μετὰ πάντων πανταχῇ τῶν κεκλημένων ὑπὸ τοῦ θεοῦ καὶ δι' αὐτοῦ, δι' οὗ αὐτῷ δόξα, τιμή, κράτος καὶ μεγαλωσύνη, θρόνος αἰώνιος, ἀπὸ τῶν αἰώνων εἰς τοὺς αἰῶνας τῶν αἰώνων. Ἀμήν.

Κλήμεντος πρὸς Κορινθίους ἐπιστολὴ ᾱ.

LXV, 1 : Κλαύδιον. Lightfoot, qui a émis de si ingénieuses conjectures sur le personnage de Clément (*Intr.*, p. XIII), suppose que les députés appartenaient à la maison de César. Caligula, Claude et Néron étaient sortis de la gens Claudia, et Messaline, une des femmes de Claude, de la gens Valeria. Beaucoup d'esclaves, d'affranchis, de clients de la maison Claudia portèrent les noms de Valérius et de Claude. On sait que saint Paul

choisi le Seigneur Jésus-Christ et nous en lui pour être
son peuple particulier, donne à toute âme qui invoque son
nom glorieux et saint, foi, crainte, paix, patience, longanimité, continence, pureté et chasteté, afin qu'elle puisse
plaire à son nom par notre grand-prêtre et patron, Jésus-
Christ, par lequel soit à Dieu gloire et majesté, puissance
et honneur, maintenant et dans tous les siècles des siècles.
Amen.

LXV. Renvoyez-nous promptement en paix et avec joie
nos députés, Claudius Ephebus et Valerius Biton, ainsi
que Fortunatus, afin qu'ils nous annoncent au plus tôt la
paix et la concorde si désirable et si désirée de nous ; afin
que nous nous réjouissions, nous aussi, le plus tôt possible, du bon ordre parmi vous.

[2] Que la grâce de Notre-Seigneur Jésus-Christ soit
avec vous et en tout endroit avec tous ceux que Dieu a
appelés par Jésus-Christ. Par lequel soit à Dieu gloire,
honneur, puissance, majesté, règne éternel, depuis l'origine des siècles et pour les siècles des siècles. Amen.

Première épître de Clément aux Corinthiens.

adresse aux Philippiens un salut de la part des chrétiens « qui
sont de la maison de César » (*Philip*, iv, 22). Cf. Irénée, iv,
30, 1 ; *Philosophoumena*, ix, 12. — σὺν καί. Cette construction de
καί n'est pas sans exemple : *Philip.*, iv, 3 ; *Actes*, xv, 35. Il n'y
a donc pas de raison majeure de corriger καί en l'αὐτῷ. La locution σὺν καί rattache expressément Fortunatus aux deux autres
députés ; elle n'autorise pas à considérer Fortunatus comme un
Corinthien (I *Cor.* xvi, 17), venu pour mettre l'Église de Rome
au courant des divisions de son Église. Cf. *Intr.* xxxiii-xxxiv.
LXV, 2 : αὐτοῦ, c'est-à-dire le Christ. — La doxologie finale
est imitée dans le *Martyre de Polycarpe*, xxi.

ΚΛΗΜΕΝΤΟΣ ΠΡΟΣ ΚΟΡΙΝΘΙΟΥΣ Β̅.

I. Ἀδελφοί, οὕτως δεῖ ἡμᾶς φρονεῖν περὶ Ἰησοῦ Χριστοῦ, ὡς περὶ θεοῦ, ὡς περὶ « κριτοῦ ζώντων καὶ νεκρῶν » (Actes, x, 42)· καὶ οὐ δεῖ ἡμᾶς μικρὰ φρονεῖν περὶ τῆς σωτηρίας ἡμῶν. [2] Ἐν τῷ γὰρ φρονεῖν ἡμᾶς μικρὰ περὶ αὐτοῦ μικρὰ καὶ ἐλπίζομεν λαβεῖν· καὶ οἱ ἀκούοντες ὡς περὶ μικρῶν ἁμαρτάνουσιν, καὶ ἡμεῖς ἁμαρτάνομεν οὐκ εἰδότες, πόθεν ἐκλήθημεν καὶ ὑπὸ τίνος καὶ εἰς ὃν τόπον, καὶ ὅσα ὑπέμεινεν Ἰησοῦς Χριστὸς παθεῖν ἕνεκα ἡμῶν. [3] Τίνα οὖν ἡμεῖς αὐτῷ δώσομεν ἀντιμισθίαν, ἢ τίνα καρπὸν ἄξιον οὗ ἡμῖν αὐτὸς ἔδωκεν; πόσα δὲ αὐτῷ ὀφείλομεν ὅσια; [4] Τὸ φῶς γὰρ ἡμῖν ἐχαρίσατο, ὡς πατὴρ υἱοὺς ἡμᾶς προσηγόρευσεν, ἀπολλυ-

---

1, 1 : ὡς περὶ θεοῦ, expression qui reproduit à la lettre celle de Pline écrivant à Trajan à propos des chrétiens : *carmenque Christo quasi deo dicere secum invicem*. Photius (*Bibl.* cod. 126) fait remarquer la différence des termes employés par saint Clément et par l'auteur de l'homélie en parlant du Christ. Cf. CLÉMENT, *Cor.*, II, 1 ; XXXVI, 1, 4. La précision théologique de l'homélie explique pourquoi ce début (I, 1-2) a été cité par Timothée Élure, patriarche usurpateur d'Alexandrie (457) et par Sévère d'Antioche, au cours des luttes monophysites (Cf. LIGHTFOOT, *Clement of Rome*, I, 180-183). — κριτοῦ. Cf. II *Tim.*, IV, 1 ; cité dans BARNABÉ, VII, 2 ; I PIERRE, IV, 5 ; POLYCARPE, *Phil.*, II, 1. — μικρὰ φρονεῖν, les idées basses des Juifs sur le Messie purement terrestre, et des Ébionites dont Origène jouant sur leur

HOMÉLIE DU IIᵉ SIÈCLE

DITE ANCIENNEMENT IIᵉ ÉPITRE DE CLÉMENT

AUX CORINTHIENS

I. Frères, nous devons considérer Jésus-Christ comme
Dieu, comme « le juge des vivants et des morts » et nous
ne devons pas peu estimer notre salut. [2] Si nous
n'avons de Jésus qu'une pauvre idée, nous n'espérons
non plus recevoir (de lui) que de faibles biens. C'est
pécher que d'en écouter l'annonce comme de biens
médiocres ; et nous péchons nous-mêmes si nous ignorons d'où nous avons été appelés, par qui et pour quel
séjour, que de maux enfin Jésus-Christ a supporté de
souffrir pour nous. [3] Quelle compensation lui offri-
rons-nous donc en retour ? Ou quel fruit qui soit digne de
ce qu'il nous a donné ? De quels bienfaits ne lui sommes-
nous pas redevables ? [4] Il nous a donné la lumière ; comme
un père il nous a appelés ses fils ; il nous a sauvés, alors

nom (= pauvres) dit qu'ils ont de la personne du Christ une
« conception indigente » (*De principiis*, ɪv, 22 ; *Contre Celse*, ɪɪ, 1).
Cf. Eusèbe, H. E. ɪɪɪ, 27, 1. — ὅσια = bienfaits, grâces. Cf. Isaïe,
ʟᴠ, 3 (cité par *Actes*, xɪɪɪ, 34 : δώσω ὑμῖν τὰ ὅσια Δαυεὶδ τὰ πιστά).
C'est la traduction de l'hébreu *hasidim*. Le même mot a été
rendu au IIᵉ livre des *Chroniques* (ᴠɪ, 42) par τὰ ἐλέη.
I, 4 : ὡς πατήρ. Cf. *Rom.*, ᴠɪɪɪ, 15 et ɪx, 26 ; II *Cor.*, ᴠɪ, 18 ;
Gal., ɪᴠ, 6 ; I Jean, ɪɪɪ, 1 ; Clément d'Alexandrie, *Quis dives*,
xxɪɪɪ.

μένους ἡμᾶς ἔσωσεν. [5] Ποῖον οὖν αἶνον αὐτῷ δώσομεν ἢ μισθὸν ἀντιμισθίας ὧν ἐλάβομεν; [6] Πηροὶ ὄντες τῇ διανοίᾳ, προσκυνοῦντες λίθους καὶ ξύλα καὶ χρυσὸν καὶ ἄργυρον καὶ χαλκόν, ἔργα ἀνθρώπων· καὶ ὁ βίος ἡμῶν ὅλος ἄλλο οὐδὲν ἦν εἰ μὴ θάνατος. Ἀμαύρωσιν οὖν περικείμενοι καὶ τοιαύτης ἀχλύος γέμοντες ἐν τῇ ὁράσει, ἀνεβλέψαμεν ἀποθέμενοι ἐκεῖνο ὃ περικείμεθα νέφος τῇ αὐτοῦ θελήσει. [7] Ἠλέησεν γὰρ ἡμᾶς καὶ σπλαγχνισθεὶς ἔσωσεν, θεασάμενος ἐν ἡμῖν πολλὴν πλάνην καὶ ἀπώλειαν, καὶ μηδεμίαν ἐλπίδα ἔχοντας σωτηρίας, εἰ μὴ τὴν παρ' αὐτοῦ. [8] Ἐκάλεσεν γὰρ ἡμᾶς οὐκ ὄντας καὶ ἠθέλησεν ἐκ μὴ ὄντος εἶναι ἡμᾶς.

II. « Εὐφράνθητι, στεῖρα ἡ οὐ τίκτουσα, ῥῆξον καὶ βόησον, ἡ οὐκ ὠδίνουσα, ὅτι πολλὰ τὰ τέκνα τῆς ἐρήμου μᾶλλον ἢ τῆς ἐχούσης τὸν ἄνδρα » (ISAÏE, LIV, 1). Ὃ εἶπεν· « Εὐφράνθητι, στεῖρα ἡ οὐ τίκτουσα », ἡμᾶς εἶπεν· στεῖρα γὰρ ἦν ἡ ἐκκλησία ἡμῶν πρὸ τοῦ δοθῆναι αὐτῇ τέκνα. [2] Ὃ δὲ εἶπεν· « Βόησον, ἡ οὐκ ὠδίνουσα », τοῦτο λέγει· τὰς προσευχὰς ἡμῶν ἁπλῶς ἀναφέρειν πρὸς τὸν θεόν, μὴ ὡς αἱ ὠδίνουσαι ἐγκακῶμεν. [3] Ὃ δὲ εἶπεν· « Ὅτι πολλὰ τὰ τέκνα τῆς ἐρήμου μᾶλλον ἢ τῆς ἐχούσης τὸν ἄνδρα » · ἐπεὶ ἔρημος ἐδόκει εἶναι ἀπὸ τοῦ θεοῦ ὁ λαὸς ἡμῶν, νυνὶ δὲ πιστεύσαντες πλείονες ἐγενό-

---

I, 6 : ὁ βίος. Cf. I *Tim.*, v, 6 : ζῶσα τέθνηκεν. S. AUG., *Conf.*, I, 6 : in istam dico vitam mortalem an mortem vitalem nescio (Harnack).

I, 8 : ἐκάλεσεν. Cf. *Rom.*, IV, 17 : καλοῦντος τὰ μὴ ὄντα ὡς ὄντα. HERMAS, *Vis.*, I, 1, 6; *Hom. clém.*, III, 32; *Constit. apost.*, v, 7 ; VIII, 12.

II, 1 : Justin fait la même application de ce texte aux ethno-

que nous périssions. [5] Quelle louange lui donner, quelle récompense, en retour de ce que nous avons reçu ? [6] Dans notre aveuglement d'esprit, nous adorions des objets de pierre, de bois, d'or, d'argent, de bronze, ouvrages des hommes ; notre vie tout entière n'était qu'une mort. Nous étions entourés d'obscurité, nos yeux étaient pleins de ténèbres ; et voilà que nous avons recouvré la vue, et dissipé par son bon vouloir le nuage qui nous environnait. [7] Car il a eu pitié de nous et il nous a sauvés, ému de compassion à la vue de l'égarement et de la ruine où nous étions plongés, sans autre espérance de salut que celle qui vient de lui. [8] Il nous a appelés alors que nous n'étions pas, sa volonté nous a fait passer du néant à l'être.

II. « Réjouis-toi, stérile qui n'enfantes pas ; éclate en cris, toi qui n'accouches pas ; car la délaissée a beaucoup d'enfants, plus que celle qui a un époux. » Par ces paroles : « Réjouis-toi, stérile qui n'enfantes pas », c'est nous qui sommes désignés ; car notre église était stérile avant que des enfants lui fussent donnés. [2] Ces paroles : « Crie, toi qui n'accouches pas », nous engagent à faire monter nos prières vers Dieu avec simplicité, sans perdre cœur comme les femmes dans l'enfantement. [3] « La délaissée a beaucoup d'enfants, plus que celle qui a un époux », signifie : le peuple dont nous sommes, semblait abandonné de Dieu ; mais maintenant que nous avons cru, nous sommes devenus plus nombreux que ceux dont Dieu

chrétiens « que nous voyons plus nombreux et plus sincères que ceux qui sont d'origine juive ou samaritaine. » (I *Apol.*, 1, 53, 3). — ἡμᾶς et ἡ ἐκκλησία ἡμῶν, comme plus loin (3 ὁ λαὸς ἡμῶν désigne les fidèles venus du paganisme à la foi du Christ.

II, 2 : ἐγκακῶμεν. Cf. Luc, xviii, 1 ; II *Cor.*, iv, 1, 16 ; *Gal.*, vi, 9.

μεθα τῶν δοκούντων ἔχειν θεόν. [4] Καὶ ἑτέρα δὲ γραφὴ
λέγει, ὅτι « οὐκ ἦλθον καλέσαι δικαίους, ἀλλὰ ἁμαρτω-
λούς » (Matth., ix, 13; Marc, ii, 17; cf. Luc, v, 32).
[5] Τοῦτο λέγει, ὅτι δεῖ τοὺς ἀπολλυμένους σώζειν.
[6] Ἐκεῖνο γάρ ἐστιν μέγα καὶ θαυμαστόν, οὐ τὰ ἑστῶτα
στηρίζειν, ἀλλὰ τὰ πίπτοντα. [7] Οὕτως καὶ ὁ Χριστὸς
ἠθέλησεν σῶσαι τὰ ἀπολλύμενα, καὶ ἔσωσεν πολλούς,
ἐλθὼν καὶ καλέσας ἡμᾶς ἤδη ἀπολλυμένους.

III. Τοσοῦτον οὖν ἔλεος ποιήσαντος αὐτοῦ εἰς ἡμᾶς,
πρῶτον μέν, ὅτι ἡμεῖς οἱ ζῶντες τοῖς νεκροῖς θεοῖς οὐ
θύομεν καὶ οὐ προσκυνοῦμεν αὐτοῖς, ἀλλὰ ἔγνωμεν δι'
αὐτοῦ τὸν πατέρα τῆς ἀληθείας· τίς ἡ γνῶσις ἡ πρὸς
αὐτόν, ἢ τὸ μὴ ἀρνεῖσθαι δι' οὗ ἔγνωμεν αὐτόν; [2] Λέγει
δὲ καὶ αὐτός· « Τὸν ὁμολογήσαντά με ἐνώπιον τῶν
ἀνθρώπων, ὁμολογήσω αὐτὸν ἐνώπιον τοῦ πατρός μου »
(Matth., x, 32; Luc, xii, 8). [3] Οὗτος οὖν ἐστὶν
ὁ μισθὸς ἡμῶν, ἐὰν οὖν ὁμολογήσωμεν δι' οὗ ἐσώθημεν.
[4] Ἐν τίνι δὲ αὐτὸν ὁμολογοῦμεν; ἐν τῷ ποιεῖν ἃ λέγει
καὶ μὴ παρακούειν αὐτοῦ τῶν ἐντολῶν, καὶ μὴ μόνον
χείλεσιν αὐτὸν τιμᾶν, ἀλλὰ ἐξ ὅλης καρδίας καὶ ἐξ ὅλης
τῆς διανοιας. [5] Λέγει δὲ καὶ ἐν τῷ Ἡσαΐᾳ· « Ὁ λαὸς
οὗτος τοῖς χείλεσίν με τιμᾷ, ἡ δὲ καρδία αὐτῶν πόρρω
ἄπεστιν ἀπ' ἐμοῦ » (Isaïe, xxix, 13).

II, 3 : δοκούντων. C'est-à-dire les Juifs auxquels s'oppose
l'auteur en sa qualité d'ethnochrétien. Cf. Clément d'Alex.,
Stromates, vi, 5, 41 qui cite la *Prædicatio Petri* : μηδὲ κατὰ
Ἰουδαίους σέβεσθε · καὶ γὰρ ἐκεῖνοι, μόνοι οἰόμενοι τὸν Θεὸν γινώσκειν,
οὐκ ἐπίστανται (Hilgenfeld).

II, 4 : ἑτέρα ἡ γραφή. L'Évangile est égalé aux livres de l'Ancien
Testament. 8. *Intr.* p. lxxii.

II, 7 : σῶσαι. Cf. Luc, xix, 10 : ἦλθεν ὁ υἱὸς τοῦ ἀνθρώπου ζητῆσαι

paraissait la propriété. [4] L'autre Écriture dit : « Je ne suis pas venu appeler les justes, mais les pécheurs » ; [5] c'est-à-dire : il faut que ceux qui se perdent soient sauvés. [6] Ce qu'il y a en effet de grand et d'admirable, c'est d'affermir, non les édifices solides, mais ceux qui croulent. Ainsi a fait le Christ : il a voulu sauver ce qui périssait, et il en a sauvé un grand nombre, étant venu et nous ayant appelés quand déjà nous périssions.

III. Quelle grande miséricorde (le Christ) nous a témoignée ! et d'abord en ce que nous, qui vivons, nous ne sacrifions pas aux dieux morts, que nous ne les adorons pas, mais que nous connaissons, grâce à lui, le Père de vérité. Quelle est donc la connaissance qui mène au Père de vérité, sinon de ne pas nier celui-là par qui nous l'avons connu. [2] (Le Christ) lui-même a dit : « Celui qui m'aura confessé devant les hommes, je le confesserai devant mon Père ». [3] Voilà la récompense qui est la nôtre, si nous confessons celui qui nous a sauvés. [4] Et de quelle sorte le confesserons-nous ? En faisant ce qu'il dit, en ne refusant pas d'obéir à ses commandements, en l'honorant, non seulement des lèvres, mais de tout cœur et de tout notre esprit. [5] Il dit en effet dans Isaïe : « Ce peuple m'honore des lèvres ; mais leur cœur est loin de moi. »

καὶ σῶσαι τὸ ἀπολωλός. — I *Tim.*, ι, 15 : ἦλθεν εἰς τὸν κόσμον ἁμαρτωλοὺς σῶσαι.

    III, 1 : πρῶτον. Ce premier terme d'énumération n'a pas de suite. — οἱ ζῶντες. Cf. *Acta Carpi*, XII : οἱ ζῶντες τοῖς νεκροῖς οὐ θύουσιν (*Texte und Untersuchungen*, v, 3-4, p. 444). — τοῖς νεκροῖς θεοῖς. Cf. *Sagesse*, xv, 17 ; I Cor. x, 20 ; *Doctrine des apôtres*, vi, 3.

    — πατέρα τῆς ἀληθείας s'oppose (comme le πνεῦμα τῆς ἀληθείας, JEAN, xv, 16) au père du mensonge, JEAN, viii, 44.

    — τίς ἡ γνῶσις. Cf. JEAN, xvii, 3.

    III, 5 : Ὁ λαὸς οὗτος. Le texte d'Isaïe porte dans les Septante :

IV. Μὴ μόνον οὖν αὐτὸν καλῶμεν κύριον· οὐ γὰρ τοῦτο σώσει ἡμᾶς. [2] Λέγει γάρ· « Οὐ πᾶς ὁ λέγων μοι· Κύριε κύριε, σωθήσεται, ἀλλ' ὁ ποιῶν τὴν δικαιοσύνην » (ΜΑΤΤΗ., VII, 21). [3] Ὥστε οὖν, ἀδελφοί, ἐν τοῖς ἔργοις αὐτὸν ὁμολογῶμεν, ἐν τῷ ἀγαπᾶν ἑαυτούς, ἐν τῷ μὴ μοιχᾶσθαι μηδὲ καταλαλεῖν ἀλλήλων μηδὲ ζηλοῦν, ἀλλ' ἐγκρατεῖς εἶναι, ἐλεήμονας, ἀγαθούς· καὶ συμπάσχειν ἀλλήλοις ὀφείλομεν, καὶ μὴ φιλαργυρεῖν. Ἐν τούτοις τοῖς ἔργοις ὁμολογῶμεν αὐτὸν καὶ μὴ ἐν τοῖς ἐναντίοις· [4] καὶ οὐ δεῖ ἡμᾶς φοβεῖσθαι τοὺς ἀνθρώπους μᾶλλον, ἀλλὰ τὸν θεόν. [5] Διὰ τοῦτο, ταῦτα ὑμῶν πρασσόντων, εἶπεν ὁ κύριος· « Ἐὰν ἦτε μετ' ἐμοῦ συνηγμένοι ἐν τῷ κόλπῳ μου καὶ μὴ ποιῆτε τὰς ἐντολάς μου, ἀποβαλῶ ὑμᾶς καὶ ἐρῶ ὑμῖν· Ὑπάγετε ἀπ' ἐμοῦ, οὐκ οἶδα ὑμᾶς, πόθεν ἐστέ, ἐργάται ἀνομίας » (ΑUT. INCONNU).

V. Ὅθεν, ἀδελφοί, καταλείψαντες τὴν παροικίαν τοῦ κόσμου τούτου ποιήσωμεν τὸ θέλημα τοῦ καλέσαντος ἡμᾶς, καὶ μὴ φοβηθῶμεν ἐξελθεῖν ἐκ τοῦ κόσμου τούτου. [2] Λέγει γὰρ ὁ κύριος· « Ἔσεσθε ὡς ἀρνία ἐν μέσῳ

Ἐγγίζει μοι ὁ λαὸς οὗτος ἐν τῷ στόματι αὐτοῦ, καὶ ἐν τοῖς χείλεσιν αὐτῶν τιμῶσίν με, ἡ δὲ καρδία αὐτῶν πόρρω ἀπέχει ἀπ' ἐμοῦ. Il est abrégé par l'homéliste à l'exemple de MARC, VII, 6 et MATTH., XV, 8.

IV, 2 : σωθήσεται équivalent simplifié de l'expression évangélique εἰσελεύσεται εἰς τὴν βασιλείαν τῶν οὐρανῶν, de même que le mot δικαιοσύνην résume en une notion l'expression τὸ θέλημα τοῦ πατρός μου τοῦ ἐν τοῖς οὐρανοῖς. Des expressions abstraites sont ainsi employées par LUC, XIII, 23, 27. La citation exacte est faite par JUSTIN, I Apol., XVI, 9.

IV, 3 : καταλαλεῖν. JACQUES, IV, 11 ; HERMAS, Mand., II, 2. — ἀγαθούς = bienfaisants. I Tim., II, 5, 1 ; I PIERRE, II, 18 ; I Thessal.,

IV. Ne nous contentons donc pas de l'appeler Seigneur, car cela ne nous sauvera pas. [2] Il dit en effet : « Ce n'est pas toute personne qui me dit : Seigneur ! Seigneur ! qui sera sauvée ; c'est celle qui pratique la justice. » [3] Par conséquent, frères, confessons-le par nos actions : aimons-nous les uns les autres, fuyons l'adultère, la détraction mutuelle, la jalousie ; soyons continents, miséricordieux et bons ; c'est aussi notre devoir de compatir les uns aux autres, et de ne pas aimer l'argent. C'est par ces œuvres que nous le confesserons et non par les œuvres contraires. [4] Ce n'est pas les hommes, mais Dieu que nous devons craindre davantage. [5] Si vous agissez de la sorte, le Seigneur vous dit : « Si vous êtes avec moi rassemblés sur mon sein et que vous n'observiez point mes préceptes, je vous repousserai et je vous dirai : Éloignez-vous de moi ! je ne vous connais pas, je ne sais d'où vous êtes, ouvriers d'iniquité. »

V. C'est pourquoi, frères, laissant le séjour de ce monde, faisons la volonté de celui qui nous a appelés et ne craignons pas de sortir de ce monde. [2] Le Seigneur a dit en

---

III, 6.

IV, 4 : οὖ δεῖ. Exhortation indirecte au martyre : cf. *Actes*, IV, 19 ; V, 29 ; I PIERRE, III, 14.

IV, 5 : Citation empruntée à quelque source inconnue, peut-être la même que l'auteur a citée plus loin V, 2,- VIII, 5, XII, 2 (voir note). L'image et les expressions rappellent ISAÏE, XL, 11. Cf. LUC, XIII, 27 ; MATTH., VII, 23. JUSTIN, I *Apol.*, XVI, 11, fusionne ensemble Matthieu et Marc.

V, 1 : παροικίαν cf. CLEM., *Cor.* titre, note p. 2-3.

V, 2-4 : La conversation du Christ avec Pierre n'est pas dans l'Écriture, mais comme la citation anonyme précédente elle renvoie l'écho de quelques textes évangéliques : LUC, X, 3 ; MATTH., X, 16 ; LUC, XII, 4 ; MATTH., X, 23 et dérive peut-être de la même source qu'elle. Cf. JUSTIN, I *Apol.*, XIX, 7.

λύκων » (Aut. inconnu). [3] Ἀποκριθεὶς δὲ ὁ Πέτρος αὐτῷ λέγει· « Ἐὰν οὖν διασπαράξωσιν οἱ λύκοι τὰ ἀρνία » (Aut. inconnu); [4] Εἶπεν ὁ Ἰησοῦς τῷ Πέτρῳ· « Μὴ φοβείσθωσαν τὰ ἀρνία τοὺς λύκους μετὰ τὸ ἀποθανεῖν αὐτά· καὶ ὑμεῖς μὴ φοβεῖσθε τοὺς ἀποκτέννοντας ὑμᾶς καὶ μηδὲν ὑμῖν δυναμένους ποιεῖν, ἀλλὰ φοβεῖσθε τὸν μετὰ τὸ ἀποθανεῖν ὑμᾶς ἔχοντα ἐξουσίαν ψυχῆς καὶ σώματος τοῦ βαλεῖν εἰς γέενναν πυρός » (Aut. inconnu). [5] Καὶ γινώσκετε, ἀδελφοί, ὅτι ἡ ἐπιδημία ἡ ἐν τῷ κόσμῳ τούτῳ τῆς σαρκὸς ταύτης μικρά ἐστιν καὶ ὀλιγοχρόνιος, ἡ δὲ ἐπαγγελία τοῦ Χριστοῦ μεγάλη καὶ θαυμαστή ἐστιν, καὶ ἀνάπαυσις τῆς μελλούσης βασιλείας καὶ ζωῆς αἰωνίου. [6] Τί οὖν ἐστιν ποιήσαντας ἐπιτυχεῖν αὐτῶν, εἰ μὴ τὸ ὁσίως καὶ δικαίως ἀναστρέφεσθαι καὶ τὰ κοσμικὰ ταῦτα ὡς ἀλλότρια ἡγεῖσθαι καὶ μὴ ἐπιθυμεῖν αὐτῶν; [7] Ἐν γὰρ τῷ ἐπιθυμεῖν ἡμᾶς κτήσασθαι ταῦτα ἀποπίπτομεν τῆς ὁδοῦ τῆς δικαίας.

VI. Λέγει δὲ ὁ κύριος· « Οὐδεὶς οἰκέτης δύναται δυσὶ κυρίοις δουλεύειν » (Luc, xvi, 13; Matth., vi, 24). Ἐὰν ἡμεῖς θέλωμεν καὶ θεῷ δουλεύειν καὶ μαμωνᾷ, ἀσύμφορον ἡμῖν ἐστίν. [2] « Τί γὰρ τὸ ὄφελος, ἐάν τις τὸν κόσμον ὅλον κερδήσῃ, τὴν δὲ ψυχὴν ζημιωθῇ » (Matth., xvi, 26; cf. Marc, viii, 36; Luc, ix, 25); [3] Ἔστιν δὲ οὗτος ὁ αἰὼν καὶ ὁ μέλλων δύο ἐχθροί. [4] Οὗτος λέγει μοιχείαν καὶ φθορὰν καὶ φιλαργυρίαν καὶ ἀπάτην, ἐκεῖνος δὲ τούτοις ἀποτάσσεται. [5] Οὐ δυνάμεθα οὖν τῶν δύο

V, 5 : ἡ ἐπιδημία. Cf. *Hébr.*, xi, 13; I Pierre, i, 1; ii, 11. — ὁσίως καὶ δικαίως. Cf. 1 *Thess.*, ii, 10, et plus loin alliance de mots

effet : « Vous serez comme des agneaux au milieu des loups. » [3] Pierre lui répondit : « Et si les loups déchirent les agneaux ? » [4] Et Jésus dit à Pierre : « Les agneaux, après leur mort, n'ont plus à craindre les loups. Vous non plus, ne craignez pas ceux qui vous tuent et qui ensuite ne peuvent plus rien vous faire ; mais craignez celui qui, après votre mort, a la puissance de jeter votre âme et votre corps dans la géhenne du feu. » [5] Sachez aussi, frères, que le séjour de cette chair en ce monde est bref et de peu de durée, tandis que la promesse du Christ est grande et merveilleuse, ainsi que le repos du royaume futur et de la vie éternelle. [6] Que faire donc pour obtenir ces biens, sinon passer sa vie dans la sainteté et la justice, regarder les biens de ce monde comme nous étant étrangers et ne point les désirer. [7] Car à l'instant où nous désirons de les posséder, nous dévions du chemin de la justice.

VI. Le Seigneur dit : « Aucun serviteur ne peut servir deux maîtres. » Si nous voulons servir à la fois Dieu et Mamon, c'est à notre dommage. [2] « Que sert en effet de gagner l'univers entier, si l'on ruine son âme ? » [3] Or le siècle présent et le siècle futur sont deux ennemis. [4] Le premier vante l'adultère, la corruption, l'avarice et la tromperie ; le second y renonce. [5] Nous ne pouvons donc être

semblable VI, 9 : ὅτια καὶ δίκαια.

V, 6 : ἀλλότρια. Cf. I *Cor.*, VII, 29-31.

VI, 3 : Cf. JACQUES, IV, 4 ; I JEAN, V, 19.

VI, 4 : L'auteur paraît ici faire allusion au rite du baptême, de la confession et de l'abjuration (Funk). — φθοράν, corruption en général, ou plus spécialement avec le sens d'avortement. Cf. *Didachè*, II, 2 ; BARNABÉ, X, 7.

φίλοι εἶναι· δεῖ δὲ ἡμᾶς τούτῳ ἀποταξαμένους ἐκείνῳ χρᾶσθαι. [6] Οἰόμεθα, ὅτι βέλτιόν ἐστιν τὰ ἐνθάδε μισῆσαι, ὅτι μικρὰ καὶ ὀλιγοχρόνια καὶ φθαρτά, ἐκεῖνα δὲ ἀγαπῆσαι, τὰ ἀγαθὰ τὰ ἄφθαρτα. [7] Ποιοῦντες γὰρ τὸ θέλημα τοῦ Χριστοῦ εὑρήσομεν ἀνάπαυσιν· εἰ δὲ μήγε, οὐδὲν ἡμᾶς ῥύσεται ἐκ τῆς αἰωνίου κολάσεως, ἐὰν παρακούσωμεν τῶν ἐντολῶν αὐτοῦ. [8] Λέγει δὲ καὶ ἡ γραφὴ ἐν τῷ Ἰεζεκιήλ, ὅτι « ἐὰν ἀναστῇ Νῶε καὶ Ἰὼβ καὶ Δανιήλ, οὐ ῥύσονται τὰ τέκνα αὐτῶν ἐν τῇ αἰχμαλωσίᾳ » (EZÉCHIEL, XIV, 14, 18, 20). [9] Εἰ δὲ καὶ οἱ τοιοῦτοι δίκαιοι οὐ δύνανται ταῖς ἑαυτῶν δικαιοσύναις ῥύσασθαι τὰ τέκνα αὐτῶν, ἡμεῖς, ἐὰν μὴ τηρήσωμεν τὸ βάπτισμα ἁγνὸν καὶ ἀμίαντον, ποίᾳ πεποιθήσει εἰσελευσόμεθα εἰς τὸ βασίλειον τοῦ θεοῦ ; ἢ τίς ἡμῶν παράκλητος ἔσται, ἐὰν μὴ εὑρεθῶμεν ἔργα ἔχοντες ὅσια καὶ δίκαια;

VII. Ὥστε οὖν, ἀδελφοί μου, ἀγωνισώμεθα, εἰδότες, ὅτι ἐν χερσὶν ὁ ἀγὼν καὶ ὅτι εἰς τοὺς φθαρτοὺς ἀγῶνας καταπλέουσιν πολλοί, ἀλλ' οὐ πάντες στεφανοῦνται, εἰ μὴ οἱ πολλὰ κοπιάσαντες καὶ καλῶς ἀγωνισάμενοι. [2] Ἡμεῖς οὖν ἀγωνισώμεθα, ἵνα πάντες στεφανωθῶμεν. [3] Ὥστε θέωμεν τὴν ὁδὸν τὴν εὐθεῖαν, ἀγῶνα τὸν ἄφθαρτον, καὶ

VI, 7 : αἰωνίου κολάσεως. Cf. MATTH., XXV, 46.

VI, 8 : Le texte d'Ézéchiel (XIV, 14-20; est fortement résumé par l'homéliste et orné par lui du complément ἐν τῇ αἰχμαλωσίᾳ.

VI, 9 : δικαιοσύναις, est encore un souvenir du texte d'Ézéchiel, XIV, 14, 20. Le pluriel est fréquent : *Deut.*, IX, 4, 6; ÉZÉCHIEL, III, 20 ; XXXIII, 13. — τὸ βασίλειον : on peut traduire par le mot *royaume* : *Orac. sib.*, III, 159; CAÏUS dans EUSÈBE H. E., III, 28, 2, etc... Cependant le sens usuel est *palais*, sens qui serait certain si l'on pouvait penser que l'homéliste explique la para-

amis de tous deux ; mais il nous faut renoncer au premier, et tenir avec le second. [6] Nous pensons qu'il vaut mieux haïr les biens d'ici-bas, parce qu'ils sont médiocres, éphémères et corruptibles, pour aimer les autres, les biens incorruptibles. [7] A faire la volonté du Christ nous trouverons le repos ; autrement, si nous refusons d'obéir à ses commandements, rien ne nous sauvera de l'éternel châtiment. [8] Car l'Écriture dit, dans Ézéchiel, que « lors même que Noé, Job et Daniel ressusciteraient, ils ne délivreraient point leurs enfants de la captivité. » [9] Si des hommes aussi justes ne peuvent par leur propre justice délivrer leurs enfants, comment aurions-nous confiance, nous, d'entrer dans le palais de Dieu si nous ne gardons pas notre baptême pur et immaculé ? Qui sera notre avocat, si nous ne sommes pas trouvés avec des œuvres saintes et justes ?

VII. C'est pourquoi, frères, luttons, sachant que le combat est imminent ; qu'aux combats périssables, bien des lutteurs accourent à force de voiles, mais qu'on y couronne seulement ceux qui ont pris de la peine et glorieusement combattu. [2] Combattons, nous, de façon à être tous couronnés. [3] Courons dans la voie droite, au combat impérissable, embarquons-nous pour la lutte en

bole du festin des noces (MATTHIEU, XXII, 11-12).

VII, 1 : Tout le chapitre rappelle les comparaisons de Paul dans I *Cor.*, IX, 24, 25 : φθαρτὸν στέφανον λάβωσιν, ἡμεῖς δὲ ἄφθαρτον. — καταπλέουσιν. Voir l'*Introduction*, p. LXIX.

VII, 3 : θέωμεν S ; θῶμεν A H. Cf. *Hébr.*, XII, 1 : τρέχωμεν. I *Tim.*, IV, 7 : δρόμον τετέλεκα. — ὁδὸν εὐθείαν. Cf. *Actes*, XIII, 10 ; II PIERRE, II, 15. — κἂν ἐγγύς. Cf. XVIII, 2. JOSÈPHE, *Bell. Jud.*, I, 21, 8. Il y a des prix pour les vainqueurs et aussi pour ceux qui viennent en deuxième et troisième ligne. L'homéliste suit l'ordre de pensées que suggère l'image des combats nautiques ou gymniques.

πολλοὶ εἰς αὐτὸν καταπλεύσωμεν καὶ ἀγωνισώμεθα, ἵνα καὶ στεφανωθῶμεν · καὶ εἰ μὴ δυνάμεθα πάντες στεφανωθῆναι, κἂν ἐγγὺς τοῦ στεφάνου γενώμεθα. [4] Εἰδέναι ἡμᾶς δεῖ, ὅτι ὁ τὸν φθαρτὸν ἀγῶνα ἀγωνιζόμενος, ἐὰν εὑρεθῇ φθείρων, μαστιγωθεὶς αἴρεται καὶ ἔξω βάλλεται τοῦ σταδίου. [5] Τί δοκεῖτε; ὁ τὸν τῆς ἀφθαρσίας ἀγῶνα φθείρας τί παθεῖται ; [6] Τῶν γὰρ μὴ τηρησάντων, φησίν, τὴν σφραγῖδα « ὁ σκώληξ αὐτῶν οὐ τελευτήσει καὶ τὸ πῦρ αὐτῶν οὐ σβεσθήσεται, καὶ ἔσονται εἰς ὅρασιν πάσῃ σαρκί » (Isaïe, LXVI, 24).

VIII. Ὡς οὖν ἐσμὲν ἐπὶ γῆς, μετανοήσωμεν. [2] Πηλὸς γάρ ἐσμεν εἰς τὴν χεῖρα τοῦ τεχνίτου · ὃν τρόπον γὰρ ὁ κεραμεύς, ἐὰν ποιῇ σκεῦος καὶ ἐν ταῖς χερσὶν αὐτοῦ διαστραφῇ ἢ συντριβῇ, πάλιν αὐτὸ ἀναπλάσσει, ἐὰν δὲ προφθάσῃ εἰς τὴν κάμινον τοῦ πυρὸς αὐτὸ βαλεῖν, οὐκέτι βοηθήσει αὐτῷ · οὕτως καὶ ἡμεῖς, ἕως ἐσμὲν ἐν τούτῳ τῷ κόσμῳ, ἐν τῇ σαρκὶ ἃ ἐπράξαμεν πονηρὰ μετανοήσωμεν ἐξ ὅλης τῆς καρδίας, ἵνα σωθῶμεν ὑπὸ τοῦ κυρίου, ἕως ἔχομεν καιρὸν μετανοίας. [3] Μετὰ γὰρ τὸ ἐξελθεῖν ἡμᾶς ἐκ τοῦ κόσμου οὐκέτι δυνάμεθα ἐκεῖ ἐξομολογήσασθαι ἢ μετανοεῖν ἔτι. [4] Ὥστε, ἀδελφοί, ποιήσαντες τὸ θέλημα τοῦ πατρὸς καὶ τὴν σάρκα ἁγνὴν τηρήσαντες καὶ τὰς ἐντολὰς

VII, 4 : φθείρων, c'est-à-dire en violant les lois du combat. Cf. S. ÉPIPHANE, *Haer.*, LXI, 7 : παραφθείρας ἀγῶνα ὁ ἀθλητὴς μαστιγωθεὶς ἐκβάλλεται τοῦ ἀγῶνος. CICÉRON, *Off*, III, 10. C'est l'opposé de ce que saint Paul appelle νομίμως ἀθλεῖν (II *Tim.*, II, 5). VII, 6: σφραγῖδα. Il s'agit du baptême, comme l'indique le rapprochement avec VI, 9. Cf. VIII, 6. HERMAS, *Sim.*, VIII, 6, 3; IX, 16, 1-3 et 4 : ἡ σφραγὶς οὖν τὸ ὕδωρ ἐστίν. CLÉMENT D'ALEX., *Quis dives.* XXXIX, XL; *Stromates*, II 3, 11. Ce n'est pas cependant l'unique signification du mot dans la littérature chrétienne :

grand nombre, et livrons bataille, afin d'être couronnés, ou du moins, si nous ne pouvons l'être tous, afin d'approcher de la couronne. [4] Il nous faut savoir qu'aux combats périssables, celui qui triche est battu de verges, exclu et chassé du stade. [5] Que pensez-vous donc qu'il souffrira, celui qui viole les lois du combat incorruptible? [6] Car il est dit de ceux qui n'ont pas conservé le sceau : « Leur ver ne mourra pas, leur feu ne s'éteindra pas, ils seront en spectacle à toute chair. »

VIII. Tandis que nous sommes sur la terre, faisons pénitence. [2] Nous sommes de l'argile dans la main de l'ouvrier. Le potier, quand le vase qu'il fabrique se déforme ou se brise entre ses mains, le façonne de nouveau; mais s'il a commencé par le mettre dans le four embrasé, il n'y retouche plus. De même nous aussi, pendant que nous sommes en ce monde et que nous avons le temps du repentir, faisons de tout cœur pénitence du mal que nous avons commis dans notre chair, afin que nous soyons sauvés par le Seigneur. [3] Car après être sortis du monde, nous ne pouvons plus là-bas faire l'exomologèse ni la pénitence. [4] Donc, frères, c'est en faisant la volonté du Père, en conservant pure notre chair,

Eusèbe, H. E., VI, 43, 15.

VIII, 1 : ὡς = tandis que. Cf. IX, 7; *Gal.*, VI, 10; IGNACE, *Smyrn.*, IX, 1.

VIII, 2 : L'image de l'argile et du potier est employée de diverses façons. Cf. JÉRÉMIE, XVIII, 4-6; *Romains*, IX, 20-21; THÉOPHILE, *Ad Autol.*, II, 26. — συντρίβη. Cf. *Apoc.*, II, 27.

VIII, 4 : τηρήσαντες. La parenté de l'homélie avec les *Actes de Paul et de Thècle* s'accuse par plusieurs expressions communes. *Acta* II, 6 : μακάριοι οἱ τὸ βάπτισμα τηρήσαντες (cf. VI, 9), et *Acta* II, 5 : μακάριοι οἱ ἁγνὴν τὴν σάρκα τηρήσαντες, à rapprocher de VIII, 4.

τοῦ κυρίου φυλάξαντες ληψόμεθα ζωὴν αἰώνιον. [5] Λέγει γὰρ ὁ κύριος ἐν τῷ εὐαγγελίῳ · « Εἰ τὸ μικρὸν οὐκ ἐτηρήσατε, τὸ μέγα τίς ὑμῖν δώσει ; λέγω γὰρ ὑμῖν, ὅτι ὁ πιστὸς ἐν ἐλαχίστῳ καὶ ἐν πολλῷ πιστός ἐστιν » (Luc, xvi, 10-12). [6] Ἄρα οὖν τοῦτο λέγει τηρήσατε τὴν σάρκα ἁγνὴν καὶ τὴν σφραγῖδα ἄσπιλον, ἵνα τὴν αἰώνιον ζωὴν ἀπολάβωμεν.

IX. Καὶ μὴ λεγέτω τις ὑμῶν, ὅτι αὕτη ἡ σάρξ οὐ κρίνεται οὐδὲ ἀνίσταται. [2] Γνῶτε · ἐν τίνι ἐσώθητε, ἐν τίνι ἀνεβλέψατε, εἰ μὴ ἐν τῇ σαρκὶ ταύτῃ ὄντες ; [3] Δεῖ οὖν ἡμᾶς ὡς ναὸν θεοῦ φυλάσσειν τὴν σάρκα. [4] Ὃν τρόπον γὰρ ἐν τῇ σαρκὶ ἐκλήθητε, καὶ ἐν τῇ σαρκὶ ἐλεύσεσθε. [5] Εἰ Χριστὸς ὁ κύριος ὁ σώσας ἡμᾶς, ὢν μὲν τὸ πρῶτον πνεῦμα, ἐγένετο σὰρξ καὶ οὕτως ἡμᾶς ἐκάλεσεν ·

VIII, 5 : La première partie de la citation s'éloigne beaucoup du texte évangélique. Le texte de saint Luc lui-même n'est pas sans difficulté et sans confusion de pensées différentes. Il est également possible que l'homéliste emprunte le fond de sa pensée à saint Luc, et qu'il puise dans un évangile perdu. Irénée cite quelque chose d'analogue : « Si in modico fideles non fuistis, quod magnum est quis dabit vobis? » (ii, 34, 3). A noter l'autorité reconnue à « l'évangile » tout court.

VIII, 6 : σφραγῖδα. Cf. vii, 6.

IX, 1 : Les difficultés à la foi en la résurrection sont aussi anciennes que la prédication chrétienne : 1 Cor., xv, 12-19; II Tim., ii, 18. Les premiers gnostiques s'en firent une arme : Polycarpe, *Philippiens*, vii; — Justin, *Dial.*, lxxx; — Irénée, *Adv. Haer.* ii, 31, 2; v, 31, 1-2; Tertullien, *De resurrectione carnis*, ii, xix-xx. Les conséquences immorales que les gnostiques déduisaient de leurs théories au sujet de l'indifférence à l'égard des œuvres de la chair sont visées par Hermas, *Simil*, v, 7. C'est à cause des gnostiques, que l'homéliste met en garde avec insistance contre l'impureté : viii, 4 et 6; ix.

IX, 3 : ὡς ναόν. Cf. 1 Cor., iii, 16; vi, 19; Ignace, *Philad.*, vii, 2.

en gardant les commandements du Seigneur, que nous obtiendrons la vie éternelle. [5] Car le Seigneur dit dans l'Évangile : « Si vous n'avez pas gardé ce qui est modique, qui vous donnera ce qui est grand ? Car, je vous le dis : Quiconque est fidèle dans les moindres choses sera aussi fidèle dans les grandes. » [6] C'est-à-dire : Gardez votre chair chaste, et votre sceau immaculé, afin que nous recevions la vie éternelle.

IX. Que personne de vous ne dise que cette chair ne sera pas jugée et qu'elle ne ressuscitera pas. [2] Sachez-le bien : quand avez-vous été sauvés, quand avez-vous retrouvé la vue, sinon dans le temps que vous étiez dans cette chair ? [3] Il nous faut donc garder notre chair comme un temple de Dieu. [4] Comme il vous a appelés dans la chair, vous viendrez (à lui) dans la chair. [5] Si le Christ, notre Seigneur, notre Sauveur, d'esprit qu'il était d'abord, s'est fait chair et nous a appelés ainsi, de

IX, 4 : ἐλεύσεσθε, c'est-à-dire dans le royaume de Dieu (Harnack et Funk. Cf. IX, 6 et XI, 7) ou au jugement (Lightfoot).

IX, 5 : εἰ Χριστός. Cette lecture est assurée, et par l'anonyme syriaque (Lightfoot, I, p. 185), qui a cité tout le morceau IX, 1-5, et grâce à une citation de l'homélie par Timothée d'Alexandrie (Lightfoot, I, p. 182. Nous sommes donc en droit de corriger la leçon, évidemment fautive, de εἰς Χρ. qui est attestée par les trois mss. A H S.

IX, 5 : πνεῦμα A S ; λόγος H, c'est-à-dire de nature spirituelle comme l'indique l'opposition à σάρξ et comme l'auteur le dit plus expressément plus loin XIV, 2. L'homéliste caractérise ainsi la manière dont subsistait le Christ avant son incarnation. Sur le deuxième Adam, qui est du ciel : ἄνθρωπος ἐπουράνιος, cf. I *Cor.*, XV, 45-49. — La personne du Christ a suscité des spéculations de bien des sortes : HERMAS, *Simil.*, V, 5 ; IX, 1 ; — HIPPOLYTE, *Contre Noët*, IV ; — IGNACE, *Eph.*, VII, 2 ; *Smyrn.*, III, 3 ; — THEOPH., *Ad Autol.*, II, 10 ; — TERTULLIEN, *Adv. Marcionem*, III, 16.

οὕτως καὶ ἡμεῖς ἐν ταύτῃ τῇ σαρκὶ ἀπολημψόμεθα τὸν μισθόν. [6] Ἀγαπῶμεν οὖν ἀλλήλους, ὅπως ἔλθωμεν πάντες εἰς τὴν βασιλείαν τοῦ θεοῦ. [7] Ὡς ἔχομεν καιρὸν τοῦ ἰαθῆναι, ἐπιδῶμεν ἑαυτοὺς τῷ θεραπεύοντι θεῷ, ἀντιμισθίαν αὐτῷ διδόντες. [8] Ποίαν; τὸ μετανοῆσαι ἐξ εἰλικρινοῦς καρδίας. [9] Προγνώστης γάρ ἐστιν τῶν πάντων καὶ εἰδὼς ἡμῶν τὰ ἐν καρδίᾳ. [10] Δῶμεν οὖν αὐτῷ αἶνον, μὴ ἀπὸ στόματος μόνον, ἀλλὰ καὶ ἀπὸ καρδίας, ἵνα ἡμᾶς προσδέξηται ὡς υἱούς. [11] Καὶ γὰρ εἶπεν ὁ κύριος· «Ἀδελφοί μου οὗτοί εἰσιν οἱ ποιοῦντες τὸ θέλημα τοῦ πατρός μου» (Matth., xii, 50; Marc, iii, 35; Luc, viii, 21).

X. Ὥστε, ἀδελφοί μου, ποιήσωμεν τὸ θέλημα τοῦ πατρὸς τοῦ καλέσαντος ἡμᾶς, ἵνα ζήσωμεν, καὶ διώξωμεν μᾶλλον τὴν ἀρετήν· τὴν δὲ κακίαν καταλείψωμεν ὡς προοδοιπόρον τῶν ἁμαρτιῶν ἡμῶν, καὶ φύγωμεν τὴν ἀσέβειαν, μὴ ἡμᾶς καταλάβῃ κακά. [2] Ἐὰν γὰρ σπουδάσωμεν ἀγαθοποιεῖν, διώξεται ἡμᾶς εἰρήνη. [3] Διὰ ταύτην γὰρ τὴν αἰτίαν οὐκ ἔστιν εὑρεῖν ἄνθρωπον, οἵτινες παράγουσι φόβους ἀνθρωπίνους, προῃρημένοι μᾶλλον τὴν ἐνθάδε ἀπόλαυσιν ἢ τὴν μέλλουσαν ἐπαγγελίαν. [4] Ἀγνοοῦσιν γάρ, ἡλίκην ἔχει βάσανον ἡ ἐνθάδε ἀπόλαυσις, καὶ οἵαν

IX, 7 : ὡς ἔχομεν καιρόν. Cf. viii, 1 et note. — τῷ θεραπεύοντι θεῷ. Cf. Ignace, *Ephés.*, vii, 3; *Diognète*, ix, 6; Clément d'Alex., *Protrept.*, i, 8.

IX, 9 : προγνώστης. Cf. Justin, I *Apol.*, xliv, 11; *Dial.*, lxxxii.

IX, 11 : ἀδελφοί. Citation libre de Matth., xii, 50. Clément d'Alexandrie (*Ecl. Proph.*, xx) s'écarte encore davantage du texte évangélique. Saint Épiphane donne une citation analogue (H., xxx, 14) comme empruntée à l'Évangile des Ébionites, mais, comme le remarque Lightfoot, cela prouve simplement

même aussi c'est dans cette chair que nous recevrons notre récompense. [6] Aimons-nous donc les uns les autres, afin d'entrer tous au royaume de Dieu. [7] Pendant que nous avons le temps de guérir, remettons-nous au Dieu médecin et donnons-lui en retour une récompense. [8] Quelle sorte de récompense? La pénitence d'un cœur sincère. [9] Car il connaît d'avance toutes choses et il perçoit l'intime du cœur. [10] Donnons-lui donc des louanges non seulement de bouche mais aussi de cœur, afin qu'il nous reçoive comme des fils. [11] Car le Seigneur a dit : « Mes frères sont ceux qui font la volonté de mon Père. »

X. Par conséquent, mes frères, faisons la volonté du Père qui nous a appelés, afin de vivre, et de rechercher davantage la vertu; défaisons-nous de la méchanceté qui est comme le précurseur de nos crimes et fuyons l'impiété de peur que les maux ne nous envahissent. [2] Car si nous nous empressons de faire le bien, la paix nous suivra. [3] Voilà pourquoi elle ne peut se rencontrer chez les hommes sujets aux craintes humaines, qui préfèrent la volupté d'ici-bas à la promesse future. [4] Ils ignorent quels tourments il y a dans la volupté d'ici-bas, quels

que leur évangile s'était approprié des morceaux des évangiles canoniques.

X, 1 : κακίαν. Cf. JACQUES, I, 14-15. — εὑρεῖν. Cf. *Psaume* XXXIII, 10-15. Lightfoot propose de lire εὐημερεῖν (avoir de bons jours) au lieu de εἰρήνην εὑρεῖν, ce qui fournit une lecture très proche de *Ps.* XXXIII, 0. — ἄνθρωπον οἵτινες. Construction semblable dans ISAÏE, LI, 12. L'accord des mss. rend peu acceptable l'idée d'une lacune après le mot ἄνθρωπον. Cf. Lightfoot, II, p. 133. — ἐπαγγελίαν = accomplissement de la promesse: *Actes*, I, 4; *Gal.*, III, 14; *Héb.*, VI. 15.

X, 4 : κακοδιδασκαλοῦντες. Cf. *Tite*, II, 3; IGNACE, *Philad.*, II, 1; *Eph.*, XVI.

τρυφὴν ἔχει ἡ μέλλουσα ἐπαγγελία. [5] Καὶ εἰ μὲν αὐτοὶ μόνοι ταῦτα ἔπρασσον, ἀνεκτὸν ἦν · νῦν δὲ ἐπιμένουσιν κακοδιδασκαλοῦντες τὰς ἀναιτίους ψυχάς, οὐκ εἰδότες, ὅτι δισσὴν ἕξουσιν τὴν κρίσιν, αὐτοί τε καὶ οἱ ἀκούοντες αὐτῶν.

XI. Ἡμεῖς οὖν ἐν καθαρᾷ καρδίᾳ δουλεύσωμεν τῷ θεῷ, καὶ ἐσόμεθα δίκαιοι · ἐὰν δὲ μὴ δουλεύσωμεν διὰ τὸ μὴ πιστεύειν ἡμᾶς τῇ ἐπαγγελίᾳ τοῦ θεοῦ, ταλαίπωροι ἐσόμεθα. [2] Λέγει γὰρ καὶ ὁ προφητικὸς λόγος · « Ταλαίπωροί εἰσιν οἱ δίψυχοι, οἱ διστάζοντες τῇ καρδίᾳ, οἱ λέγοντες · Ταῦτα πάλαι ἠκούσαμεν καὶ ἐπὶ τῶν πατέρων ἡμῶν, ἡμεῖς δὲ ἡμέραν ἐξ ἡμέρας προσδεχόμενοι οὐδὲν τούτων ἑωράκαμεν. [3] Ἀνόητοι, συμβάλετε ἑαυτοὺς ξύλῳ · λάβετε ἄμπελον · πρῶτον μὲν φυλλοροεῖ, εἶτα βλαστὸς γίνεται, μετὰ ταῦτα ὄμφαξ, εἶτα σταφυλὴ παρεστηκυῖα. [4] Οὕτως καὶ ὁ λαός μου ἀκαταστασίας καὶ θλίψεις ἔσχεν · ἔπειτα ἀπολήψεται τὰ ἀγαθά » (AUTEUR INCONNU). [5] Ὥστε, ἀδελφοί μου, μὴ διψυχῶμεν, ἀλλὰ ἐλπίσαντες ὑπομείνωμεν, ἵνα καὶ τὸν μισθὸν κομισώμεθα. [6] Πιστὸς γάρ ἐστιν ὁ ἐπαγγειλάμενος τὰς ἀντιμισθίας ἀποδιδόναι ἑκάστῳ τῶν ἔργων αὐτοῦ. [7] Ἐὰν οὖν ποιήσωμεν τὴν δικαιοσύνην ἐναντίον τοῦ θεοῦ, εἰσήξομεν εἰς τὴν βασιλείαν αὐτοῦ καὶ ληψόμεθα τὰς ἐπαγγελίας, ἃς « οὓς οὐκ ἤκουσεν οὐδὲ ὀφθαλμὸς εἶδεν, οὐδὲ ἐπὶ καρδίαν ἀνθρώπου ἀνέβη » (I. Cor., ii, 9).

XII. Ἐκδεχώμεθα οὖν καθ' ὥραν τὴν βασιλείαν τοῦ θεοῦ ἐν ἀγάπῃ καὶ δικαιοσύνῃ, ἐπειδὴ οὐκ οἴδαμεν τὴν

XI, 2-4 : Citation puisée à une source apocryphe et dont Clément a également inséré la plus grande partie, avec quelques variantes, dans son épître aux Corinthiens : XXIII, 3, 4.

délices dans la promesse future. [5] Si encore ils étaient seuls à agir ainsi, ce serait supportable; mais ils persistent à enseigner le mal aux âmes innocentes. Ils ne savent pas qu'ils encourront une double condamnation, eux et ceux qui les écoutent.

XI. Pour nous, servons donc Dieu avec un cœur pur, et nous serons justes ; mais si nous ne le servons pas, parce que nous ne croyons pas à ses promesses, nous serons malheureux. [2] Il est dit en effet dans les oracles des prophètes : « Malheur à ceux dont l'âme est partagée et « le cœur hésitant, à ceux qui disent : depuis longtemps « nous avons entendu ces prédictions, et même dès (le « temps de) nos pères ; nous avons attendu de jour en « jour, et nous n'avons rien vu de ces choses. [3] Insensés, « comparez-vous à un arbre ; prenez la vigne : d'abord elle « perd ses feuilles, ensuite elle produit des bourgeons, puis « des fruits verts, et enfin des raisins mûrs. [4] Ainsi en « est-il de mon peuple : il a supporté des troubles et des « afflictions ; ensuite il recevra des biens ». [5] Ainsi donc, mes frères, n'ayons pas l'âme partagée mais persévérons dans l'espérance afin d'emporter aussi la récompense. [6] Il est fidèle en effet, celui qui a promis de rendre à chacun selon ses œuvres. [7] Si donc nous pratiquons la justice devant Dieu, nous entrerons dans son royaume, et nous recevrons l'effet des promesses « dont l'oreille n'a rien entendu, que l'œil n'a pas vu et qui n'ont point pénétré dans le cœur de l'homme. »

XII. Donc attendons d'heure en heure le royaume de Dieu dans la charité et la justice, puisque nous ignorons

XI, 0 : ᾄς οὕς. Cf. CLÉM., Cor., XXXIV, 8 qui contient la même citation.

ἡμέραν τῆς ἐπιφανείας τοῦ θεοῦ. [2] Ἐπερωτηθεὶς γὰρ
αὐτὸς ὁ κύριος ὑπό τινος, πότε ἥξει αὐτοῦ ἡ βασιλεία,
εἶπεν· « Ὅταν ἔσται τὰ δύο ἕν, καὶ τὸ ἔξω ὡς τὸ ἔσω, καὶ
τὸ ἄρσεν μετὰ τῆς θηλείας, οὔτε ἄρσεν οὔτε θῆλυ » (AUT.
INCONNU). [3] « Τὰ δύο δὲ ἕν » ἐστιν, ὅταν λαλῶμεν
ἑαυτοῖς ἀλήθειαν καὶ ἐν δυσὶ σώμασιν ἀνυποκρίτως εἴη
μία ψυχή. [4] Καὶ « τὸ ἔξω ὡς τὸ ἔσω », τοῦτο λέγει·
τὴν ψυχὴν λέγει τὸ ἔσω, τὸ δὲ ἔξω τὸ σῶμα λέγει. Ὃν
τρόπον οὖν σου τὸ σῶμα φαίνεται, οὕτως καὶ ἡ ψυχή σου
δῆλος ἔστω ἐν τοῖς καλοῖς ἔργοις. [5] Καὶ « τὸ ἄρσεν μετὰ
τῆς θηλείας, οὔτε ἄρσεν οὔτε θῆλυ », τοῦτο λέγει· ἵνα
ἀδελφὸς ἰδὼν ἀδελφὴν οὐδὲν φρονῇ περὶ αὐτῆς θηλυκόν,
μηδὲ φρονῇ τι περὶ αὐτοῦ ἀρσενικόν. [6] Ταῦτα ὑμῶν
ποιούντων, φησίν, ἐλεύσεται ἡ βασιλεία τοῦ πατρός μου.

XIII. Ἀδελφοὶ οὖν, ἤδη ποτὲ μετανοήσωμεν, νήψωμεν
ἐπὶ τὸ ἀγαθόν· μεστοὶ γάρ ἐσμεν πολλῆς ἀνοίας καὶ
πονηρίας. Ἐξαλείψωμεν ἀφ᾽ ἡμῶν τὰ πρότερα ἁμαρτή-

XII, 1 : ἐπιφανείας. Cf. I *Tim.*, vi, 14 ; II *Tim.*, i, 10 ; iv, 1, 8 ;
Tite, ii, 13. En dehors des *Pastorales*, c'est le mot παρουσία qui
est employé et non ἐπιφανεία. Cf. II *Thessal.*, ii, 8 : τῇ ἐπιφανείᾳ
τῆς παρουσίας αὐτοῦ. — οὐκ οἴδαμεν. Cf. MATTH., xxv, 13 ; JEAN,
IX, 4.

XII, 2 : ὑπό τινος. Par Salomé, dont un entretien avec Jésus
semble avoir trouvé place dans l'évangile selon les Égyptiens.
Clément d'Alexandrie qui parle d'après Jules Cassianus (*Stromates*, iii, 13, 92 dit expressément du texte que nous avons ici
qu'il provient de l'évangile selon les Égyptiens. Le fait que
l'évangile des Égyptiens a été très probablement utilisé par
l'homéliste, invite naturellement à supposer que d'autres morceaux d'auteur inconnu (iv, 5 ; v, 2, 3, 4 ; viii, 5 ; iii, 2 ; iv, 1 ;
vi, 1 ; xiii, 4) en proviennent également.

XII, 3 : ἑαυτοῖς = ἀλλήλοις. Cf. CLÉMENT, *Cor.*, xiv, 3.

le jour où Dieu se manifestera. [2] Quelqu'un ayant en effet demandé au Seigneur lui-même quand est-ce que son royaume arriverait, il répondit : « Lorsque les deux (choses) n'en feront plus qu'une, lorsque l'extérieur sera comme l'intérieur, lorsque dans la rencontre de l'homme avec la femme il n'y aura ni homme ni femme ». [3] « Deux ne font qu'un », quand nous nous disons mutuellement la vérité et que, sans aucune feinte, il n'y a qu'une âme en deux corps. [4] « Et l'extérieur semblable à l'intérieur » signifie l'âme qui est appelée l'intérieur et le corps qui est appelé l'extérieur, et de même que ton corps est visible, ainsi ton âme doit se rendre manifeste par les bonnes œuvres. [5] « Dans la rencontre de l'homme avec la femme, ni homme ni femme » signifie qu'un frère à la vue d'une sœur ne pense point au sexe féminin à son propos, et qu'elle à son tour ne pense point au masculin. [6] Si vous agissez ainsi, veut-il dire, le royaume de mon Père viendra.

XIII. Désormais donc, frères, faisons pénitence, restons sobres pour (faire) le bien : car nous sommes remplis de toute espèce de folie et de malice. Effaçons nos péchés passés et opérons notre salut par une péni-

XII, 5 : Cf. I *Cor.*, vii, 29 ; *Gal.*, iii, 28.

XII, 6 : φησίν. L'auteur interprète le texte qui vient d'être allégué. Cf. Barnabé, vi, 9 ; x, 3, 4, 5, 6, 7, 8 ; xi, 8, 11 ; xii, 2, 7, où φησίν a le sens de « c'est-à-dire », « a-t-il voulu dire ».

XIII, 1 : νήψωμεν. Cf. I Pierre, iv, 7 : νήψατε εἰς προσευχάς. — ἀνθρωπάρεσκοι. Cf. *Éphés.*, vi, 6 ; *Coloss.*, iii, 22. — ἑαυτοῖς = les uns aux autres, entre frères. Cf. iv, 3 ; xii, 3. — τοῖς ἔξω = les païens : cf. *Coloss.*, iv, 5 ; I *Thessal.*, iv, 12 ; I *Tim.*, iii, 7 ; Clément, *Cor.*, xlvii, 7. — ὄνομα, s.-e. τοῦ θεοῦ, comme le prouve la citation qui suit immédiatement et comme le comprend la version syriaque. Tertullien, *Idol.*, xiv : « Ne nomen blasphemetur ».

ματα καὶ μετανοήσαντες ἐκ ψυχῆς σωθῶμεν, καὶ μὴ γιγνώμεθα ἀνθρωπάρεσκοι μηδὲ θέλωμεν μόνον ἑαυτοῖς ἀρέσκειν, ἀλλὰ καὶ τοῖς ἔξω ἀνθρώποις ἐπὶ τῇ δικαιοσύνῃ, ἵνα τὸ ὄνομα δι' ἡμᾶς μὴ βλασφημῆται. [2] Λέγει γὰρ ὁ κύριος· « Διὰ παντὸς τὸ ὄνομά μου βλασφημεῖται ἐν πᾶσιν τοῖς ἔθνεσιν » (ISAÏE, LII, 5), καὶ πάλιν· « Οὐαὶ δι' ὃν βλασφημεῖται τὸ ὄνομά μου » (AUT. INCONNU). Ἐν τίνι βλασφημεῖται; ἐν τῷ μὴ ποιεῖν ὑμᾶς ἃ βούλομαι. [3] Τὰ ἔθνη γὰρ ἀκούοντα ἐκ τοῦ στόματος ἡμῶν τὰ λόγια τοῦ θεοῦ ὡς καλὰ καὶ μεγάλα θαυμάζει· ἔπειτα καταμαθόντα τὰ ἔργα ἡμῶν ὅτι οὐκ ἔστιν ἄξια τῶν ῥημάτων ὧν λέγομεν, ἔνθεν εἰς βλασφημίαν τρέπονται, λέγοντες εἶναι μῦθόν τινα καὶ πλάνην. [4] Ὅταν γὰρ ἀκούσωσιν παρ' ἡμῶν, ὅτι λέγει ὁ θεός· « Οὐ χάρις ὑμῖν, εἰ ἀγαπᾶτε τοὺς ἀγαπῶντας ὑμᾶς, ἀλλὰ χάρις ὑμῖν, εἰ ἀγαπᾶτε τοὺς ἐχθροὺς καὶ τοὺς μισοῦντας ὑμᾶς » (LUC, VI, 32, 35)· ταῦτα ὅταν ἀκούσωσιν θαυμάζουσιν τὴν ὑπερβολὴν τῆς ἀγαθότητος· ὅταν δὲ ἴδωσιν, ὅτι οὐ μόνον τοὺς μισοῦντας οὐκ ἀγαπῶμεν, ἀλλ' ὅτι οὐδὲ τοὺς ἀγαπῶντας, καταγελῶσιν ἡμῶν, καὶ βλασφημεῖται τὸ ὄνομα.

XIV. Ὥστε, ἀδελφοί, ποιοῦντες τὸ θέλημα τοῦ πατρὸς

XIII, 2 : La première citation est d'Isaïe, LII, 5; la seconde (οὐαί) qui se trouve encore chez d'autres écrivains (IGNACE, *Trall.*, VIII, 2; POLYCARPE, *Phil.*, x, 2; *Constit. Apost.*, I, 10; III, 5) n'est peut-être qu'une déformation courante ou populaire du même texte d'Isaïe (Lightfoot). Il est peut être plus sûr de tenir le second texte pour emprunté à un auteur inconnu et H. von Schubert incline à regarder le reste du verset : ἐν τίνι... ὃ βούλομαι comme appartenant à la même citation. On s'expliquerait ainsi que βούλομαι soit à la première personne. Ailleurs

tence du fond de l'âme. Ne courtisons pas les hommes ; souhaitons de plaire non pas seulement à nous, mais encore à ceux du dehors en vue de la justice, de peur que le nom (de Dieu) ne soit blasphémé à cause de nous· [2] Le Seigneur dit en effet : « Sans cesse mon nom est blasphémé dans toutes les nations ». Et ailleurs : « Malheur à celui qui fait blasphémer mon nom ! » En quoi le faites-vous blasphémer ? En ce que vous ne faites pas ce que je veux. [3] Les païens en effet, quand ils entendent de notre bouche les paroles de Dieu, en admirent la beauté et la sublimité ; mais apprenant ensuite que nos œuvres ne répondent pas à nos paroles, ils en viennent à blasphémer en disant que c'est une fable et une erreur. [4] Nous entendent-ils citer cette parole de Dieu : « Vous n'avez pas de mérite à aimer ceux qui vous aiment, mais vous en avez à aimer vos ennemis et ceux qui vous haïssent », ils admirent, en nous écoutant, l'excès de cette bonté. Mais quand ils voient que, loin d'aimer ceux qui nous haïssent, nous n'aimons même pas ceux qui nous aiment, ils se moquent de nous, et le nom (de Dieu) est blasphémé.

XIV. C'est donc, frères, en faisant la volonté de Dieu

(xii, 6) l'homéliste n'a garde de prononcer comme de lui-même les paroles divines à la première personne.

XIII, 3 : τὰ λόγια τοῦ θεοῦ = les saintes Écritures. Cf. *Rom.*, iii, 2 ; *Hébr.*, v, 12 ; CLÉMENT, *Cor.*, xix, 1 ; liii, 1 ; lxii, 3. — τὰ ἔργα. *Constit. Apost.*, ii, 8.

XIII, 4 : La *Didachè* (i, 3) a également la leçon μισοῦντας ὑμᾶς. Est-ce un indice d'une source évangélique commune ?

XIV : Saint Paul a parlé d'une élection des âmes, choisies, élues par Dieu et bénies en Jésus-Christ avant la création du monde (*Eph.*, i, 3-5). Cf. *Rom.*, iv, 9 ; *Gal*, iv, 22. C'est cette réunion des âmes qui forme, aux yeux de l'homéliste, une

ἡμῶν θεοῦ ἐσόμεθα ἐκ τῆς ἐκκλησίας τῆς πρώτης, τῆς πνευματικῆς, τῆς πρὸ ἡλίου καὶ σελήνης ἐκτισμένης· ἐὰν δὲ μὴ ποιήσωμεν τὸ θέλημα κυρίου, ἐσόμεθα ἐκ τῆς γραφῆς τῆς λεγούσης· « Ἐγενήθη ὁ οἰκός μου σπήλαιον λῃστῶν » (Jérémie, VII, 11). Ὥστε οὖν αἱρετισώμεθα ἀπὸ τῆς ἐκκλησίας τῆς ζωῆς εἶναι, ἵνα σωθῶμεν. [2] Οὐκ οἴομαι δὲ ὑμᾶς ἀγνοεῖν, ὅτι ἐκκλησία ζῶσα « σῶμά ἐστιν Χριστοῦ » (Ephés., I, 22, 23)· λέγει γὰρ ἡ γραφή· « Ἐποίησεν ὁ θεὸς τὸν ἄνθρωπον ἄρσεν καὶ θῆλυ » (Genèse, I, 27)· τὸ ἄρσεν ἐστὶν ὁ Χριστός, τὸ θῆλυ ἡ ἐκκλησία· καὶ ἔτι τὰ βιβλία τῶν προφητῶν καὶ οἱ ἀπόστολοι τὴν ἐκκλησίαν οὐ νῦν εἶναι, ἀλλὰ ἄνωθεν· ἦν γὰρ πνευματική, ὡς καὶ ὁ Ἰησοῦς ἡμῶν, ἐφανερώθη δὲ ἐπ' ἐσχάτων τῶν ἡμερῶν, ἵνα ἡμᾶς σώσῃ· [3] ἡ ἐκκλησία δὲ πνευματικὴ οὖσα ἐφανερώθη ἐν τῇ σαρκὶ Χριστοῦ, δηλοῦσα ἡμῖν, ὅτι ἐάν τις ἡμῶν τηρήσῃ αὐτὴν ἐν τῇ σαρκὶ καὶ μὴ φθείρῃ, ἀπολήψεται αὐτὴν ἐν τῷ

« église spirituelle ». Avec le temps, les Valentiniens défigureront cette doctrine en la concrétisant au point d'enseigner l'existence éternelle de « l'éon Église ». Cf. HERMAS, *Vis.*, I, 1, 6 ; I, 3, 4 ; II, 4, 1 ; HÉRACLÉON, dans Origène (éd. bénéd., IV, 243, sv. ; dans Migne P. G., t. XIV, col. 401). La citation est adaptée de Jérémie, VII, 11 : μὴ σπήλαιον λῃστῶν ὁ οἰκός μου, οὗ ἐπικέκληται τὸ ὄνομά μου ἐπ' αὐτῷ, etc. C'est à ce passage que le Sauveur fait allusion, MATTH., XXI, 13 ; MARC, XI, 17 ; LUC, XIX, 46. Cf. *Constit. Apost.*, II, 17. — ὥστε οὖν. Cf. IV, 3, VII, 1.

XIV, 2 : σῶμα. Cf. *Ephés.*, I, 23 : τῇ ἐκκλησίᾳ ἥτις ἐστὶν τὸ σῶμα αὐτοῦ, IV, 12, etc. ; *Rom.*, XII, 5 ; 1 *Cor.*, X, 17 ; XII, 12-27 ; *Coloss.*, I, 18, 24 ; II, 19 ; III, 15. — ἐποίησεν. Citation abrégée de *Gen.*, I, 27. Cf. *Ephés.*, V, 31, 32 et la manière dont saint Paul applique à l'Église et au Christ le passage de la *Genèse*, II, 24. — τὰ βιβλία τῶν προφητῶν. Les mots τῶν προφητῶν manquent dans le ms. H ; mais Funk accepte cette leçon du Syriaque comme partie intégrante du texte, jamais le mot βιβλία seul, chez

notre Père que nous appartiendrons à la première Église
spirituelle, qui fut créée avant le soleil et la lune. Si, au
contraire, nous ne faisons pas la volonté du Seigneur,
nous ressortirons à l'Écriture qui dit : « Ma maison
est devenue une caverne de voleurs ». Préférons donc
appartenir à l'Église de vie afin d'être sauvés. [2] Vous
n'ignorez pas, je pense, que « l'Église » vivante « est le
corps du Christ, car l'Écriture dit : « Dieu fit l'homme
mâle et femelle »; le mâle, c'est le Christ; la femelle,
c'est l'Église. Et les livres des prophètes et les apôtres
enseignent que l'Église ne date pas d'à présent, mais de
l'origine; elle était spirituelle tout comme notre Jésus,
et elle a apparu dans les derniers jours pour nous sauver.
[3] Et l'Église qui était spirituelle est devenue visible dans
la chair du Christ, nous montrant ainsi que si l'un de
nous garde l'Église dans sa chair sans la corrompre, il

les anciens écrivains chrétiens, ne désignant l'Ancien Testament. Cf. Zahn, *Gesch. des neutestamentlichen Kanons*, II, 942-
945. Les ἀπόστολοι comprennent sans doute saint Paul dont la
doctrine est ici reproduite, peut-être aussi les auteurs de l'épître
aux *Hébreux* (xii, 22, 23) et de l'*Apocalypse*, xxi, 9-10.

XIV, 2 : ἄρσεν... ὁ Χριστός. Cf. *Eph.*, v, 23. — ἄνωθεν = avant le
soleil et la lune. Cf. xiv, 1 (πρὸ ἡλίου...); Luc, i, 3; *Actes*, xxvi,
5. — ἐπ' ἐσχάτων ἡμερῶν, expression fréquente dans les Septante :
Genèse, xlix, 1; *Deut.*, iv, 30, etc.

XIV, 3 : τηρήσῃ, garder pure, « sainte et immaculée ». *Ephésiens*, v, 27.— τὸ ἀντίτυπον = la réplique. On retrouve ici l'influence
des doctrines de Platon sur les idées. L'αὐθεντικόν est l'arché-
type éternel, le document original, écrit, pour ainsi dire, de la
main de Dieu. L'ἀντίτυπον est la manifestation temporelle, la
réplique imparfaite de l'original. Cf. *Hébreux*, ix, 24 : « Ce n'est
pas dans un sanctuaire fait de main d'homme, image du véritable (ἀντίτυπα τῶν ἀληθινῶν), que le Christ est entré. » Il ne faudrait pas donner au mot le sens qu'il a quelquefois (I Pierre,
iii, 21) d'une œuvre achevée en regard de son ébauche qui est
le τύπος.

πνεύματι τῷ ἁγίῳ· ἡ γὰρ σὰρξ αὕτη ἀντίτυπός ἐστιν τοῦ πνεύματος· οὐδεὶς οὖν τὸ ἀντίτυπον φθείρας τὸ αὐθεντικὸν μεταλήψεται. Ἄρα οὖν τοῦτο λέγει, ἀδελφοί· τηρήσατε τὴν σάρκα, ἵνα τοῦ πνεύματος μεταλάβητε. [4] Εἰ δὲ λέγομεν εἶναι τὴν σάρκα τὴν ἐκκλησίαν καὶ τὸ πνεῦμα Χριστόν, ἄρα οὖν ὁ ὑβρίσας τὴν σάρκα ὕβρισεν τὴν ἐκκλησίαν. Ὁ τοιοῦτος οὖν οὐ μεταλήψεται τοῦ πνεύματος, ὅ ἐστιν ὁ Χριστός. [5] Τοσαύτην δύναται ἡ σὰρξ αὕτη, μεταλαβεῖν ζωὴν καὶ ἀφθαρσίαν κολληθέντος αὐτῇ τοῦ πνεύματος τοῦ ἁγίου, οὔτε ἐξειπεῖν τις δύναται οὔτε λαλῆσαι, « ἃ ἡτοίμασεν ὁ κύριος » (I Cor., ii, 9) τοῖς ἐκλεκτοῖς αὐτοῦ.

XV. Οὐκ οἴομαι δέ, ὅτι μικρὰν συμβουλίαν ἐποιησάμην περὶ ἐγκρατείας, ἣν ποιήσας τις οὐ μετανοήσει, ἀλλὰ καὶ ἑαυτὸν σώσει κἀμὲ τὸν συμβουλεύσαντα. Μισθὸς γὰρ οὐκ ἔστιν μικρὸς πλανωμένην ψυχὴν καὶ ἀπολλυμένην ἀποστρέψαι εἰς τὸ σωθῆναι. [2] Ταύτην γὰρ ἔχομεν τὴν ἀντιμισθίαν ἀποδοῦναι τῷ θεῷ τῷ κτίσαντι ἡμᾶς, ἐὰν ὁ λέγων καὶ ἀκούων μετὰ πίστεως καὶ ἀγάπης καὶ λέγῃ καὶ ἀκούῃ. [3] Ἐμμείνωμεν οὖν ἐφ' οἷς ἐπιστεύσαμεν δίκαιοι καὶ ὅσιοι, ἵνα μετὰ παρρησίας αἰτῶμεν τὸν θεὸν τὸν λέγοντα· « Ἔτι λαλοῦντός σου ἐρῶ· Ἰδοὺ πάρειμι » (Isaïe, lviii, 9). [4] Τοῦτο γὰρ τὸ ῥῆμα μεγάλης ἐστὶν ἐπαγγελίας σημεῖον· ἑτοιμότερον γὰρ ἑαυτὸν λέγει ὁ κύριος εἰς τὸ διδόναι τοῦ αἰτοῦντος. [5] Τοσαύτης οὖν χρηστότητος μεταλαμβάνοντες μὴ φθονήσωμεν ἑαυτοῖς τυχεῖν τοσούτων ἀγαθῶν. Ὅσην γὰρ

XIV, 5 : ἐξειπεῖν. Cf. Clém., Cor , xlviii, 5. — ἡτοίμασεν. Cf. I Clém., xxxiv, 8.

la recevra dans le Saint-Esprit ; car cette chair est une copie de l'esprit : quiconque en corrompt la copie ne peut participer à l'original. Cela veut donc dire, frères : Respectez la chair, afin d'avoir part à l'esprit. [4] Or si nous disons que la chair est l'Église et que l'esprit est le Christ, il s'ensuit que celui qui outrage la chair outrage l'Église. Un tel homme n'aura point de part à l'esprit qui est le Christ.]5] Telle est la vie et l'incorruptibilité à laquelle notre chair peut avoir part, grâce à son union avec l'Esprit-Saint ; et nul ne peut décrire ni définir les biens « que le Seigneur a préparés » à ses élus.

XV. Je ne pense pas avoir donné là un conseil peu important sur la continence. Quiconque le suivra ne s'en repentira pas, mais il se sauvera et moi, qui l'ai conseillé, avec lui. Car ce n'est pas un petit mérite de ramener au salut une âme égarée et en train de se perdre. [2] Or c'est la compensation que nous pouvons donner à Dieu qui nous a créés, prédicateur de prêcher, et auditeur d'écouter, avec foi et charité. [3] Demeurons donc justes et pieux, appuyés sur les choses que nous avons crues, afin de prier avec ouverture de cœur le Dieu qui a dit : « Tu parleras encore que je répondrai : Me voici ». [4] Cette parole est le signe d'une magnifique promesse : puisque le Seigneur se déclare plus disposé à donner que le suppliant (à demander). [5] Recevons donc une part de cette grande bonté, et ne nous envions pas mutuellement la possession de si grands biens. Autant la parole de Dieu

XV, 1 : μισθός. Cf. JACQUES, v, 19, 20. La rencontre de pensée et d'expression est frappante.

XV, 2 : λέγων καὶ ἀκούων. *Intr.*, p. LXVI.

XV, 4 : τοῦ αἰτοῦντος, sous-entendez εἰς τὸ αἰτεῖν.

ἡδονὴν ἔχει τὰ ῥήματα ταῦτα τοῖς ποιήσασιν αὐτά, τοσαύτην κατάκρισιν ἔχει τοῖς παρακούσασιν.

XVI. Ὥστε, ἀδελφοί, ἀφορμὴν λαβόντες οὐ μικρὰν εἰς τὸ μετανοῆσαι, καιρὸν ἔχοντες ἐπιστρέψωμεν ἐπὶ τὸν καλέσαντα ἡμᾶς Θεόν, ἕως ἔτι ἔχομεν τὸν παραδεχόμενον ἡμᾶς. [2] Ἐὰν γὰρ ταῖς ἡδυπαθείαις ταύταις ἀποταξώμεθα καὶ τὴν ψυχὴν ἡμῶν νικήσωμεν ἐν τῷ μὴ ποιεῖν τὰς ἐπιθυμίας αὐτῆς τὰς πονηράς, μεταληψόμεθα τοῦ ἐλέους Ἰησοῦ. [3] Γινώσκετε δέ, ὅτι « ἔρχεται ἤδη ἡ ἡμέρα τῆς κρίσεως ὡς κλίβανος καιόμενος » (MALA-CHIE, IV, 1), « καὶ τακήσονταί τινες τῶν οὐρανῶν » (ISAÏE, XXXIV, 4), καὶ πᾶσα ἡ γῆ ὡς μόλιβος ἐπὶ πυρὶ τηκόμενος· καὶ τότε φανήσεται τὰ κρύφια καὶ φανερὰ ἔργα τῶν ἀνθρώπων. [4] Καλὸν οὖν ἐλεημοσύνη ὡς μετάνοια ἁμαρτίας· κρείσσων νηστεία προσευχῆς, ἐλεημοσύνη δὲ ἀμφοτέρων· « ἀγάπη δὲ καλύπτει πλῆθος ἁμαρτιῶν » (I PIERRE, IV, 8), προσευχὴ δὲ ἐκ καλῆς συνειδήσεως ἐκ θανάτου ῥύεται. Μακάριος πᾶς ὁ εὑρεθεὶς ἐν τούτοις πλήρης· ἐλεημοσύνη γὰρ κούφισμα ἁμαρτίας γίνεται.

XVII. Μετανοήσωμεν οὖν ἐξ ὅλης καρδίας, ἵνα μή τις ἡμῶν παραπόληται. Εἰ γὰρ ἐντολὰς ἔχομεν, ἵνα καὶ

XVI, 1 : παραδεχόμενον H ; patrem qui accipit (πρα δεχόμενον) S.
XVI, 3 : Cf. XII, 1. L'attente de la venue du Juge continue à retentir dans la prédication chrétienne alors même que le sentiment en est moins vif dans le peuple fidèle. Elle évoque tout un ensemble d'images bibliques qui se retrouvent chez les prophètes et dans les écrits du Nouveau Testament : II PIERRE, II, 9 ; III, 7, 10-12. Le texte d'Isaïe porte : καὶ τακήσονται πᾶσαι αἱ δυνάμεις τῶν οὐρανῶν. Lightfoot pense que la vraie leçon de l'homélie a dû être δυνάμεις au lieu de τινες. Harnack voit plutôt dans l'expression τινες τῶν οὐρανῶν une trace de la persuasion géné-

apporte de joies pour ceux qui la pratiquent, autant elle attire de condamnations à ceux qui lui désobéissent.

XVI. Ainsi, frères, saisissons une belle occasion de faire pénitence ; nous en avons le temps, convertissons-nous au Dieu qui nous a appelés, tandis que nous l'avons prêt à nous accueillir. [2] Si en effet nous renonçons aux voluptés, et que nous triomphions de notre âme en n'exécutant point ses mauvais désirs, nous aurons part à la miséricorde de Jésus. [3] Connaissez que déjà « vient le jour » du jugement semblable « à une fournaise ardente » : quelques-uns des cieux et la terre entière se liquéfieront comme le plomb fondu sur le feu ; et alors seront manifestées les œuvres secrètes ou publiques des hommes. [4] L'aumône est excellente comme pénitence du péché ; le jeûne vaut mieux que la prière, mais l'aumône vaut mieux que l'un et l'autre. « La charité couvre la multitude des péchés, » et la prière qui vient d'une bonne conscience délivre de la mort. Heureux tout homme qui se trouve parfait en ces choses : car l'aumône allège le péché.

XVII. Faisons donc pénitence de tout notre cœur afin qu'aucun d'entre nous ne périsse. S'il nous est enjoint de

rale qu'il y avait plusieurs cieux.

XVI, 4 : Le rapport est étroit avec *Tobie*, iv, 10 ; xii, 8, 9 ; la prière est encore préconisée : II *Rois*, xx, 1-11 (maladie et guérison d'Ezéchias) ; JACQUES, v, 13-15 ; et l'aumône dans *Proverbes*, xvi, 6 (xv, 27) ; *Ecclésiastique*, iii, 30 ; DANIEL, iv, 24. — καλῆς συνειδήσεως. Cf. *Hébr.*, xiii, 18 ; CLÉM., *Cor.*, xli, 1 ; xlv, 7.

XVII, 1 : παραπόλλυσθαι a le sens de périr sottement, par insouciance, cf. LUCIEN, *Gymn.*, 13. — ἐντολάς. Cf. MATTHIEU, xxviii, 19, 20 ; MARC, xvi, 15. — κατηχεῖν, enseigner les premiers éléments, LUC, i, 4 ; *Gal.*, vi, 6.

τοῦτο πράσσωμεν, ἀπὸ τῶν εἰδώλων ἀποσπᾶν καὶ κατα-
γεῖν, πόσῳ μᾶλλον ψυχὴν ἤδη γινώσκουσαν τὸν θεὸν οὐ
δεῖ ἀπόλλυσθαι ; [2] Συλλάβωμεν οὖν ἑαυτοῖς καὶ τοὺς
ἀσθενοῦντας ἀνάγειν περὶ τὸ ἀγαθόν, ὅπως σωθῶμεν ἅπαν-
τες καὶ ἐπιστρέψωμεν ἀλλήλους καὶ νουθετήσωμεν. [3] Καὶ
μὴ μόνον ἄρτι δοκῶμεν πιστεύειν καὶ προσέχειν ἐν τῷ
νουθετεῖσθαι ἡμᾶς ὑπὸ τῶν πρεσβυτέρων, ἀλλὰ καὶ ὅταν
εἰς οἶκον ἀπαλλαγῶμεν, μνημονεύωμεν τῶν τοῦ κυρίου
ἐνταλμάτων καὶ μὴ ἀντιπαρελκώμεθα ἀπὸ τῶν κοσμικῶν
ἐπιθυμιῶν, ἀλλὰ πυκνότερον προσερχόμενοι πειρώμεθα
προκόπτειν ἐν ταῖς ἐντολαῖς τοῦ κυρίου, ἵνα πάντες « τὸ
αὐτὸ φρονοῦντες » (Rom., XII, 16) συνηγμένοι ὦμεν ἐπὶ
τὴν ζωήν. [4] Εἶπεν γὰρ ὁ κύριος · « Ἔρχομαι συναγα-
γεῖν πάντα τὰ ἔθνη, φυλὰς καὶ γλώσσας » (ISAÏE, LXVI, 18).
Τοῦτο δὲ λέγει τὴν ἡμέραν τῆς ἐπιφανείας αὐτοῦ, ὅτε ἐλθὼν
λυτρώσεται ἡμᾶς ἕκαστον κατὰ τὰ ἔργα αὐτοῦ. [5] « Καὶ
ὄψονται τὴν δόξαν » (ISAÏE, LXVI, 18) αὐτοῦ καὶ τὸ κράτος οἱ ἄπιστοι, καὶ ξενισθήσονται ἰδόντες τὸ βασίλειον

XVII, 2 : ἀνάγειν. Cf. CLÉM., XLIX, 4. — σωθῶμεν. Cf. XV, 1 ;
CLÉM., Cor., II, 4.

XVII, 3 : ἐν τῷ νουθετεῖσθαι. Cf. XV, 2, XIX, 1. L'homéliste désigne les πρεσβύτεροι comme exerçant près du peuple le ministère
de la parole. D'après saint Justin (I Apol , LXVII, 4) c'est l'évêque
(ὁ προεστώς) qui fait l'homélie ; d'après les Constitutions Apostoliques (II, 57) ce sont les presbytres et l'évêque. Le nom générique
de πρεσβύτεροι a été étendu souvent à l'évêque et aux prêtres
même après que l'on eut distingué les deux ordres. Notre
homéliste peut être également un évêque ou un prêtre. Il est
certainement l'un ou l'autre, les laïques ne prenant pas la
parole à l'église. Si l'auteur prend sa part des remontrances
en parlant à la première personne (ἡμᾶς) c'est à la façon des
prédicateurs qui se font à eux-mêmes l'application de la morale
qu'ils prêchent aux autres. Cf. XVIII, 2. Les presbytres de l'ho-

travailler à détourner des idoles et à enseigner la doctrine, à plus forte raison ne faut-il pas laisser périr une
âme qui connaît déjà Dieu. [2] Aidons-nous les uns les
autres, de manière à entraîner les faibles eux-mêmes au
bien, pour être tous sauvés, pour nous convertir et nous
reprendre les uns les autres. [3] Ne paraissons pas
croyants et attentifs seulement à l'instant où les presbytres nous exhortent; mais quand nous sommes rentrés
chez nous, souvenons-nous des commandements du Seigneur, ne nous laissons pas entraîner par les désirs terrestres, mais assemblons-nous souvent et efforçons-nous
de progresser dans les préceptes du Seigneur, afin
qu' « ayant tous les mêmes sentiments », nous soyons
unis pour la vie. [4] Le Seigneur a dit en effet : « Je viens
rassembler toutes les nations, toutes les tribus, toutes les
langues. » Ici est désigné le jour de sa manifestation où
il viendra nous racheter, chacun suivant ses œuvres. [5]
Et les incrédules « verront sa gloire » et sa puissance, ils
seront tout dépaysés en apercevant la souveraineté du

méliste rappelant les προϊστάμενοι νουθετοῦντες de saint PAUL,
I *Thess.*, v, 12 et la pluralité des presbytres du Pasteur (HERMAS,
Vis., II, 4, 3).
— προσερχόμενοι H ; προσευχόμενοι S. Cette dernière leçon est
peut-être la bonne : elle fournit un sens excellent. La recommandation de la prière est très opportune pour des gens qui
viennent seulement de rentrer chez eux, après l'assemblée où
les presbytres les ont exhortés. — πυκνότερον. Cf. sur l'assiduité
aux assemblées : IGNACE, *Eph.*, XIII, 1 ; *Polyc.*, IV, 1 ; *Const.
Apost.*, II, 59, 60.
XVII, 4 : λυτρώσεται. Cf. *Ephés.*, IV, 30, où le jour du jugement
semble désigné par l'expression de « jour de la rédemption ».
XVII, 5 : L'expression d'ἄπιστοι s'étend aux mauvais chrétiens.
XVII, 5 : ξενισθήσονται, être surpris comme l'est un étranger
par la nouveauté des spectacles. Cf. I PIERRE, IV, 4, 12 ; *Actes*,
XVII, 20 ; IGNACE, *Eph.*, XIX, 2 (ξενισμός). — λέγοντες. Même mou-

τοῦ κόσμου ἐν τῷ Ἰησοῦ, λέγοντες· Οὐαὶ ἡμῖν, ὅτι σὺ ἦς, καὶ οὐκ ᾔδειμεν καὶ οὐκ ἐπιστεύομεν καὶ οὐκ ἐπειθόμεθα τοῖς πρεσβυτέροις τοῖς ἀναγγέλλουσιν ἡμῖν περὶ τῆς σωτηρίας ἡμῶν· καὶ « ὁ σκώληξ αὐτῶν οὐ τελευτήσει καὶ τὸ πῦρ αὐτῶν οὐ σβεσθήσεται, καὶ ἔσονται εἰς ὅρασιν πάσῃ σαρκί » (ISAÏE, LXVI, 24). [6] Τὴν ἡμέραν ἐκείνην λέγει τῆς κρίσεως, ὅταν ὄψονται τοὺς ἐν ἡμῖν ἀσεβήσαντας καὶ παραλογισαμένους τὰς ἐντολὰς Ἰησοῦ Χριστοῦ. [7] Οἱ δὲ δίκαιοι εὐπραγήσαντες καὶ ὑπομείναντες τὰς βασάνους καὶ μισήσαντες τὰς ἡδυπαθείας τῆς ψυχῆς, ὅταν θεάσωνται τοὺς ἀστοχήσαντας καὶ ἀρνησαμένους διὰ τῶν λόγων ἢ διὰ τῶν ἔργων τὸν Ἰησοῦν, ὅπως κολάζονται δειναῖς βασάνοις πυρὶ ἀσβέστῳ, ἔσονται δόξαν διδόντες τῷ θεῷ αὐτῶν λέγοντες, ὅτι ἔσται ἐλπὶς τῷ δεδουλευκότι θεῷ ἐξ ὅλης καρδίας.

XVIII. Καὶ ἡμεῖς οὖν γενώμεθα ἐκ τῶν εὐχαριστούντων, τῶν δεδουλευκότων τῷ θεῷ, καὶ μὴ ἐκ τῶν κρινομένων ἀσεβῶν. [2] Καὶ γὰρ αὐτὸς πανθαμαρτωλὸς ὢν καὶ μήπω φυγὼν τὸν πειρασμόν, ἀλλ' ἔτι ὢν ἐν μέσοις τοῖς ὀργάνοις τοῦ διαβόλου, σπουδάζω τὴν δικαιοσύνην διώκειν, ὅπως ἰσχύσω κἂν ἐγγὺς αὐτῆς γενέσθαι, φοβούμενος τὴν κρίσιν τὴν μέλλουσαν.

vement dans BARNABÉ, VII, 9; *Sagesse*, V, 3-13. — σὺ ἦς, seule indication, et combien vague, que l'auteur connaît le quatrième évangile. Cf. JEAN, VIII, 24, 28; XIII, 19. La citation qui suit d'Isaïe a déjà été faite VII, 6.

XVII, 6 : τὴν ἡμέραν κρίσεως. Pseudo-JUSTIN, *Quaest. ad Orthod.*, LXXIV, semble faire allusion à cet endroit ou au chap. XVI, 3; mais on ne retrouve dans aucun de ces deux pas-

monde en Jésus et ils diront : Malheur à nous! c'est bien toi, et nous ne l'avons pas su, et nous n'avons ni cru ni obéi aux presbytres qui nous annonçaient notre salut. « Et leur ver ne mourra pas, et leur feu ne s'éteindra pas, et ils seront en spectacle à toute chair. » [6] Il entend par là le jour du jugement, où l'on verra ceux qui parmi nous auront agi en impies et qui auront faussement calculé à l'endroit des préceptes de Jésus-Christ. [7] Quant aux justes qui auront fait le bien, supporté les tourments, haï les voluptés de leur âme, lorsqu'ils verront punir par de terribles supplices et dans un feu inextinguible ceux qui auront fait fausse route et nié Jésus par les paroles ou les œuvres, ils rendront gloire à leur Dieu et proclameront qu'il y a une espérance pour celui qui a servi Dieu de tout son cœur!

XVIII. Et nous aussi soyons de ceux qui rendent grâces à Dieu, de ceux qui l'ont servi, et non pas de ces impies qui sont condamnés. [2] Moi-même qui suis pécheur de part en part, n'étant point encore dérobé à la tentation, mais en plein dans les machines du diable, je me hâte de poursuivre la justice, afin que je puisse au moins en approcher, car je redoute le jugement futur.

---

sages, ni dans l'épitre de Clément aux Corinthiens, la mention de la Sibylle qu'il suppose avoir été faite par « le bienheureux Clément dans l'épitre aux Corinthiens ».

XVII, 7 : πυρὶ ἀσβέστῳ. Cf. MATTH., III, 12 ; LUC, III, 17. — δόξαν. Cf. *Apoc.*, XI, 13 ; XVI, 19.

XVIII, 1 : ἀσεβῶν = ceux qui ont été décrits XVII, 6.

XVIII, 2 : ὀργάνοις. Cf. IGNACE, *Rom.*, IV, 2. Le sens d'embûches est inconnu, pour ce mot, dans le grec biblique. Lightfoot renvoie cependant à II MACCH., XII, 27 (ἐνθάδε ὀργάνων καὶ βελῶν πολλαὶ παραθέσεις) dont il rapproche avec bonheur *Ephés.*, VI, 16: τὰ βέλη τοῦ πονηροῦ.

XIX. Ὥστε, ἀδελφοὶ καὶ ἀδελφαί, μετὰ τὸν θεὸν τῆς ἀληθείας ἀναγινώσκω ὑμῖν ἔντευξιν εἰς τὸ προσέχειν τοῖς γεγραμμένοις, ἵνα καὶ ἑαυτοὺς σώσητε καὶ τὸν ἀναγινώσκοντα ἐν ὑμῖν· μισθὸν γὰρ αἰτῶ ὑμᾶς τὸ μετανοῆσαι ἐξ ὅλης καρδίας σωτηρίαν ἑαυτοῖς καὶ ζωὴν διδόντας. Τοῦτο γὰρ ποιήσαντες σκοπὸν πᾶσιν τοῖς νέοις θήσομεν, τοῖς βουλομένοις περὶ τὴν εὐσέβειαν καὶ τὴν χρηστότητα τοῦ θεοῦ φιλοπονεῖν. [2] Καὶ μὴ ἀηδῶς ἔχωμεν καὶ ἀγανακτῶμεν οἱ ἄσοφοι, ὅταν τις ἡμᾶς νουθετῇ καὶ ἐπιστρέφῃ ἀπὸ τῆς ἀδικίας εἰς τὴν δικαιοσύνην. Ἐνίοτε γὰρ πονηρὰ πράσσοντες οὐ γινώσκομεν διὰ τὴν διψυχίαν καὶ ἀπιστίαν τὴν ἐνοῦσαν ἐν τοῖς στήθεσιν ἡμῶν, καὶ « ἐσκοτίσμεθα τὴν διάνοιαν » (Éph., IV, 18) ὑπὸ τῶν ἐπιθυμιῶν τῶν ματαίων. [3] Πράξωμεν οὖν τὴν δικαιοσύνην, ἵνα εἰς τέλος σωθῶμεν. Μακάριοι οἱ τούτοις ὑπακούοντες τοῖς προστάγμασιν· κἂν ὀλίγον χρόνον κακοπαθήσωσιν ἐν τῷ κόσμῳ τούτῳ, τὸν ἀθάνατον τῆς ἀναστάσεως καρπὸν τρυγήσουσιν. [4] Μὴ οὖν λυπείσθω ὁ εὐσεβής, ἐὰν ἐπὶ τοῖς νῦν χρόνοις ταλαιπωρῇ· μακάριος αὐτὸν ἀναμένει χρόνος· ἐκεῖνος ἄνω μετὰ τῶν πατέρων ἀναβιώσας εὐφρανθήσεται εἰς τὸν ἀλύπητον αἰῶνα.

XIX, 1 : ἀδελφοὶ καὶ ἀδελφαί. Cf. BARNABÉ, I, 1 : υἱοὶ καὶ θυγατέρες. — μετὰ τὸν θεὸν τῆς ἀληθείας ; cf. III, 1 πατέρα τῆς ἀλ. L'ordre des exercices dans les assemblées chrétiennes est indiqué par les *Const. Apost.*, II,54 : μετὰ τὴν ἀνάγνωσιν καὶ τὴν ψαλμῳδίαν καὶ τὴν ἐπὶ ταῖς γραφαῖς διδασκαλίαν. (Cf. JUSTIN, I *Apol.*, LXVII, 3-5). Il s'agit certainement de la lecture d'Écriture Sainte qui faisait ensuite l'objet d'une explication ou instruction. Zahn a proposé de corriger θεόν en λόγον par analogie avec des textes comme *Ephés.*, I, 13: ἀκούσαντες τὸν λόγον τῆς ἀληθείας. **Mais**

XIX. Donc, frères et sœurs, après (la parole du) Dieu de vérité, je vous lis cette exhortation, afin qu'en prêtant attention aux choses qui ont été écrites, vous vous sauviez vous-mêmes et votre lecteur avec vous. Le salaire que je vous demande c'est que vous vous repentiez de tout votre cœur, afin de vous assurer le salut et la vie. En agissant ainsi, nous montrerons le but à tous les jeunes gens qui veulent se dépenser à (imiter) la piété et la bonté de Dieu. [2] Nous qui ne sommes pas des sages, ne soyons ni vexés, ni indignés, si l'on nous reprend et si l'on nous convertit de l'iniquité à la justice. Parfois en effet nous faisons le mal sans nous en apercevoir, par suite des tergiversations et de l'incrédulité de nos cœurs ; et notre intelligence est obscurcie par les vains désirs. [3] Pratiquons la justice pour qu'à la fin nous soyons sauvés. Heureux ceux qui obéissent à ces préceptes ! même s'ils ont à souffrir un peu de temps en ce monde, ils vendangeront le fruit immortel de la résurrection. [4] Que l'homme pieux ne s'attriste donc pas si présentement il est malheureux. D'heureux jours l'attendent : ressuscité, il se réjouira là-haut avec ses pères pour la bienheureuse éternité.

le témoignage des manuscrits est unanime en faveur de θεόν. Cette exhortation a été lue, par conséquent d'abord écrite, bien que Justin (I *Apol.*, 67, 4) et Tertullien (*De anima*, IX) nous disent que les instructions sont prononcées διὰ λόγου. C'était évidemment l'usage ordinaire et notre homélie elle-même emploie un langage qui suppose les rapports d'un orateur à un auditoire. Cf. *Introd.*, p. LXVI. — ἔντευξιν. Cf. CLÉM., *Cor.*, LXIII, 2. — γεγραμμένοις, l'Écriture dont la *Leçon* a fourni le thème de l'instruction.

XIX, 2 : οἱ ἄσοφοι (comme οἱ ἀκούοντες, I, 2). Cf. *Ephés.*, V, 15.

XX. Ἀλλὰ μηδὲ ἐκεῖνο τὴν διάνοιαν ὑμῶν ταρασσέτω, ὅτι βλέπομεν τοὺς ἀδίκους πλουτοῦντας καὶ στενοχωρουμένους τοὺς τοῦ θεοῦ δούλους. [2] Πιστεύωμεν οὖν, ἀδελφοὶ καὶ ἀδελφαί· θεοῦ ζῶντος πεῖραν ἀθλοῦμεν καὶ γυμναζόμεθα τῷ νῦν βίῳ, ἵνα τῷ μέλλοντι στεφανωθῶμεν. [3] Οὐδεὶς τῶν δικαίων ταχὺν καρπὸν ἔλαβεν, ἀλλ' ἐκδέχεται αὐτόν. [4] Εἰ γὰρ τὸν μισθὸν τῶν δικαίων ὁ θεὸς συντόμως ἀπεδίδου, εὐθέως ἐμπορίαν ἠσκοῦμεν καὶ οὐ θεοσέβειαν· ἐδοκοῦμεν γὰρ εἶναι δίκαιοι, οὐ τὸ εὐσεβές, ἀλλὰ τὸ κερδαλέον διώκοντες. Καὶ διὰ τοῦτο θεία κρίσις ἔβλαψεν πνεῦμα μὴ ὂν δίκαιον, καὶ ἐβάρυνεν δεσμοῖς.

[5]. Τῷ μόνῳ θεῷ ἀοράτῳ, πατρὶ τῆς ἀληθείας, τῷ ἐξαποστείλαντι ἡμῖν τὸν σωτῆρα καὶ ἀρχηγὸν τῆς ἀφθαρσίας, δι' οὗ καὶ ἐφανέρωσεν ἡμῖν τὴν ἀλήθειαν καὶ τὴν ἐπουράνιον ζωήν, αὐτῷ ἡ δόξα εἰς τοὺς αἰῶνας τῶν αἰώνων. Ἀμήν.

Κλήμεντος πρὸς Κορινθίους ἐπιστολὴ β̄.

XX, 1, 3-4 : S. Jean Damascène, *Sacra Parallela* (éd. Lequien ii, 783) et Holl, *Fragmente vornicænischer Kirchenvæter au den Sacra Parallela* (Texte u. Unt., xx), 1899, p. 2. — ταρασσέτω. Cf. Jean, xiv, 1, 27.

XX, 3 : Cf. Jacques, v, 7-11.

XX, 4 : ἐμπορίαν. Cf. I *Tim.*, vi, 5. Augustin, *Cité de Dieu* i, 8. — διὰ τοῦτο. Cette fin de verset est obscure. L'esprit frapp

XX. Que notre esprit ne se trouble pas non plus à la vue des méchants dans la richesse et des serviteurs de Dieu dans la détresse. [2] Ayons la foi, frères et sœurs : nous combattons le combat d'épreuve du Dieu vivant et nous nous exerçons en cette vie, afin d'être couronnés en l'autre. [3] Aucun des Justes n'a cueilli de fruit précoce, mais il l'attend. [4[Si Dieu donnait promptement aux justes leur récompense, ce serait bien vite un négoce et non plus la piété que nous pratiquerions ; nous aurions l'apparence d'être justes, alors que nous poursuivrions non la piété, mais le lucre. Et pour cette cause le jugement de Dieu frappe l'esprit qui n'est pas juste et il le charge de liens.

[5] Au Dieu unique et invisible, au Père de la vérité qui nous a envoyé le Sauveur et l'auteur de l'incorruptibilité, qui nous a manifesté par lui la vérité et la vie céleste ; à Lui soit la gloire dans les siècles des siècles. Ainsi soit-il.

Deuxième épître de Clément aux Corinthiens.

de condamnation et chargé de liens, est-ce le démon retenu captif considéré comme l'adversaire de Dieu dans le combat signalé au verset 2? il semble plutôt que ce soit l'esprit de l'homme embarrassé des biens temporels qui deviennent un piège pour son âme, ou des liens intérieurs de ses passions (Funk, H. von Schubert). — τῷ μόνῳ. Cf. I *Tim.*, ι, 17. — πατρί. Cf. ιιι, 1, xιx, 1. — σωτῆρα καὶ ἀρχηγόν. Cf. *Actes*, v, 31 ; ιιι, 15 ; *Hébr.*, ιι, 10.

ADDENDA

1) A la page LXII. L'édition de l'épître de Clément par Knopf, souvent signalée et utilisée dans les notes de la présente édition, a été oubliée dans la liste des éditions principales. Elle est à chercher dans les *Texte und Untersuchungen zur altchristlichen Litteratur*, t. XX (Neue Folge, V) dont elle forme le 1ᵉʳ fascicule :

R. KNOPF, *Der erste Clemensbrief*, Leipzig, Hinrichs, 1899. Prolégomènes, p. 1-93 ; Texte, p. 94-155 ; un appendice : Der literarische Charakter des ersten Clemensbriefes, p. 156 ss. Cette édition ne renferme que l'épître, non l'homélie. Dans les prolégomènes, l'auteur a traité du rapport des manuscrits entre eux.

2) A la page 49, note XX, 10. La fin de la note est ambiguë. L'emploi de πρός avec la signification de *en vue de* (et une idée de but) est conforme à l'usage classique. Mais ce qui ne l'est pas, en ce cas, c'est la construction de πρός avec le génitif. L'usage classique réclamerait l'accusatif. Exemple : *Anabase*, I, 10, 19, καταλῦσαι πρὸς ἄριστον, *rompre les rangs pour souper.*

INDEX

Le premier chiffre des renvois indique le chapitre, le second
le verset.

Les renvois sans autre indication se rapportent à l'épitre de
Clément; les renvois à l'homélie du II⁰ siècle sont précédés de
la mention : *2 Clém.* conformément à l'usage (1).

Les citations bibliques sont indiquées à la place alphabétique
des livres et auteurs.

(1) Il existe pour les Pères apostoliques un Index spécial, contenant tous
les mots et toutes les formes des mots : Goodspeed, *Index patristicus seu
Clavis Patrum apostolicorum operum*, Leipzig, Hinrichs, 1907.

(πνεῦμα) II, 2 ; VIII, 1 ; XIII, 1 ; XVI, 2 ; XVIII, 11 (cit. d'A. T.) ; XXII, 1 ; XLII, 3 ; XLV, 2 ; LVIII, 2 ; LXIII, 2 ; 2 Clém. XIV, 3, 5.

ἅγιοι (ἄγγελοι) XXXIX, 7 ; — (οἱ) XLVI, 2 ; LVI, 1.

ἅγια ἁγίων XXIX, 3.

ἁγνεία XXI, 7 ; LXIV.

ἀγνοεῖν 2 Clém. X, 4 ; XIV, 2.

ἁγνός ἐν τῇ σαρκί XXXVIII, 2 ; — ἐν ἔργοις XLVIII, 5.

ἁγνή ἀγάπη XXI, 8 ; — ἀγωγή XLVIII, 1 ; — σάρξ 2 Clém. VIII, 4, 6 ; — συνείδησις I, 3 ; — χείρες XXIX, 1.

ἁγνόν (τὸ βάπτισμα) 2 Clém. VI, 9.

ἁγνωσία LIX, 2.

ἀγωγή (ἡ ἐν Χριστῷ) XLVII, 6 ; — τῆς φιλαδελφίας XLVIII, 1.

ἀγών II, 4 ; VII, 1 ; 2 Clém. VII, 1, 3, 4, 5.

ἀγωνίζεσθαι XXXV, 4. — 2 Clém. VII, 1, 2, 3, 4.

Ἀδάμ VI, 3 ; XXIX, 2 ; L, 3.

ἀδελφή 2 Clém. XII, 5.

ἀδελφοκτονία IV, 7.

ἀδελφός IV, 6, 8 ; XXXI, 4 ; XXXV, 8 ; 2 Clém. XII, 5. — Le pluriel ἀδελφοί, fréquent dans les deux écrits, comme vocatif oratoire; avec ἄνδρες XIV, 1 ; XXXVII, 1 ; XLIII, 4 ; LXII, 1.

ἀδελφοὶ καὶ ἀδελφαί 2 Clém. XIX, 1 ; XX, 2.

ἀδελφοί (κυρίου) 2 Clém. IX, 11.

ἀδελφότης II, 4.

ἀδικεῖν νηπίους LVII, 4.

ἀδικούμενος VIII, 4.

ἀδικία XXXV, 5 ; LX, 1 ; 2 Clém. XIX, 2.

ἄδικος (ζῆλος) III, 4 ; V, 4 ; XLV, 4.

ἄδικον (οὐδὲν) XLV, 3.

ἄδικοι (οἱ) LVI, 11 ; 2 Clém. XX, 1.

ἀδίκως μισεῖν LX, 3.

ἄδοξοι (οἱ) III, 3.

ᾅδου (εἰς) IV, 12 ; LI, 4.

ἀδύνατον (οὐδὲν θεῷ) XXVII, 2.

ἀέναος XX, 10 ; LX, 1.

Ἀζαρίας XLV, 7.

ἀθανασία XXXV, 2.

ἀθάνατος γνῶσις XXXVI, 2 ; — καρπός 2 Clém. XIX, 3.

ἀθέμιτος ὀργή LXIII, 2.

ἀθλεῖν V, 2 ; — πεῖραν 2 Clém. XX. 2.

ἀθλητής V, 1.

ἀθυμία XLVI, 9.

ἄθεος XLVI, 3, 4 ; LIX, 2.

αἴγεια δέρματα XVII, 1.

Αἰγύπτιος IV, 10.

Αἴγυπτος IV, 10 ; XVII, 5 ; XXV, 3 ; LI, 5 ; LIII, 2.

αἰδεῖσθαι τοὺς προηγουμένους XXI, 6.

αἰκία XLV, 7 ; αἰκίαι VI, 1 ; LI, 2.

αἰκίσματα VI, 2 ; XVII, 5.

αἰκισμός XI, 1.

αἷμα LV, 1 ; — τοῦ Κυρίου XII, 7 ; — τοῦ Κυρίου Ἰησοῦς Χριστοῦ XXI, 6 ; XLIX, 6 ; — τοῦ Χριστοῦ VII, 4.

αἵματα XVIII, 14.

αἴρειν XXV, 3 ; — χείρας XXIX, 1.

αἱρετίζεσθαι 2 Clém. XIV, 1.

αἰτεῖν 2 Clém. XV, 3 ; XIX, 1.

αἰτῶν (ὁ) 2 Clém. XV, 4.

ἄμπελος XXIII, 4 ; 2 Clém. XI, 3.

ἄμωμος βούλησις XXXV, 5 ; — συνείδησις I, 3 ; — πρόθεσις XLV, 7 ; --ὄψις XXXVI, 2.

ἄμωμοι L, 2 ; — χεῖρες XXXIII, 4.

ἄμωμα προστάγματα XXXVII, 7.

ἀναβιοῦν 2 Clém. XIX, 4.

ἀναγινώσκειν 2 Clém. XIX, 1.

ἄναγνοι συμπλοκαί XXX, 1.

ἀναγραφαὶ τῶν χρόνων XXV, 5.

ἀναζωπυρεῖσθαι XXVII, 3.

ἀναθάλλειν εἰς τὸ φῶς XXXVI, 2.

ἀναιρεῖν IV, 10 ; XXI, 9 ; XXXIX, 7.

ἀναίτιοι ψυχαί 2 Clém. X, 5.

ἀνάλυσις (mort) XLIV, 5.

Ἀνανίας XLV, 7.

ἀνάπαυσις 2 Clém. V, 5 ; VI, 7.

ἀναπληροῦν XXXVIII, 2 ; — τὸν τῆς ὑπακοῆς τόπον LXIII, 1.

ἀνάστασις XXIV, 1 (ἡ μέλλουσα), 2, 3 ; XXVI, 1 ; 2 Clém. XIX, 3 ; — τοῦ κυρίου ἡμῶν Ἰησοῦ Χριστοῦ XLII, 3.

ἀναστρέφεσθαι ἀμέμπτως LXIII, 3 ; — ὁσίως XXI, 8 ; — ὁσίως καὶ δικαίως 2 Clém. V, 6.

ἀνατέλλειν τροφήν XX, 4.

ἀνατολή V, 6 ; X, 4.

ἀνατολικοὶ τόποι XXV, 1.

ἀναφέρειν ἁμαρτίας XVI, 12, 14 ; — προσευχάς 2 Clém. II, 2.

ἀνδρεία ἐπιτελεῖν LV, 3.

ἀνεκδιήγητον κράτος LXI, 1 ; — κρίμα XX, 5 ; — ὕψος XLIX, 4.

ἀνεκτόν 2 Clém. X, 5.

ἀνεξιχνίαστα κρίματα XX, 5.

ἀνήκοντα (τὰ) XXXV, 5 ; — τῇ θρησκείᾳ (τὰ) LXII, 1 ; — εἰς σωτηρίαν (τὰ) XLV, 1.

ἀνήρ XVIII, 1 ; L, 6 ; 2 Clém. II, 1, 3 ; — ἄμεμπτος XXXIX, 4 ; — ἀθῷος XLVI, 3 ; — δεδοκιμασμένος XLVII, 4.

ἄνδρες I, 3 ; VI, 1, 3 ; XII, 2, 4, 5 ; XLIII, 5 ; XLV, 3 ; XLVI, 3 ; XLVII, 4 ; — ἀγαπητοί XVI, 17 ; — ἀδελφοί XIV, 1 ; XXXVII, 1 ; XLIII, 4 ; LVII, 1 ; — δεδοκιμασμένοι XLIV, 2 ; — ἐλλόγιμοι XLIV, 3 ; — πιστοί LXII, 3 ; — πιστοὶ καὶ σώφρονες LXIII, 3.

ἀνθρωπάρεσκοι 2 Clém. XIII, 1.

ἀνθρώπινος L, 2 ; LIX, 3 ; — φόβος 2 Clém. X, 3.

ἄνθρωπος (sa dignité) XXXIII, 4, 5 ; — τὸ εἶδος τῶν XVI, 3 ; — οἱ υἱοὶ τῶν LXI, 2 ; — εἰρηνικός XIV, 5 ; — λαϊκός XL, 5.

ἄνθρωποι (οἱ ἔξω les non chrétiens) 2 Clém. XIII, 1.

ἀνιστάναι (de la résurrection) XXIV, 1, 3, 5 ; XXVI, 3 ; 2 Clém. VI, 8 ; IX, 1.

ἀνόητοι XXI, 5 ; XXIII, 4 ; 2 Clém. XI, 3.

ἄνοια 2 Clém. XIII, 1.

ἀνομεῖν LIII, 2.

ἀνόμημα XVIII, 2.

ἀνομία VIII, 3 ; XV, 5 ; XVI, 9-10 ; XVIII, 3, 5, 9 ; L, 6 ; LX, 1 ; — ἀνομίας (ἐργάται) 2 Clém. IV, 5.

ἄνομος XXXV, 9.

ἄνομοι (οἱ) XVI, 13 ; XVIII, 13 ; XLV, 4 ; LVI, 11.

ἀνόσιος I, 1 ; VI, 2 ; XLV, 4.

ἀντικείμενος (ὁ, le diable) LI, 1.

ἀντιλήπτωρ (βοηθὸς καὶ) LIX, 4.

ἀρχαία Κορινθίων ἐκκλησία XLVII, 6; — ὑποδείγματα V, 1.

ἀρχέγονον κτίσεως ὄνομα LIX, 3.

ἀρχῆς (ἀπ') XXXI, 1; — (ἐξ) XIX, 2.

ἀρχῇ τοῦ εὐαγγελίου (ἐν) XLVII, 2.

ἀρχηγὸς τῆς ἀφθαρσίας (σωτὴρ καὶ) 2 Clém. XX, 5.

ἀρχηγοί XIV, 1; — στάσεως LI, 1.

ἀρχιερεύς XL, 5; XLI, 2; — (Jésus-Christ) XXXVI, 1; LXI, 3; LXIV.

ἄρχοντες LX, 2; — καὶ ἡγούμενοι XXXII, 2; LX, 4.

ἄσβεστον πῦρ 2 Clém. XVII, 7.

ἀσέβεια LVII, 6; 2 Clém. X, 1.

ἀσεβεῖν 2 Clém. XVII, 6.

ἀσεβής (ζῆλος) III, 4; — (ὁ) XIV, 5.

ἀσεβεῖς (οἱ) XVIII, 13; LVII, 7; 2 Clém. XVIII, 1.

ἀσθενεῖς τῷ σώματι (αἱ) VI, 2.

ἄσοφοι (οἱ) 2 Clém. XIX, 2.

ἄσπιλος σφραγίς 2 Clém. VIII, 6.

ἀστοχεῖν 2 Clém. XVII, 7.

ἀσύνετος διάνοια XXXVI, 2; — καρδία LI, 5.

ἀσύνετοι XXXIX, 1.

ἀσφαλὴς γνῶσις I, 2; — θεμέλιος XXXIII, 3.

ἀταράχως πάντα ἐπιτελεῖν XLVIII, 4.

ἀτενίζειν εἰς τὸν πατέρα XIX, 2; — εἰς τὴν δόξαν τοῦ θεοῦ XVII, 2; — εἰς τὸ αἷμα τοῦ Χριστοῦ VII, 4; — εἰς τοὺς λειτουργήσαντας IX, 2; — εἰς τὰ ὕψη τῶν οὐρανῶν XXXVI, 2.

ἄτιμοι (οἱ) III, 3.

ἀτμὶς ἀπὸ κύθρας XVII, 6.

αὐθάδεια XXX, 8; — τῆς γλώσσης LVII, 2.

αὐθάδη (πρόσωπα) I, 1.

αὐθεντικόν (τὸ) 2 Clém. XIV, 3.

αὐτεπαίνετοι (οἱ) XXX, 6.

AUTEUR INCONNU :

    1 Clém. VIII, 3.

           XVII, 6.

           XXIII, 3-4.

           XXIX, 3 (note).

           XLVI, 2.

    2 Clém. IV, 5.

           V, 2, 3, 4.

           XI, 2-4.

           XII, 2-5.

           XIII, 2.

αὐτομολεῖν ἀπὸ τοῦ θεοῦ XXVIII, 2.

αὐτός = lui seul XXXV, 3.

αὐτός se rapporte fréquemment à Dieu sans que la signification du pronom soit marquée autrement que par le sens général. Tantôt l'antécédent : *Dieu, Seigneur,* etc. manque, tantôt il est très éloigné. Exemples : II, 3, 4, 8; XVII, 5; XIX, 1; XXXVI, 2, etc.

ἄφεσις (le pardon) LIII, 5.

ἀφθαρσία 2 Clém. XIV, 5; (ἀγὼν τῆς) 2 Clém. VII, 5; — (ἀρχηγὸς τῆς) 2 Clém. XX, 5.

ἄφθαρτος ἀγών 2 Clém. VII, 3.

ἄφθαρτα (τὰ ἀγαθὰ τὰ) 2 Clém. VI, 6.

ἀφιέναι XIII, 2; — τὴν ἁμαρτίαν LIII, 4; — τὰς ἀνομίας LX, 1.

ἀφίεσθαι L, 5, 6; LI, 1.

ἀφιλοξενία XXXV, 5.

ἀφροσύνη XIII, 1; XLVII, 7.

ἄφρων ὁ) XXXIX, 7; — ἄφρονες (οἱ) III, 3; XXI, 5; XXXIX, 1, 8.

βάθη τῆς θείας γνώσεως (τὰ) XL, 1.

βάναυσος XLIX, 5.

βάπτισμα 2 Clém. VI, 9.

βάσανος VI, 1; 2 Clém. X, 4; XVII, 7.

βασίλεια τοῦ Θεοῦ (ἡ) XLII, 3; 2 Clém. IX, 6; XI, 7; XII, 1, 2; — τοῦ πατρός 2 Clém. XII, 6; — τοῦ Χριστοῦ L, 3; — (ἡ μελλούση) 2 Clém. V, 5.

βασιλείας ἐξουσία LXI, 1.

βασίλειον τοῦ Θεοῦ 2 Clém. VI, 9; — τοῦ κόσμου 2 Clém. XVII, 5.

βασιλεύς IV, 10, 13; XII, 2, 4; XXXII, 2; XXXVII, 3; — τῶν αἰώνων LXI, 2; — καὶ ἡγούμενοι LV, 1.

βέβαιος δρόμος VI, 3; — πίστις I, 2; — ἐκκλησία XLVII, 6.

βιβλία τῶν προφητῶν (τὰ) 2 Clém. XIV, 2.

βίβλος ζώντων LIII, 4.

βίβλοι (αἱ ἱεραί) XLIII, 1.

βίος 2 Clém. I, 6; — (ὁ νῦν) 2 Clém. XX, 2; — ἐνάρετος LXII, 1.

Βίτων LXV, 1.

βλάπτειν πνεῦμα 2 Clém. XX, 4.

βλασφημεῖσθαι I, 1; 2 Clém. XIII, 1, 2.

βλασφημία XLVII, 7; 2 Clém. XIII, 3.

βοηθός (Dieu) LIX, 3, 4; — τῆς ἀσθενείας (Jésus) XXXVI, 1.

βουλή (conseil de Dieu) XXVII, 6; LVII, 4, 5; LXI, 2; — (ὅσια) II, 3.

βούλημα (volonté renforcée de Dieu) VIII, 5; XIX, 3; XXIII, 5; XXXIII, 3; — (résolution de l'homme) XXI, 7.

βούλησις τοῦ Θεοῦ IX, 1; XXXV, 5; XL, 3; XLI, 3.

βραβεῖον ὑπομονῆς V, 5.

βραχίων κυρίου XVI, 3; LX, 3.

βωμὸς τοῦ ἡλίου XXV, 4.

γεγραμμένον (τὸ) III, 1; XIII, 1.

γεγραμμένα (τὰ) 2 Clém. XIX, 1.

γεγραμμένα ὑφ' ἡμῶν διὰ τοῦ ἁγίου πνεύματος (τὰ) LXIII, 2.

γέεννα πυρός 2 Clém. V, 4.

γενεά V, 1; VII, 5; XI, 2; XVI, 8; XIX, 1; L, 3; LX, 1; — γενεὰν γενεῶν (εἰς) LXI, 3.

Genèse : I, 26, 27 : XXXIII, 5.
I, 28 : XXXIII, 6.
II, 23 : VI, 3.
IV, 3-8 : IV, 1-6.
XII, 1-3 : X, 3.
XIII, 14-16 : X, 4-5.
XV, 5 : XXXII, 2.
XV, 5-6 : X, 6.
XVIII, 27 : XVII, 2.
I, 27 : 2 Clém. XIV, 2.

γενναῖος noble, généreux, LIV, 1; (fort) XXV, 3; V, 16; VI, 2.

γηγενής XXXIX, 2.

γινώσκουσα γινώσκω XII, 5.

γλυκύτης XIV, 3.

γνώμη ἀγαθή VIII, 2.

γνῶσις XXVII, 7; XLI, 4; 2 Clém. III, 1; — ἀθάνατος XXXVI, 2; — δυνατὸς γνῶσιν ἐξειπεῖν XLVIII, 5; — θεία XL, 1; — τελεία καὶ ἀσφαλής I, 2.

γραφεῖον (τὸ) XXVIII, 2.

χ, 3, 4; — μεγάλη 2 Clém. XV, 4; — τοῦ θεοῦ XXVI, 1; 2 Clém. XI, 1; — τοῦ Χριστοῦ 2 Clém. v, 5.

ἐπαγγελίαι 2 Clém. XI, 7; — τοῦ θεοῦ x, 2; XXVII, 1; XXXIV, 7.

ἐπαγγέλλεσθαι XXXII, 2; XXXV, 4; 2 Clém. XI, 6.

ἐπαινεῖν καὶ εὐλογεῖν XXXIII, 6.

ἔπαινος XXX, 6.

ἐπαίρεσθαι (ἀπὸ θεοῦ) XLV, 8; — ἐπὶ τὸ ποίμνιον XVI, 1; — καὶ ἐγκαυχᾶσθαι XXI, 5; — ταῖς διανοίαις XXXIX, 1.

ἐπαιρόμενος XIV, 5.

ἔπαρχοι XXXVII, 3.

ἐπίγνωσις δόξης ὀνόματος τοῦ θεοῦ LIX, 2.

ἐπιθυμία 2 Clém. v, 5.

ἐπιείκεια XIII, 1; XXX, 8; LVI, 1; — ἐκτ.. ῆς LVIII, 2; LXII, 2.

ἐπιεικής 1, 2; XXXIX, 1.

ἐπιεικές τῆς γλώσσης (τὸ) XXI, 7.

ἐπιθυμίαι (βδελυκταί) XXX, 1; — (μιαραί) XXVIII, 1; — πονηραί 2 Clém. XVI, 2; — τῆς καρδίας III, 4; — κοσμικαί 2 Clém XVII, 3; — μάταιαι 2 Clém. XIX, 2.

ἐπινομή XLIV, 2 (cf. note).

ἐπισκέπτεσθαι XXV, 5.

ἐπισκοπή XLIV, 1, 4; — τῆς βασιλείας τοῦ Χριστοῦ L, 3.

ἐπίσκοποι καὶ διάκονοι XLII, 4, 5.

ἐπίσκοπος παντὸς πνεύματος LIX, 3.

ἐπιστέλλειν VII, 1; XLVII, 3; LXII, 1.

ἐπιστολή LXIII, 2; — τοῦ μακαρίου Παύλου XLVII, 1.

ἐπιφάνεια 2 Clém. XII, 1; XVII, 4.

ἐπιφάνηθι τοῖς δεομένοις LIX, 4.

ἐπίφανον τὸ πρόσωπόν σου LX, 3.

ἐπόπτης ἀνθρωπίνων ἔργων LIX, 3.

ἐπουράνιος βασιλεύς LXI, 2; — ζωή 2 Clém. XX, 5.

ἐργάτης (ὁ ἀγαθός) XXXIV, 1.

ἔργον XXXIV, 1, 3; XLIII, 1; — ἀγαθόν II, 7; XXXIII, 1; XXXIV, 4; — δικαιοσύνης XXXIII, 8.

ἔργα XXX, 3; XXXII, 3, 4; XXXIII, 2; XXXIX, 4; XLVIII, 5; 2 Clém. XI, 6; XIII, 3; XVII, 4, 7; — ἀγαθά XXXIII, 7; XXXVIII, 2; — ἀνθρώπινα LIX, 3; — ἀνθρώπων 2 Clém. I, 6; — κρύφια καὶ φανερά 2 Clém. XVI, 3; — ὅσια καὶ δίκαια 2 Clém. VI, 9; — φαῦλα XXVIII, 1.

ἐρευνεῖν XXI, 2.

ἐρευνητὴς ἐννοιῶν... XXI, 9.

ἔρις III, 2; v, 5; VI, 4; IX, 1; XIV, 2; XXXV, 5; XLVI, 5; LIV, 2; — ἐπὶ... τῆς ἐπισκοπῆς XLIV, 1.

ἐρυθρὰ θάλασσα LI, 5.

Ἐσθήρ LV, 6.

ἔσχατα τῆς γῆς (τὰ) XXVIII, 3.

ἔσχαται αἱ ἡμέραι 2 Clém. XIV, 2.

ἔσω (τὸ) 2 Clém. XII, 2, 4.

ἑτεροκλινεῖς (οἱ) XI, 1; XLVII, 7.

ἑτοιμάζειν XXXV, 3; XXXIV, 8; XXXIX, 9; 2 Clém. XIV, 5.

ἕτοιμος II, 7; 2 Clém. XV, 4.

εὐαγγελίζεσθαι XLII, 1, 3.

εὐαγγέλιον XLVII, 2; 2 Clém. VIII, 5.

εὐαρεστεῖν XLI, 1 ; LXII, 2.
εὐαρέστησις LXIV.
εὐάρεστον XXI, 1 ; XXXV, 5 ;
  XLIX, 5 ; LXI, 2.
εὐεργεσίαι τῆς εἰρήνης XIX, 2 ;
  — τοῦ Θεοῦ XXI, 1 ; XXXVIII, 3.
εὐεργετεῖν τὰ πάντα XX, 11.
εὐεργέτης πνευμάτων LIX, 3.
εὐεργετικὸς πατήρ XXIII, 1.
εὐθεῖα καρδία XV, 4 ; — ὁδός
  2 Clém. VII, 3.
εὐθές (πνεῦμα) XVIII, 10.
εὐθέως XII, 4 ; XXXIX, 8 ; 2 Clém.
  XX, 4.
εὐθύτης XIV, 5.
εὔλαλος XXX, 4.
εὐλογεῖν X, 3 ; XV, 3 ; XXX, 5,
  8 ; XXXI, 2 ; XXXIII, 6.
εὐλογία XXXI, 1.
εὐπράσσειν 2 Clém. XVII, 7.
εὐπρόσδεκτος XXXV, 5 ; XL, 3, 4.
εὐσέβεια I, 2 ; XI, 1 ; XV, 1 ;
  XXXII, 4 ; 2 Clém. XIX, 1.
εὐσεβής (ὁ) 2 Clém. XIX, 4.
εὐσεβές (τὸ) 2 Clém. XX, 4.
εὐσεβής πεποίθησις II, 3.
εὐσεβῶν χῶρος L, 3.
εὐσεβῶς LXI, 2 ; LXII, 1.
εὐσπλαγχνία XIV, 3.
εὔσπλαγχνος XXIX, 1 ; LIV, 1.
εὐστάθεια LXI, 1 ; LXV, 1.
εὐφροσύνη (ἀγαλλίασις καὶ) XVIII, 8.
εὐχαριστεῖν XXXVIII, 2, 4 ; 2 Clém.
  XVIII, 1.
εὐχή XLI, 2 ; LII, 3.
Ephésiens : I, 22, 23 : 2 Clém.
  XIV, 2.
    IV, 18 : 2 Clém. XIX, 2.
Ἔφεσος LV, 1.

ἐφόδια τοῦ Χριστοῦ II, 1 (note).
ἐχθρός XXVI, 5, 6 ; 2 Clém.
  XIII, 4.
ζῆλον (διὰ) V, 2, 4, 5.
ζῆλος IV, 9, 10, 12 ; VI, 3 ; IX, 1 ;
  XXXIX, 7 ; XLIII, 2 ; LXIII, 2 ;
  (διὰ) IV, 8, 11, 13 ; VI, 1, 2 ;
  — (μιαρὸς καὶ ἄδικος) XLV, 4 ;
  — ἄδικος καὶ ἀσεβής III, 4 ;
  — καὶ ἔρις VI, 4 ; — καὶ φθόνος
  III, 2 ; IV, 7 ; V, 2 ; — μυσερός
  XIV, 1.
ζημιοῦσθαι τὴν ψυχήν 2 Clém.
  VI, 2.
ζῆν VIII, 2 ; XXV, 2 ; 2 Clém.
  X, 1 ; — ποιεῖν LIX, 3.
ζῇ γὰρ ὁ Θεὸς καὶ ζῇ ὁ κύριος
  Ἰησοῦς Χριστὸς καὶ τὸ πνεῦμα
  τὸ ἅγιον LVIII, 2.
ζυγὸς τῆς χάριτος XVI, 17.
ζῶ γὰρ ἐγώ VIII, 2. Cf. ζῆν.
ζωή XVI, 8 ; XVII, 4 ; — αἰώνιος
  2 Clém. V, 5 ; VIII, 4, 6 ;
  — ἐν ἀθανασίᾳ XXXV, 2 ;
  — ἐπουράνιος 2 Clém. XX, 5 ;
  — καὶ ἀφθαρσία 2 Clém. XIV, 5 ;
  — (σωτηρία καὶ) 2 Clém. XIX, 1 ;
ζωήν (θέλειν) XXII, 2 ; — (εἰς)
  XLVIII, 2 ; — (ἐπὶ τὴν) 2 Clém.
  XVII, 3.
ζωῆς (ἐκκλησία τῆς) 2 Clém.
  XIV, 1 ; - (πρὸς) XX, 10.
ζῶα IX, 4 ; XX, 4, 10 ; XXXIII, 3.
ζῷον XXV, 3.
ζῶν (Θεός) 2 Clém. XX, 2.
ζῶντες εἰς ᾅδου IV, 12 ; LI, 4 ;
  — (ἡμεῖς οἱ) 2 Clém. III, 1.
ζώντων (βίβλος) LIII, 4 ; — καὶ
  νεκρῶν κριτής 2 Clém. I, 1.

πρόβατον IV, 1 ; XVI, 6, 7 ; LIX, 4.
πρόγνωσις XLIV, 2.
προγνώστης 2 Clém. IX, 9.
προηγούμενοι ἡμῶν (οἱ) XXI, 6.
πρόθεσις XLV, 7.
προθυμία XXXIII, 1 ; — ἀγαθή II, 3.
πρόθυμος XXXIV, 2.
πρόνοια τοῦ δεσπότου (ἡ) XXIV, 5.
προοδοιπορός 2 Clém. X, 1.
προπετῆ καὶ αὐθάδη πρόσωπα I, 1.
προσευχή 2 Clém. II, 2 ; XVI. 4.
προσκλίνεσθαι XLVII, 4 ; LXIII, 1.
πρόσκλισις XXI, 7 ; XLVII, 3, 4 ;
 L, 2.
προσκυνεῖσθαι 2 Clém. I, 6 ; III, 1.
πρόσταγμα II, 8 ; III, 4 ; XX, 5 ;
 XXXVII, 1 ; XL, 5 ; L, 5 ;
 LVIII, 2 ; 2 Clém. XIX, 3.
προστάσσειν XX, 11 ; XL, 4, 5 ;
 LIV, 2. προστασσόμενα ὑπὸ τοῦ
 πλήθους τὰ) LIV, 2.
προστάτης (Jésus-Christ) XXXVI,
 1 ; LXI, 3 ; LXIV.
προστεταγμένοι καιροί XL, 4.
προσφέρειν IV, 4 ; XLI, 2 ; XLIII, 2 ;
 — ἁμαρτίαν XLVII, 4 ; — θυσίαν
 X, 7 ; — τὰ δῶρα XLIV, 4.
προσφερόμενον (τὸ) sacrifice XLI, 2.
προσφορά XXXVI, 1 ; XL, 2, 4.
πρόσωπον I, 1 ; IV, 3, 4, 8, 10 ;
 XVI, 3 ; XVIII, 9, 11 ; XXII, 6 ;
 XXVIII, 3 ; XXXIV, 3 ; XXXV,
 10 ; XLVII, 6 ; LX, 3.
Proverbes : 1, 23-33 : LVII, 3-7.
 II, 21-22 : XIV, 4.
 III, 12 : LVI, 4.
 III, 34 : XXX, 2.
 XX, 27 : XXI, 2.
 XXIV, 12 : XXXIV, 3.

προφητεία XII, 8.
προφῆται XVII, 1 ; XLIII, 1 ;
 2 Clém. XIV, 2.
προφητικός (λόγος) 2 Clém. XI, 2.
Psaumes : II, 7-8 : XXXVI, 4.
 III, 6 : XXVI, 2.
 XI, 4-6 : XV, 5-7.
 XVII, 26-27 : XLVI, 3.
 XVIII, 2-4 : XXVII, 7.
 XXI, 7-9 : XVI, 15-
 16.
 XXII, 4 : XXVI, 2.
 XXIII, 1 : LIV, 3.
 *XXVII, 7 : XXVI, 2.
 XXX, 19 : XV, 5.
 XXXI, 1-2 : L, 6.
 XXXI, 10 : XXII, 9.
 XXXII, 10 : LIX, 3.
 XXXIII, 12-18, 20 :
 XXII, 1-8.
 XXXVI, 9, 38 : XIV, 4.
 XXXVI, 35-37 : XIV, 5.
 XLIX, 14-15 : LII, 3.
 XLIX, 16-23 : XXXV,
 7-12.
 L, 3-19 : XVIII, 2-17.
 L, 10, : LII, 4.
 LXI, 5 : XV, 3.
 LXVI, 2 : LX, 3.
 LXVIII, 31-33 : LII, 2.
 LXXVII, 36-37 : XV, 4.
 LXXVIII, 13 : LIX, 4.
 LXXXVIII, 21 :
 XVIII, 1.
 CIII, 4 : XXXVI, 3.
 CIX, 1 : XXXVI, 5.
 CXVII, 18 : LVI, 3.
 CXVII, 19-20 :
 XLVIII, 2-3.

III, 2 ; XIV, 2 ; XLVI, 9 ; LVII, 1 ; — ματαία LXIII, 1 ; — καὶ διχοστασία L, 1 ; — καὶ ἔρις καὶ σχίσματα LIV, 2 ; — καὶ σχίσμα II, 6.

στέφανος 2 Clém. VII, 3.

στεφανοῦσθαι 2 Clém. VII, 1, 2, 3 ; XX, 2.

στόμα VIII, 4 ; XV, 3, 4 ; XVI, 7, 10 ; XVIII, 15 ; XXXIV, 7 ; XXXV, 7, 8 ; L, 6 ; 2 Clém. IX, 10 ; XIII, 3.

στρατεύεσθαι XXXVII, 1, 2.

στρατία LI, 5.

στρεβλὸς ἀνήρ XLVI, 3.

στυγητός XXXV, 6 ; XLV, 7.

στύλοι (μέγιστοι, les apôtres) V, 2.

σύγκρασις XXXVII, 4.

συμβουλία 2 Clém. XV, 1.

συμβουλεύειν XV, 1.

συμβουλή LVIII, 2.

συμπάσχειν 2 Clém. IV, 3.

συμπλοκή XXX, 1.

συμφοραὶ καὶ περιπτώσεις I, 1.

συνείδησις II, 4 Cf. note) ; XXXIV, 7 ; 2 Clém. XVI, 4 ; — ἀγαθή XLI, 1 ; — ἄμωμος I, 3 ; — καθαρά XLV, 7 ; — σεμνή I, 3.

σύνεσις XVI, 12 ; XXXII, 4 ; XXXIII, 3.

συνευδοκεῖν XXXV, 6 ; (consentement de l'Église) XLIV, 3.

συνιέναι XXXVII, 5.

συντρίβειν XVIII, 17 ; XX, 7 ; LII, 4 ; 2 Clém. VIII, 2 ; συντετριμμένη καρδία XVIII, 17 ; — συντετριμμένον πνεῦμα XVIII, 17 ; LII, 4.

σφραγίζειν XLIII, 2, 3.

σφραγίς XLIII, 5 ; 2 Clém. VII, 6 (baptème) ; VIII, 6.

σχίσμα II, 6 ; XLVI, 5, 9 ; XLIX, 5 ; LIV, 2.

σώζειν II, 4 ; VII, 6 ; XI, 1 ; XII, 1 ; XVI, 16 ; XXI, 8 ; XXXVII, 5 ; XXXVIII, 1 ; LIX, 3, 4 ; 2 Clém. I, 4, 7 ; II, 5, 7 ; III, 3 ; IV, 1, 2 ; VIII, 2 ; IX, 2, 5 ; XIII, 1 ; XIV, 1, 2 ; XV, 1 ; XVII, 2 ; XIX, 1, 3.

σωζόμενοι (οἱ) LVIII, 2.

σῶμα VI, 2 ; XXXVII, 5 (allégorie du corps) ; XXXVIII, 1 (ἐν Χριστῷ) ; XLVI, 7 ; 2 Clém. V, 4 ; XII, 3, 4 ; XIV, 2.

σωτήρ LIX, 3 ; 2 Clém. XX, 5.

σωτηρία VII, 4, 7 ; XVIII, 14 ; XXXIX, 9 ; XLV, 1 ; 2 Clém. I, 1, 7 ; XVII, 5 ; XIX, 1.

σωτήριον XV, 6 ; XVIII, 12 ; XXXV, 12 ; XXXVI, 1.

σώφρων I, 2, 3 ; LXIII, 3.

σωφροσύνη LXII, 2 ; LXIV.

τάγμα XXXVII, 3 ; XLI, 1.

ταλαιπωρεῖν 2 Clém. XIX, 4.

ταλαιπωρία τῶν πτωχῶν XV, 6.

ταλαίπωρος XXIII, 3 ; 2 Clém. XI, 1, 2.

τάξει XL, 1.

ταπεινός XXX, 2 ; LIX, 3, 4.

ταπεινὸν τῆς ψυχῆς (τὸ) LV, 6.

ταπεινοφρονεῖν II, 1 ; XIII, 1, 3 ; XVI, 1, 2, 17 ; XVII, 2 ; XXX, 3 ; XLVIII, 6 ; LXII, 2.

ταπεινοφροσύνη XXI, 8 ; XXX, 8 ; XXXI, 4 ; XLIV, 3 ; LVI, 1 ; LVIII, 2.

XLV, 8; 2 Clém. i, 2; xi, 5; XVII, 7.
ὑπομονή v, 5, 7; LXII, 2; LXIV.
ὑποταγή i, 3; XXXVII, 5.
ὑποτάσσειν i, 3; ii, 1; xx, 1; XXXIV, 5; XXXVIII, 1; LVII, 1, 2; LXI, 1.
ὑποτεταγμενῶς XXXVII, 2.
ὕσσωπον XVIII, 7.
ὑστέρημα ii, 6; XXXVIII, 2.
ὑψηλός LIX, 3; LX, 3.
ὕψιστος (ὁ) XXIX, 2; XLV, 7; LII, 3; — ἐν ὑψίστοις LIX, 3.
ὕψος XLIV, 4; LIX, 3.
Φαραώ IV, 1; LI, 5.
φαῦλος XXVIII, 1; XXXVI, 6.
φθαρτός 2 Clém. vi, 6; vii, 1, 4.
φθείρειν 2 Clém. vii, 4, 5; xiv, 3.
φθονεῖν 2 Clém· xv, 5.
φθόνος iii, 2; iv, 7, 13; v, 2.
φθορά 2 Clém. vi, 4.
φιλαδελφία XLVII, 5; XLVIII, 1.
φιλαργυρεῖν 2 Clém. iv, 3.
φιλαργυρία 2 Clém. vi, 4.
φιλοξενία i, 2; x, 7; xi, 1; xii, 1.
φιλόξενος (Ῥαάβ) XII, 3.
φοβεῖσθαι (τὴν κρίσιν) 2 Clém. XVIII, 2; — τὸν Θεόν XXIII, 1; XXVIII, 1; XLV, 6; 2 Clém. iv, 4.
φόβος 2 Clém. x, 3 (ἀνθρώπινος); — κυρίου XXII, 1; LVII, 5 (deux cit. d'A. T.); — τοῦ Θεοῦ ii, 8; iii, 4; XXI, 6, 8.
φοβούμενοι τὸν Θεόν (οἱ) XXI, 7.
φοῖνιξ XXV, 2 (note).
Φορτουνᾶτος LXV, 1.
φρόνιμοι (οἱ) iii, 3.

φροντίς VII, 2; LXIII, 4.
φυγαδεύεσθαι v, 6.
φυλακίζεσθαι XLV, 4.
φῶς XVI, 12; XXXVI, 2; LIX, 2; 2 Clém. i, 4.
χαρά LXV, 1; — καὶ ἀγαλλίασις LXIII, 1.
χαρακτήρ (εἰκόνος) XXXIII, 4.
χάρις Titre; XVI, 17; XXX, 2, 3; 2 Clém. XIII, 4; — μετανοίας VII, 4; — τοῦ Θεοῦ VIII, 1; L, 3; LV, 3; — τοῦ κυρίου LXV, 2; — (πνεῦμα τῆς) XLVI, 6.
χάριτες τοῦ Θεοῦ (αἱ) XXIII, 1.
χάρισμα XXXVIII, 1.
χείρ ii, 3; XXIX, 1 (ἀμίαντοι·); XXXIII, 4; 2 Clém. vii, 1; viii, 2; — θηλείας LV, 5; — σιδήρου LVI, 9; — χεῖρες τοῦ Θεοῦ XXVII, 7; XXVIII, 2; LVI, 7; LX, 3.
χιλίαρχοι XXXVII, 3.
χιών VIII, 4; XVIII, 7.
χλευάζειν XXXIX, 1.
χρηματισμός XVII, 5!
χρησμοδοτηθείς LV, 1.
χρηστεύεσθαι XIII, 2; XIV, 5.
χρηστός XIV, 4; LX, 1.
χρηστότης (ἡ) IX, 1; 2 Clém. XV, 5.
Χριστός i, 2; ii, 1; iii, 4; vii, 4; XVI, 1; XVII, 1; XXI, 8; XXII, 1; XLII, 2; XLIII, 1; XLIV, 3; XLVI, 6, 7; XLVII, 6; XLVIII, 4; XLIX, 1; L, 3,; LIV, 2, 3; LVII, 2; 2 Clém. ii, 7; v, 7; vi, 7; ix, 5; xiv, 2, 3, 4. — Pour le mot Χριστός joint au nom de Jésus voir

TABLE DES MATIÈRES

IMPRIMERIE F. PAILLART, ABBEVILLE

Nihil obstat

Parisiis, die 8 Augusti 1909
Ch. Lerebourg.

Imprimatur

Parisiis, die 14 Augusti 1909
G. Lefebvre, *v. g.*